완전한 자기긍정 타인긍정

완전한 자기긍정

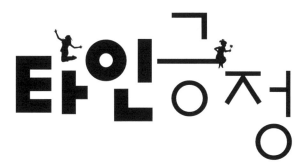

타인긍정

교류분석이 말하는 지금 행복에 머무는 법

에이미 해리스, 토머스 해리스 지음
신유나 옮김

옐로스톤

완전한 자기긍정 타인긍정

초판 발행 2014년 4월 25일
2쇄 발행 2016년 6월 20일

지은이 에이미 해리스
옮긴이 신유나
본문 디자인 페이지트리
표지디자인 송디자인
펴낸이 최은숙
펴낸곳 옐로스톤

출판등록 2008년 3월 19일 제396-2008-00030호
주소 (121-830) 서울시 마포구 동교동 147-30 3층
전화 02) 323-8851   팩스 031) 911-4638
전자우편 dyitte@gmail.com

이 도서의 국립중앙도서관 출판시도서목록(CIP)은 서지정보유통지원시스템 홈페이지(http://seoji.nl.go.
kr)와 국가자료공동목록시스템(http://www.nl.go.kr/kolisnet)에서 이용하실 수 있습니다.(CIP제어번호:
CIP2014010310)

우리의 부모님들을 기억하며

저자 일러두기

이 책은 처음부터 끝까지 읽는 게 중요하다. 앞 장에 교류분석의 방법과 용어들이 정의되어 있으므로 앞 장들을 읽지 않고 뒤 장들을 읽으면, 독자들이 뒤 장에서 나오는 내용을 충분히 이해하지 못할 뿐만 아니라 잘못된 결론에 이를 수 있다.

특히 1장과 2장, 3장은 다음에 나올 내용들을 이해하는 데 필수적이다. 뒤에서부터 읽어나가고 싶은 참을 수 없는 유혹을 느끼는 독자가 있다면, 책 전체에 등장하면서 우리가 일상에서 쓰는 뜻과는 다른 의미로 쓰이는 다섯 단어를 강조하고 싶다. 그것은 '부모자아', '어른자아', '아이자아', 'OK', '게임'이다.

서문

    책을 시작하기에 앞서 우리의 첫 책인《자기긍정 타인긍정I'm OK, You're OK》과 이 책《완전한 자기긍정 타인긍정Staying OK》에 대한 소개가 먼저 필요할 것 같다.《자기긍정 타인긍정》은 에릭 번Eric Berne 박사가 교류분석Transactional Analysis을 위한 '일반인을 위한 첫 안내서'라고 불렀던 것처럼 기본적인 입문서이다. 1978년 8월 웹스터 스콧Webster Schott은 〈라이프〉 지에 "어떠한 사상이 적절한 시기를 만나고 호소력을 가질 때 힘을 가지게 된다"고 썼는데, 교류분석이 바로 그러한 사상이며, 지금이 바로 그런 시기이다.《자기긍정 타인긍정》은 바로 그러한 호소력을 가진 책이다. 우리는 지금도 여전히 그렇게 믿고 있고, 책이 쓰여졌던 당시와 마찬가지로 지금도 여전히 유용하다. 우리의 두 번째 책인《완전한 자기긍정 타인긍정》은《자기긍정 타인긍정》에서 다루고 있는 원리들을 바탕으로 집필되었다. 이 책을 읽고 구체적인 원리들이 궁금하다면《자기긍정 타인긍정》을 찾아서 읽기를 권한다. 이 책의 1장에서는 아직 읽지 않은 독자들을 위해 그 책에서 언급되었던 기본적인 원리들을 간략하게 기술해놓았다.

나는 일생을 통해서 삶을 풍요롭게 해줄 실용적인 아이디어와 함께 무엇이 사람을 성장시키고 동기를 부여하는지 이해하기 위한 방법을 찾으려고 노력해왔다. 나는 지금도 교류분석이 심리학적인 관점에서 인간의 행동을 이해하고 설명하는 데 있어 최고의 체계라고 믿기에 여전히 교류분석에 열렬한 팬이다.

마음의 신비를 밝혀내는 데 있어 뇌생리학이 놀랄 만한 통찰을 보여주고 있지만 교류분석은 인간의 행동에 대한 실제적인 통찰을 획득하고 변화할 수 있는 방법에 있어 누구나 유용하게 사용할 수 있는 효과적인 도구이다.

《자기긍정 타인긍정》에는 정신과 의사로서 연구하고 훈련해온 30년 동안의 세월이 응축되어 담겼다. 또한 그동안 모은 관찰, 일화, 학문, 그리고 30년 가까이 내 결혼생활의 파트너로서 또 직업적 동반자로서 함께해온 에이미의 문장력 등이 곁들여졌다. 《자기긍정 타인긍정》은 출간 후 많은 독자들에게 읽혀졌고, 우리의 생각에 동기를 제공했을 뿐 아니라 실제적인 효과를 입증시켜주었다. 《자기긍정 타인긍정》은 18개 언어로 번역되었고 1,500만 부가 인쇄되었으며 점자로도 책이 만들어졌다. 그 책을 읽고 행동이 변화되었다는 독자들의 편지를 받았는데, 편지를 보내온 독자들은 죄수와 사제, 교수, 학생들, 80세가 넘은 노인과 18세 청소년, 이슬람교도와 기독교도, 농부와 수도자들, 부자와 가난한 이들, 과학자와 공장 노동자들, 환자와 치료자들로서 아주 다양했다.

이들 가운데 4명 중 1명 정도는 더 많은 정보와 교류분석을 실생활에 적용하는 방법을 알고 싶어 했다. 그래서 우리는 독자들의 기대를 모아 두 번째 책《완전한 자기긍정 타인긍정》을 집필하게 되었다. 이 책에 포함된 많은 적용법은 독자들이 보내온 편지에 들어 있던 질문들을 숙성시킨 것이고 또 에이미와 나 그리고 우리의 동료들이 여러 해 지도해 온 세미나와 워크숍에서 만들어진 것이다. 내가 개업할 때 같이 일했던 사람들과 해리스 교류분석 연구소의 다양한 교육 프로그램에 참석했던 사람들에게는 특별히 감사를 전하고 싶다. 그들의 열성과 창의적인 생각들이 합쳐져 이 책의 내용을 풍요롭게 해주었다. 특히 크레이그 존슨 박사와 래리 마트, 로버트 밀러, 오랫동안 암과 씨름하다 세상을 떠난 코니 드루어리에게 깊은 감사를 전한다.

그리고 TA의 동료인 고든 헤이버그 박사, 헤지스 카퍼스 박사, 로버트 굴딩 박사, 매리 맥클루어 굴딩, 빌 콜린스, 조셉 콘캐넌, 스티븐 카프만, 재키 쉬프, 존 드포, 매리 불턴, 고 와닌 체니에게도 깊은 감사를 드린다. 여러 해 동안 우리를 격려하고 일깨워준 친구들, 특별히 토머스 E, 스마일 주니어, 와이어트 허드 판사, 하이디 프로스트 허드, 벡스터 기팅, 코린 기팅, 캐럴 진 노렌, 메릴 하이디그, 루 폴리에게도 감사하다. 또한 세인트헬레나 병원과 캘리포니아 디어파크에 있는 헬스센터의 경영진으로부터 얻은 귀중한 자료들, 새크라멘토 심장연구소의 설립자이며 수석 연구원인 리처드 프린크 박사를 비롯한 여러 동료들에게도 깊은 감사를 드린다.

특별히 오리건 주 살렘의 착한 목자 루터란 교회의 담임목사인 에이미의 오빠 엘빈 E. 비요크 목사, 새크라멘토의 프레몽 장로교회를 맡고 있는 로버트 불 목사, 친구인 노스캐롤라이나 성당의 헨리 도허티 신부, 그리고 우리에게 책을 쓰도록 권하고《자기긍정 타인긍정》이 탄생에 도움을 준 엘튼 트루블러드 박사에게도 깊은 감사를 드린다. 또한 우리의 친구이면서 가정일을 성심껏 도와준 에바 홀런에게도 감사를 드린다.

하퍼앤로 출판사의 전임 편집자였던 해럴드 E. 그로브의 도움에도 깊이 감사드린다. 후임 편집자인 앤 브람슨 씨와 함께 일했던 것도 우리에게 큰 행운이었음을 밝히고 싶다. 특히 말할 수 없는 지지와 환대, 그리고 자비로운 인내가 이 책을 완성하는 데 큰 힘이 되었다. 끝으로《자기긍정 타인긍정》을 읽은 후 편지를 보내온 수많은 독자들에게 감사의 인사를 드린다.

《자기긍정 타인긍정》의 서문에서 밝혔듯이, 에이미의 뛰어난 문장력이 책에 담긴 생각을 효과적으로 전달해 그 같은 놀라운 반응이 있었다고 믿는다. 그래서《완전한 자기긍정 타인긍정》에서도 역시 에이미가 일인칭으로 서술하도록 했다. 에이미는 국제교류분석협회 특수 분야 교육 담당 회원이며, 언론학을 전공했다. 그녀는 에릭 번이 주관하는 샌프란시스코 사회정신의학회에서 연구를 수행했고, 나와 함께 연구소를 공동 설립했다. 그녀는 또한 나와 함께 ITAA 위원회의 회원이다. 최근에 에이미는 저술가로서뿐만 아니라 TA의 적용 이론에 대한 강연자로서 유명해졌다.

이 책은 에이미가 일인칭으로 써내려갔기 때문에 문장 스타일과 민감한 통찰력, 유머, 철학, 그리고 개인적인 사례들을 통해 그녀만의 독특함이 담겨 있다. 그럼에도 불구하고 이 책은 우리 둘의 노력의 결과물이다. 여러 해를 통해 꾸준히 협력하면서 아이디어와 경험을 일치시켜왔기 때문이다. 나는 지난 수십 년간 심각한 환자들과 평범한 사람들의 문제들을 상담해왔다. 지금 이 시점에서 나는 기꺼이 이 모든 창조적이고 절정인 노력 즉 나의 경험을 알리고 쓰는 일을 에이미에게 맡기기로 했다.

《자기긍정 타인긍정》을 출판할 당시 에이미의 기여도에 대해 잘 인식하고 있던 번 박사는 표지에 쓸 글로 다음과 같이 썼는데, 일부만이 사용되었다. 번 박사는 1970년 세상을 떠날 때까지 우리에게 자주 편지를 보내고 용기를 북돋아주는 말을 해주었는데, 우리는 그의 지속적인 지원의 표현으로서 그것을 귀하게 여겼다. 그가 쓴 글의 전문을 여기에 싣는다.

나는 해리스 박사와 그의 동료들에게 꼭 필요한 일을 해준 점에 감사드린다. 이 책에서 그는 교류분석의 원리들을 설득력과 쉽게 이해할 수 있는 사례들을 통해 분명하게 설명했고, 사려 깊고 적절한 방식으로 윤리성을 포함해 광범위한 영역에서 관련성을 보여주었다. 나는 모든 연령대의 많은 사람들에게 교육적이고, 폭넓게 도움이 되며, 읽기 쉽고 재미있다고 확신한다. 나는 이 주제에 대해 깊은 관심을 보여주고 많은 일을 해왔으며 우리가 함께 일하는 게 우리 둘 모두에게 아주 유용했다는 사실을 보여준 해리스 박사에게 진심에서 우러나오는 존경을 느낀다. 해리스 부인과 아이들이 책에서 끼친 영향을 지켜보는 것은 특별한 기쁨이었다. 인간뿐만 아니라 동물들과 식물, 광물에 대해서 쓰려는 사람들에게 훌륭한 선례가 될 거라고 생각한다.

- 토머스 해리스

15장 │ 아는 것과 시도하는 것

이 책에 포함되어 있는 정보는 상담에서 자주 부딪히는 교류들에 토대를 두고 있다. 그러나 사례로 보여주는 개인들은 특정 인물들은 아니며, 가명을 사용하였음을 밝혀둔다.

1장

우리는 언제든
다시 시작할 수 있다

심한 말다툼 후 사랑하는 사람과 관계가 깨졌을 때, 승진에서 탈락되었을 때, 잊고 있던 고통스런 기억이 떠오를 때, 말을 너무 많이 했을 때, 많은 일들을 겪고 난 후면 우리는 죽고 싶을 만큼 자책에 빠진다. 왜 나는 그렇게 말했을까? 왜 그 순간 입을 다물지 않았을까? 왜 나는 훌륭한 부모가 되지 못했을까? 왜 나는 그때 강하게 주장하지 않았을까? 왜 그때 나는 죽어버리지 않았을까? 하고.

사건이 끝나고 어둠 속에 홀로 남겨지면 자신을 벌하는 후회의 목소리가 고장 난 레코드처럼 들려온다. 만약에, 만약에, 만약에, 만약에 내가 내뱉은 말을 모두 주워 담을 수 있다면, 모두 지워버리고 다시 시작할 수 있을 텐데.

나의 딸 그레첸이 6살 때였다. 그 아이는 가질 수 없는 것을 달라고 끈질기게 졸라대어 참다못한 나는 화를 내고 말았다. 그레첸은 더는 졸라대지 않고 마룻바닥에 주저앉아 크고 푸른 눈으로 눈물을 쏟아냈다. 잠시 후에 그 애가 돌아앉았더니 말했다.

"엄마가 나한테 화를 냈어. 나한테 소리 질렀어."

"맞아, 엄마가 그랬지. 그런데 엄마가 너한테 소리를 지를 수밖에 없게 네가 했다는 거 알아?"

내가 열거하는 이유들에 지친 그 아이는 눈물에 젖은 얼굴을 내게로 돌리고 말했다.

"엄마, 처음부터 다 다시 시작하면 좋겠어."

그래서 우리는 다시 시작했고, 내 눈에서도 눈물이 흘렀다. 우리는 느끼는 대로 행동하지 못할 때가 얼마나 많은가? 나의 어린 딸이 엄마와 친밀감을 회복하고 싶어 다시 한 번 기회를 갖자고 말한 것처럼 말이다. 나는 딸아이의 끈질김이 자랑스러웠고 그 아이한테 빚을 졌다. 그 아이는 보편적이고도 궁극적인 것을 지적한 것이 아닌가? 우리는 가끔 새롭게 다시 시작하기를 얼마나 바라던가?

젊음이 놀라운 것은 언제든 다시 시작할 필요가 있을 때 모든 걸 새롭게 다시 시작할 수 있다는 것이다. 나이가 들어가면서 사람들은 강아지처럼 졸졸 따라다니는 과거의 기억을 벗어버리지 못하고 늘 그 기억으로 돌아간다. 과거는 좋든 나쁘든 영원히 우리와 함께한다. 그리고 그때의 감정도 늘 함께 따라다닌다. 지난 시절의 좋은 감정은 황금빛으로 반짝이고 우리의 가슴을 충만감에 가득 찬 추억 어린 시절로 되돌아가게 한다. 그러나 과거로부터 더 자주 무단침입당하는 감정은 어린 시절 갈망했던 것을 얻지 못했을 때의 실망감 같은 나쁜 감정들과 슬픈 감정들이다.

고통스런 감정은 자존감을 약화시킨다. 마치 온 세상을 가진 듯 활기에 차 있다가도 실패의 기억이 떠오르면 눈살이 찌푸려지면서 무력감에 사로잡혀 하루 종일 무기력하게 지낼 수도 있다. 행동을 바꾸고, 동기를 부여하고 영성을 고양시키는 책을 열심히 읽어 통찰력과 지혜를 가지더라도 누가 '요주의' 버튼을 누르거나, 비극이 닥치거나, 신경을 건드리는 감정이 일어나거나, 희망의 목소리가 사라지고 삶이 다시 좋아질 수 있다는 확신이 되어줄 이성의 목소리들이 사라지고 감정이 격해지면 모든 게 쓸모없어지고 만다. 우리들 대부분은 침체, 우울, 무관심, 불면, 한숨, 할 일이 너무 많음, 의욕상실, 무질서, 슬픔, 외로움의 증상에 익숙해 있다. 즉 공허감 말이다.

하지만 너무 실망하지는 말기 바란다. 나쁜 감정이 일어나는 걸 멈출 수는 없지만 나쁜 감정이 지속되는 것은 막을 수 있다. 이 책은 나쁜 감정을 없애는 방법뿐만 아니라, 좋은 감정으로 바꾸는 방법에 대해 쓴 책이다. 이 책은 사랑, 대화, 경청, 소망, 소유, 주는 것, 우리가 어디로 갈지 결정하기, 그리고 여행을 즐기는 것에 대한 것이다. 우리 자신과 우리가 살고 있는 세상이 불완전할지라도 우리는 즐겁게 여행을 할 수 있다.

'자기긍정-타인긍정'의 의미

수백만 명의 사람들이 《자기긍정 타인긍정》을 읽고 그 제목의 의미를 알고 있겠지만, 많은 사람들이 단지 그 제목만 알고 있다는 것을 깨닫게 되었다. 대중성은 위험성을 내포하고 있다. 시간이 흐르면서 제목은 꼬이고 꼬인 여러 가지 요소를 포함한 슬로건으로 변하고 슬로건은 매력을 가지게 된다. 운동복과 자동차 범퍼에 찍히는 "모든 게 OK"라는 글은 정확한 진실은 아닌 것 같다. 우리는 때로 OK가 아니게 느끼고, 때로 OK가 아니게 행동한다. 그리고 우리보다 더 나쁘게 느끼고 행동하는 사람들도 무수히 많을 것이 분명하다.

최근에 1969년에 출판된 우리의 책을 읽은 어떤 여성으로부터 편지를 받았다. 그 여성은 다음과 같이 썼다.

친구가 내게 말했던 책에 대한 아이디어는 제목에 대해 해석을 하는 순간 사라져 버리고 말았습니다. 나는 만일 사람들이 다'흥분하지 않고' 다른 사람들을 받아들인다면 세상이 더 나은 곳이 될 거라는 뻔한 철학을 제시하는 걸로 미리 추측했습니다. 나는 그러한 태도에 대해 논쟁을 하고 싶지도 않았고, 내게 별 도움이 될 거라 여기지도 않아, 책장에 꽂아두었습니다. 최근에 이르러서야 1969년에 《자기긍정 타인긍정》 책에서 언급된 내용들에 대해 고려해볼 마음이 생겼습니다. 그러나 미리 한 추측과 제목이 잘못 불러일으킨 오해(그러나 누군가 그 뜻을 알고 있을 때 적절한)가 진작 써먹을 수 있는 중요한 아이디어들을 지연시켰다니……. 지난 몇 년 동안 저와 같은 독자들의 편지를 받지 않았을까 하는 염려가 듭니다. 내가 깊이 감사드리고 싶은 것은 그렇게 복잡한 주제를 단순하고 아름답게 만들어 유용하게 설명해준 점입니다.

처음에 제목이 가볍다고 느낀 사람들도 그들의 마음을 바꾸었다. 그런 사람들 중에는 최근에 각광을 받게 된 신경외과의 거장 와일더 펜필드Wilder Penfield 박사가 있는데, 그의 선구적인 기억 기제에 대한 연구는 이 장에서 소개될 것이다. 1973년 펜필드 박사는 우리에게 이런 편지를 보내왔다.

> 《자기긍정 타인긍정》이라는 당신의 책을 읽고 있습니다. 미국철학회 동료인 외과의가 보내준 것입니다……. 축하드립니다. 처음 제목을 보고는 피상적인 접근을 했을 거라는 생각을 했습니다. 그렇게 생각하지 않으며 지금은 잘못 생각한 것에 사과드립니다.

우리는 독자들에게 응답을 하기를 원했고, 현재의 책이 《자기긍정-타인긍정》 저자들의 책이라는 이유로 더 큰 인정을 받고 있기 때문에, 잘못된 개념을 명확히 할 필요성을 느낀다. 그것이 바로 나쁜 감정들을 다루고, 좋은 감정들을 더 많이 생산해 인생을 풍요롭게 하기 위한 이 책의 목표로 독자들을 안내하기 전에 우리가 취해야 할 바른 태도라고 느낀다.

왜 우리는 자기부정-타인부정 상태가 될까?

'자기긍정-타인긍정I'm OK, You're OK'은 아동기의 '자기부정-타인긍정I'm Not OK-You're OK'의 태도와 비교해보면 쉽게 이해된다. 아동기 어린아이들은 가장 중요한 의미를 지닌 부모에게서 돌봄, 양육과 삶 그 자체를 포함해 모든 걸 의존하는데, 생후 1, 2년 안에 전언어적preverval으로 어른들의 세계에 대해 결론을 짓는다. 어린 시절의 상황에 의해 영구적으로 기록되는 이러한 결정의 심각한 현실은 의존성이다.[1] 한 살에서 다섯 살까지의 초기 아동기에는 온갖 사건과 지각들이 진한 감정으로 남아 어린아이의 뇌에 기록되고 일생 동안 되풀이된다. 만일 지금 우리 안에서 의존적 상황을 발견한다면, 우리는 다시 '어린아이'가 되고 우리가 어렸을 때 경험했던 것과 똑같은 감정을 다시 느낀다. 어린아이를 기억하는 게 아니라 바로 그 어린아이가 되는 것이다. 즉 '자기부정과 타인긍정'의 감정으로 돌아가는 것이다. 우리 삶의 많은 부분은 이 어린 시절의 결정을 증명하고 다시 반복하는 과정들의 되풀이로 구성되어 있다. 우리가 이런 함정에 빠지지 않으려면 기억을 새롭게 해야 한다.

무기력한 어린 시절

어른은 아기를 무한한 경외감을 가지고 바라본다. 어린아이는 정말 완벽하다. 완벽하게 OK다. 하지만 어린아이가 주관적인 관점으로 감정들을 이해하는 방식에 따라 어린 시절의 경험에 대한 해석이 달라진다. 아기는 어리고 부모는 거대하고, 아기는 무기력하고 부모들은 그렇지 않다. 무엇보다도 어린아이들은 부모에게 철저히 의존하고 있다. 성인이 되어서도 우리가 누군가를 크게 필요로 한다면 객관적이 되기는 어려울 것이다.

그러면 우리는 아이들의 느낌을 어떻게 알 수 있을까? 유아들을 인터

뷰할 수도 없고 자기부정-타인긍정의 입장을 정했을 때의 생후 1~2년은 기억할 수도 없는데 말이다. 우리는 어린아이들을 관찰하고 그가 처한 상황을 볼 수 있다. 아이들은 작고, 미숙하고, 몸놀림이 둔하고, 자신의 감정을 말로 표현하지 못하고, 자신에게 좋은 감정을 일으키는 상황을 만들기 위해서 어른에게 모든 걸 의존하고 있다.

우리는 의식적으로 좋은 걸 기억하려고 애쓴다. 그러나 '행복한 어린 시절'은 신화다. 어린 시절이 완전히 행복하지 않아서가 아니라 어린아이는 좋은 감정을 만들기 위해 환경을 통제할 방법이 없기 때문이다. 밖에서 흙장난을 하고 들어오면 강제로 손을 씻어야 하고, 우유를 엎지르면 엄마의 잔소리를 들어야 하고, 바람처럼 언덕을 내려가면 넘어져 무릎이 까지고, 엉터리로 말하면 다시 고쳐 말해야 한다.

아무리 좋은 환경 좋은 부모 밑에서 양육되어도 최상의 부모 밑에서 최상의 환경 아래 양육되어도 계속 좋은 감정을 지속할 방법은 없는 것이다. 무력함과 타인에 대한 전적인 의존성은 아이의 즐거움을 나타났다 사라지게 하고 좋은 느낌을 갑자기 중단시킨다. 이로써 다음과 같은 결정을 하게 만든다. "모든 게 당신 책임이에요. 난 아니에요.""당신은 OK이고 난 아니에요."

어린아이의 무력함은 방대하고 낯설고, 때로는 무시무시한 세상에 대한 지식의 부족에서 기인한다. 우리는 자라면서 어린 시절에 세상이 어떻게 보였는지 잊는다. 몇 년 전 우리는 팜 데저트에 있는 화이트선게스트란치에서 1주일간 휴가를 보냈다. 우리의 숙소는 인디언 식으로 인테리어된 통나무집이었다. 첫날 잠자리에 들었는데 9개월 된 그레첸이 깨어서 울기 시작했다. 나는 뭔가에 물렸을 거라고 생각하고 그레첸의 몸과 침대를 샅샅이 뒤졌다. 하지만 아무것도 없었다. 나는 아이를 진정시키려고 달래기 시작했고 그레첸이 다시 잠이 들자 불을 끄고 아이를 아기침대에 눕혔다. 그런데 곧 그레첸은 다시 잠이 깨어서 소리 지르기 시작했다. 한 시간이 넘게 안고 있자 아이는 진정되면서 다시 잠이 들었다. 그러나 내가 눕히려고 하면 또 울기 시작하는 일이 반복되었다.

가벼운 콧노래를 부르며 나는 다시 한 번 아이를 눕히고 나도 같이 누웠다. 그 순간 내 눈에 무언가가 들어왔다. 두 눈이 붉은 유리로 된 험상궂은 모양의 주석 마스크였다. 창문 밖에서 네온사인이 켜졌다 꺼졌다 하면서 그 마스크를 비추고 있었고, 그 바람에 붉은 눈이 무섭게 깜빡이는 것처럼 보였다. 방에 불이 켜 있을 때에는 마스크는 그렇게 무섭지 않았다. 하지만 어둠 속에서 침대에 누웠을 때 아이의 눈에 비친 장면은 정말 무시무시할 만했다.

나는 아이를 다시 안아 일으켰고 불을 켰다. 그리고 그 마스크를 살펴보았다. "이걸 서랍에 넣자꾸나. 이제 마스크는 가버렸어, 그레첸. 다시는 마스크가 널 괴롭히지 않을 거야. 그건 그냥 우습게 생긴 장식품이란다. 어두울 때 무섭게 보이지만 더는 놀라게 하지 못할 거야. 절대로 다시는 그렇게 못한단다." 아이를 좀 더 달래준 다음 다시 눕혔다. 그레첸은 한참 동안 텅 빈 벽을 찬찬히 쳐다보았는데, 거기에는 분홍과 짙은 회색빛의 네온 빛만 교대로 나타날 뿐이었다. 그리고 아이는 마침내 잠이 들었다. 나는 아이가 본 것을 나도 볼 때까지 아이가 왜 공포를 느끼는지 이해할 방법이 없었다. 마스크는 내게는 무섭지 않았지만 그레첸에게는 무서웠다. 내가 안 것은 그 사실이었다.

우리는 자라면서 우리가 무엇을 보았는지, 얼마나 놀랐는지, 얼마나 무기력했는지 잊어버린다. 우리는 '자기부정-타인긍정'의 결정에 대해서도 잊는다. 이런 결정이 한번 내려지면 영원히 기록된다. 아이는 삶에 대한 인상을 결정짓고, 이후로도 자신이 내린 결론을 일관되게 유지하려고 한다. 이러한 결정은 자신이나 타인에게 우호적이지 않을지라도 막강한 힘을 가진다. 왜냐하면 이런 결정은 생애 초기에 성공적으로 적응하기 위한 건전한 정신 과정에 기반을 두고 있기 때문이다. 다소 불충분한 데이터이지만 과정은 바람직하다고 할 수 있다. 어린아이들이 구축하는 '가정적 현실'은 다소간 잘못된 가정을 포함하고 있지만 그럼에도 불구하고 아이들에게 그것은 '현실'이다.

어린 꼬마 아이들 모두가 이런 전언어적 가정을 한다는 충분한 증거들이 있다.[2] 그러면 왜 어떤 아이들은 다른 아이들보다 자기확신이 더 강하며 더 긍정적인가? 왜 어떤 아이들은 태어날 때부터 공주와 왕자처럼 보이는가? 왜 어떤 아이들은 뛰어나고, 총명하고, 호기심 많고, 기쁨에 차 있고, 자기주장이 강하고 늘 행복해 보이나? 왜 어떤 아이들은 뿌루퉁해 있고 불만이 많고 두려움에 떠나? 왜 어떤 아이들의 어린 시절은 다른 아이들보다 행복한가?

행복한 아이들은 '자기부정-타인긍정'의 결론에 도달한 적이 없는가? 우리는 그렇지 않다고 믿는다. 행복한 아이들의 행동은 무조건적인 사랑을 주고 생각하는 법과 문제 해결 방법을 보여주는 부모들의 일관된 보살핌의 결과이다. 생각하면서 지식이 쌓이고 행동하면서 익숙해진다. 최초의 결정에도 불구하고 말이다! 숙달도 또한 기록되고 자신감의 감정과 함께 되풀이된다. 그러나 자신감 있는 아이들조차 자라면서 긍정적이지 않은 순간이 있다.

어린 꼬마 아이가 자신에 대해 어떻게 느끼는지 객관적으로 확인해볼 수 있는 방법이 또 있다. 우리가 의존적이고 무기력한 상황에 놓였을 때 늘 되풀이되는 감정을 살펴보는 것이다. 상사가 질책할 때라든가 문제를 어떻게 해결해야 할지 모를 때, 지쳤을 때, 아플 때, 이해받지 못할 때, 최선을 다했지만 결과가 미치지 못할 때, 부당한 취급을 당했을 때 대부분의 사람들은 '자기긍정-타인긍정'과는 다른 감정을 경험한다. '자기부정'의 감정이 존재한다는 것은 초기 아동기에 무력감과 의존성이 기록되었다는 것을 나타내며 현재에 되풀이될 가능성이 있다는 뜻이다.

이러한 '자기부정'의 감정을 입증할 증거들은 얼마든지 있다. 우리는 그런 감정을 얼마나 흔하게 느끼는가! 우리는 또한 어린아이들의 눈물과 분노, 수줍음, 공포, 짜증 등을 통해서 이러한 감정의 표현을 관찰할 수 있다. 그런데 아이들은 좌절을 일으킨 원흉이 부모라는 사실을 알면서도 왜 부모 즉 타인이 OK라는 결론을 내릴까? 이런 타인긍정의 태도는 어디에서 비롯될까? 그것은 부모가 초기의 물질적·정서적 접촉의 원천이기 때문이다. 그래서 부모를 긍정OK하게 되는 것이다. 이것을 우리는 어루만짐stroking(교류분석에서 사용하는 용어. 피부 접촉을 비롯한, 표정, 감정, 태도 등의 비언어적 행동과 언어를 통한 인정 자극-옮긴이)이라고 부른다.

의존적으로
살지 않겠다는 결정

한번 결정한 것은 다시 결정할 수

있다. 우리의 어린 시절의 태도는 전언어적이고 그 당시 인생에 대한 아이의 감정에 토대를 두고 있다. '자기긍정-타인긍정'의 태도는 감정보다는 의식적인 생각, 신념, 행동 결정에 기반한다. 그것은 어린 시절의 가정을 거부하고 더 이상 무기력하고 의존적인 아이로 살지 않겠다는 결정이다. 그것은 평가가 아니라 수용의 태도이다. 그것은 우리 자신을 포함해 사람의 가치에 대한 믿음의 진술이다. 그것은 모든 사람이 완벽해야 한다거나 모든 행동이 선해야 한다는 의미가 아니다. 모든 행동이 똑같이 가치 있어야 한다는 의미가 아니며 모든 사람이 똑같아야 한다는 의미도 아니다. 그것은 우리가 사람들을 사물이 아니라 인간으로 대해야 한다는 의미로서, 그들의 가능성을 최대한 드러낼 수 있도록 열린 마음으로 대해야 한다는 말이다. 그것은 우리 자신에 대해서도 똑같은 방식으로 대한다는 의미이다. 괴테는 '자기긍정-타인긍정'의 태도가 갖는 가능성을 다음과 같이 말했다. "우리가 사람을 있는 그대로 대할 때, 우리는 있는 그대로의 그보다 그를 안 좋게 만드는 것이다. 그가 될 가능성대로 이미 된 것처럼 대할 때 우리는 그가 되어야 할 모습대로 만들 수 있다."

'자기긍정-타인긍정'은 우리 헌장을 수정하는 일이다. 훌륭하고 고상한 행동이 거기에 뒤따라 나올 것이다. 초기에 기록된 결정이 지워진다는 의미는 아니며, 초기 결정은 자주 되풀이될 것이다. 하지만 나중에 하는 결정도 기록된다. 자신과 타인을 바라보는 이런 새로운 방식을 우리가 더 의식할수록 일상적인 교류와 태도, 스트레스에 대한 반응과 감정을 다루는 방식은 점차 바뀌게 된다. 그리고 우리를 이끌어가는 샛별은 오늘날 우리를 파괴적으로 위협하는 투쟁적이고 기만적인 교환이 아니라 사람들 사이에 존재하는 더 나은 것들에 대한 신뢰이다.

교류분석이란
무엇인가?

        '자기긍정-타인긍정'의 의미를 깊이 탐구하기 전에 우리는 교류분석Transactional Analysis/TA에 대해 먼저 이해해야 한다. 인간 행동을 이해하고 논의하는 데 있어 교류분석은 어떤 분석 방법보다도 정교하고 훌륭하다. 또한 교류분석만큼 인간의 감정에 대해 잘 다룰 수 있는 방법을 보지 못했다. 이 장의 다음 몇 페이지와 교류를 묘사한 3장에서 교류분석의 기본 개념을 다룰 것이다. 교류분석이 낯선 독자들에게 이러한 개념들에 대한 이해는 이어지는 내용들을 정확하게 이해하기 위해 꼭 필요하다. 예를 들어 부모자아 멈추기Parent Stopper, 부모자아 축소시키기Parent Shrinker라고 쓸 때 그 의미는 부모에게 저항한다는 게 아니다. 정확히 그 반대다! 교류분석에 익숙한 사람들은 새로운 통찰을 얻을 수 있을 것이다. 에머슨은 말했다. "우리는 우리가 사용하는 몇 개 안 되는 상징들의 중요성을 써버리는 데서 멀리 와 있다." 교류분석의 상징들은 부모자아Parent, 어른자아Adult, 아이자아Child라는 사람의 성격의 세 부분을 나타내는 3개의 원으로 되어 있다.

    교류는 행동의 단위를 기본으로 한다. 당신이 내게 뭘 말하거나 행동을 하면, 나는 뭘 말하거나 행동을 되돌려준다. 교류분석은 당신이 성격의 세 부분 중 어느 부분을 사용하여 교류할 것인지 결정하고 세 부분 중 어느 부분으로 반응할지 결정하는 것이다.

우리 안에 존재하는
3가지 성격

이제까지는 초기 아동기의 경험
이 기록된 아이자아라고 부르는 성격의 한 부분에 대해 기술해왔다. 그
것은 현재에 나타나는 존재의 상태로서 우리 자신과 다른 사람들을 관
찰할 때 느껴진다.

1950년대 교류분석을 창시한 에릭 번Eric Berne 박사는 변호사인 환자
를 치료하고 있었다. 그 변호사는 어느 대목에 이르러 말했다. "지금 막
나는 어린 소년처럼 느끼고 있어요." 그는 앉아 있는 방식, 사용하는 어
휘, 얼굴 표정이 어린 소년 같았다. 곧 다음과 같은 질문의 중심에서 치
료가 시작되었다. "지금 누가 말하고 있나요, 변호사인가요, 어린 소년인
가요?" 그들은 두 개의 다른 성격의 인물이었다. 그로부터 6개월 후 번
은 현재 보이는 사람을 만든 다른 사람을 관찰했다고 소개했다. 그것은
비판적인 방식으로 그를 양육했던 아버지와 많이 닮은 어떤 사람이었다.

교류분석은 우리 모두 안에는 세 가지 성격이 존재한다는 사실을 관찰한 것
에 그 토대를 두고 있다. 우리는 가끔은 어린아이처럼, 가끔은 부모의 행
동을 보고 모방한 부모 방식으로 행동하고, 가끔은 객관적인 데이터에
따라서 생각하고, 분석하고, 예측하고 확률을 계산하고, 문제를 해결해
나간다. 우리는 주어진 어느 시점에서나 이 중 하나를 선택한다. 우리는
순식간에 한 성격에서 다른 성격으로 바뀔 수 있다. 신체, 목소리 톤, 호
흡, 땀, 어휘와 몸짓 등 모든 것이 변한다. 이러한 상태는 연기가 아니라
현실이다. 이 상태는 실제 사람들, 실제 시간들, 실제 장소들, 실제 결정

들, 그리고 실제 감정들이 기록된 과거의 사건이 재생됨으로써 생산되는 것이다.

우리는 이러한 상태를 **부모자아, 어른자아, 아이자아**(그림 1)로 지칭되는 3개의 원으로 표현한다. 이 세 단어는 교류분석의 기본적인 언어 도구들이다.

그림 1 성격의 세 가지 구조

부모자아

부모자아는 생애 초기 5년 동안 어린아이가 엄마와 아빠(또는 대리부모)에게서 보고 들은 행동과 말의 기록으로 이루어진다. 그것은 편집되지 않은 채 기록된다. 어린아이는 모든 걸 의존하고 있는 힘센 사람들에게 의문을 가질 입장이 못 된다. 아이는 의존성 때문에 가정을 만들고 부모에게 마술적 자질을 부여한다. 어떤 경우든 부모들은 OK이다. 부모자아 안에는 **가르치고 보여준** 삶의 개념들이 기록된다. 부모자아 안에는 전통들과 가치들이 자리잡는다. 다른 정보들처럼 가치들은 나중에 업데이트 될 필요가 있지만 말이다. 부모자아는 구시대적이다. 부모가 지금은 변해 옛날과 똑같이 생각하지 않더라도 우리가 내면에서 듣고 있는 부모자아의 목소리는 똑같다.

부모자아는 지울 수 없다. 부모자아는 우리 부모가 실제 그랬던 것처럼 양육하고 비판하는 양면성을 지니고 있다. 부모자아는 아동기에 실제로 일어난 사건들로 이루어지며 '초자아' 같은 추상적인 개념이 아니다. 부모자아는 개별적이다. 당신의 부모자아와 나의 부모자아는 다르다. 부모자아는 어떤 상태이며 영향력이다. 이 방대한 자료들의 원천에서 우리의 결정에 영향을 끼치는 사고 과정으로 정보가 흘러들어간다. 우리는 부모자아를 '불러올' 수도 있고, 어머니와 아버지의 행동을 단순히 따라 할 수도 있는데, 심지어는 똑같은 몸짓과 목소리 톤을 사용하기도 한다. 부모자아는 기록이다. 우리는 생각하지 않고 부모자아를 단순히 반복 재생할 뿐이다.

부모자아가 현재 우리 삶 안으로 들어와 가장 강력한 영향을 끼치는 방식 중 하나가 '내적 대화'로서, 우리가 아장아장 걸을 때 들었던 칭찬, 경고, 비난과 벌하는 소리를 듣는 것이다. 맞은편에는 미취학기의 아이자아가 있다. 부모자아나 아이자아 안의 부정적 기록이 활동을 개시하면 우리는 그 당시처럼 나쁜 기분을 느낀다. 그리고 끊임없이 외쳐대는 후회하고 질책하는 내면의 목소리를 듣는다. "그랬더라면 좋았을걸, 그랬더라면 좋았을걸, 왜 그렇게 했을까? 왜 그렇게 했지?" 우리를 내적으로 고발해 부모자아가 떠오르는 일이 없다면 사람들이 우리의 감정에 상처를 입히는 일은 아마 없을 것이다. 공격적인 부모자아란 부모가 잔인했다는 의미가 아니다. 부모들은 천사였다. 하지만 부모자아가 기록될 때의 어린 꼬마에게 그 천사는 어마어마하게 크고, 늘 천사이기만 한 것은 아니었을 것이다.

부모자아란 어떤 면에서는 문제가 될 수도 있는 단어이다. 교류분석에서 독특한 의미를 가진다 하더라도 부모라는 말이 고유한 어의적인 힘을 가지고 있기 때문이다. 우리는 좀 덜 선동적인 단어를 쓰려고 노력했지만 성공적이지는 못했다. 그렇다고 해서 부모자아-어른자아-아이자아라는 잘 알려져 있는 구조를 대체하는 것도 내키지 않았다.

아마 선동성이 가진 이점도 있을 것이다. 그것은 우리의 공허한 도그마와 설익은 실수들에 대해 새롭게 검토할 힘을 불어넣어줄 정신적 자극이 될 것이다. 부모자아는 위에서 언급한 어의적 미묘함에도 불구하고 우리 머릿속에서 권위를 나타내는 단어이다. 왜냐하면 어머니와 아버지 또는 그 대리인이 말하고 행동했던 것들로부터 필연적으로 추출된 것이기 때문이다. 그러나 심각한 왜곡은 그들을 내면화해 우리 자신으로 삼는 것이다. 우리는 어린 시절의 벗어날 수 없는 상황에서 기인한 의존성으로 인해 그 작업에 객관적으로 대처할 수 없었다(그들도 인간이며 신이 아니라는 걸 이해할 수 없다).

우리가 자신을 질책하는 일을 계속하는 대신 이러한 왜곡을 깨닫기 시작할 때, 그리고 우리 자신에 대해 연민을 가지게 될 때 우리 부모가 누구인지, 과거에 누구였는지 우리랑 같은 배를 탄 사람이라는 연민을 가질 능력이 생긴다. 그들도 마찬가지로 아이자아를 가지고 있는 존재들이다.

아이자아

아이가 된다는 것에 대해 앞부분에서 충분히 다루었다. 아이들의 경험
은 부모자아와 마찬가지 방식으로 기록된다. 아이자아는 부모가 말하
고 행동했던 것에 대한 아이들의 반응으로 구성되어 있다. 아이자아는
초기 5년 동안 외부 사건에 대한 반응을 내면적인 사건으로 영구 기록
한 것이다. 가장 강력한 내면 사건들은 **감정들**이다. 이러한 감정들은 현
재에서 빈번히 재생되는데, 코너에 몰리거나, 의존적이거나, 부당한 비판
에 직면했을 때, 일에 서투를 때, 상황을 잘 모를 때 등, 어린 꼬마 때 겪
었던 것과 유사한 상황에 놓이게 되었을 때 그렇다. 부모와 유사한 유형
의 고발자와 만난다면 우리는 다시 한 번 **그곳으로** 되돌아갈 것이다. 오
래된 테이프는 늘 돌아갈 준비가 되어 있고 언제라도 부모자아 또는 아
이자아가 될 수 있다. 아이자아는 우리의 본능과 생물학석 충농들, 유전
적 기록들, 육체적인 자아, 호기심, 직관 등을 포함한다. 슬픔뿐만 아니라
기쁨도 담고 있다. 부모자아가 요구와 지시, 독단으로 가득 차 있는 반면,
아이자아는 욕망들로 가득하다. 아이자아 안에는 '~을 원함'이라는 동
기가 자리한다. 우리가 해야만 하는 것들 대부분은 부모자아에 맞춘 반
응이다. 우리가 원하는 것은 아이자아 안에 기원을 두고 있다. 부모자아
처럼 아이자아는 영향력이며 상태이다. 우리가 아이자아 상태에 있을 때
우리는 어린아이였을 때처럼 행동하고 보여진다. 아이자아는 공포를 느
끼고 겁을 내거나 이기적이 되는 등 우리 성격의 일부분이 되어 문제를
일으킬 수도 있다. 부모자아의 요구들과 아이자아의 욕망들 사이에서 심
판 역할을 맡은 제3의 성격이 있는데, 그것이 어른자아이다. 어른자아는
생각하고 문제를 해결하고 중재한다.

어른자아

10개월 정도가 되면 어린아이는 자신의 힘으로 세상을 탐색하기 시작할 만큼 충분한 힘과 통제력을 갖는다. 머지않아 기어다니고, 높은 곳에 올라가고 걸음마를 떼며, 뛰어다닌다! 중요한 신체 움직임에서 놀랄 만한 시대에 접어든 것이다. 아이는 이제 생각할 수 있게 되고 삶의 개념에 대한 부모자아의 가르침과 아이자아의 느낌에 더해 새롭게 사고하는 삶의 개념을 추가한다. 그는 자신의 이해를 구축해 나가기 시작한다. 어머니에게서 분리되어 '아니오'라고 말하는 법을 배우기 시작한다. 자신의 의도와 이유들을 가지게 된다. 어휘가 늘고, '왜'라고 묻기 시작한다. 이러한 모든 개인적 활동들은 우리가 어른자아라고 부르는 성격의 한 부분으로 자라게 된다. 어른자아는 추론하고 생각하고 예측하고 세상일을 어떻게 풀어갈지 파악한다. 어른자아는 결과를 고려한다. 아이자아는 '바람 Want'을 제공하고, 어른자아는 어떻게 할지 '방법'을 찾는다. 이러한 방법들은 대부분 부모들에게서 배운 것들이다. 좋은 부모는 자식의 어른자아가 잘 구축될 수 있게 용기를 주고, 삶에 대해 관찰한 것들을 칭찬하며, 비는 왜 내리는지, 연기는 왜 피어오르는지, 그림자는 왜 드리우는지 같은 질문들에 대해 박수갈채를 보낸다.

　어른자아는 성격의 기능적인 한 부분일 뿐만 아니라 현재 다른 사람들에 의해 관찰되는 상태이다. 어른자아 상태의 사람은 사려 깊고, 이성적이며 지금-여기에 머문다. 우리는 보통 보이는 것으로 사람의 상태를 말할 수 있다. 신체언어, 어휘, 몸짓은 각 상태를 파악하는 단서이다. 어른자아는 아이의 타고난 호기심에서 자라난다. 어른자아와 아이자아는 둘 다 내면에서 발생한다. 반면에 부모자아는 외부에서 주어진다. 어른자아의 중요한 기능 가운데 하나는 부모자아를 업데이트하는 것이다. 안정감 있는 어린아이는 "엄마 아빠는 나한테 진실을 말했어!"라며 대부분의 부모자아의 데이터를 신뢰한다.

세 상태의 기능들에 대해서는 다음 장에서 다룰 것이다. 부모자아, 어른자아, 아이자아에 대한 좀더 자세한 설명은 《자기긍정-타인긍정I'm OK-You're Ok》의 2장을 보기를 권한다.

어린 시절의 기억은 뇌에 기록된다

고인이 된 맥길 대학의 와일더 펜필드 박사가 발견한 바에 따르면 앞에 진술한 내용들은 사실임이 확인되었다. 초점성 간질 수술에서 개복한 뇌에 전류 자극을 적용하여 인공적인 기억을 재생하는 수백 번의 실험을 통해서 과거는 시간 계열을 따라 세부적으로 기록된다는 것이 입증되었다.[3] 그는 전류자극이 혼합된 기록이나 일반적인 기억이 아니라 하나의 단일한 기억을 연속해서 불러일으킨다는 사실을 밝혀냈는데, 기억은 피험자의 회상 능력이 완전히 사라진 후에도 전혀 손상받지 않고 기록으로 계속 남는다는 걸 발견했다. 그의 실험은 감정들을 이해하는 중요한 네 가지 결론으로 이끈다.[4]

1. 우리 삶 속의 사건들을 기록하는 고성능 녹음기인 뇌의 기능들에서 가장 결정적인 것들은 어린 시절에 일어난다. 이러한 기록들은 연

속적으로 일어나며 계속된다. 펜필드는 말한다. "보통 사람이 뭔가에 의식적으로 주의를 기울일 때면, 양 측두엽에서 동시에 기록이 이루어진다."

2. 과거의 경험과 연관된 **감정들** 또한 기록되며 그러한 경험에서 절대로 빠져나갈 수 없게 묶이게 된다.

3. 한 사람은 동시에 두 '장소'에 존재할 수 있다. 신체는 지금 여기에서 어떤 사람과 함께 있으면서 마음은 수 킬로미터 밖 수 년 전으로 이동할 수 있다. 인간관계 문제 가운데 하나는 '그 무엇'이 현재로부터 우리를 이동시켜 누군가와 함께 있지 못하게 하는 것이다.

4. 이렇게 기록된 경험들과 그 **경험들과 연합된 감정들**은 처음 겪었던 당시처럼 언제든 생생하게 재생될 준비가 되어 있다. 그리고 현재의 교류의 본성을 결정짓는 중요한 데이터를 제공한다. 현재의 사건들은 오래된 경험의 되풀이가 되고 과거의 느낌을 기억하는 것만이 아니라 과거와 똑같은 방식으로 느끼게 된다. 과거를 기억할 뿐 아니라 다시 사는 것이다. 그 과거 속에 바로 우리가 있는 것이다! 그러나 우리가 다시 살고 있는 그 대부분의 것들을 우리는 기억하지 못한다.

당신은 한때 당신이었던 어린 소년, 소녀, 가족사진첩 속의 이빨이 빠지고 머리가 헝클어진 그 어린 꼬마에 대해 궁금해본 적이 있는가? 거울을 한 번만 들여다봐도 당신이 변했다는 걸 알 수 있다. 몸을 이루는 세포는 죽음을 반복하고 수백만 번이나 교체되었다. 두뇌 세포는 좀 다르다. 캘리포니아 어바인 대학의 신경과학자인 개리 린치Gary Lynch 박사는 "두뇌를 구성하는 세포들과 단백질은 망가지고 교체되기를 반복하지만 아동기에 저장된 기억은 과거를 추적하여 어린아이 상태로 여전히 그곳에 존재한다"[5]고 했다. 그러므로 우리의 뇌세포는 '새단장'은 되어도 영구적이다. 뇌세포는 사고를 겪거나 나이가 들어 파괴되면 대체되지 않는다. 우리의 뇌세포 대부분은 뇌 발달이 끝났을 때 완성된다. 그리고 여기에는 분만실에서 막 눈을 떴을 때, 첫 발을 떼었을 때, 처음 말을 배웠을 때, 처음 호기심을 느꼈을 때, 신이 났을 때, 부끄럼, 공포, 소속감, 거절을 느꼈을 때, 혼란에 빠져 탈진했을 때, 상실감을 느끼고 통제력을 상실했을 때의 세포들이 포함되어 있다. 어린 시절의 사건들과 감정들은 전기화학적인 신경 회로들을 따라 기록된다. 어린 시절의 기억들은 늘 거기에 존재한다. 아동기 말에 코드화 작업이 끝나지 않더라도 초기 몇 년의 매우 정교한 전기 회로망은 모든 것들을 연결하는 기본 배선장치가 된다. 우리는 점차 어른으로 성장할지라도 여전히 아이자아인 작은 사람인 것이다.

감정은
사람마다 다르다

왜 어떤 사람을 괴롭히는 문제가 다른 사람에게는 전혀 문제가 되지 않을까? 왜 어떤 사람들은 늘 '업'되어 있고 어떤 사람들은 '다운'되어 있을까? 왜 어떤 사람들은 사장실의 어항을 떨어뜨리고도 낄낄 웃어젖힐 수 있고 어떤 사람들은 죽고 싶을까? 다음 네 가지 사실이 답이 되어줄 것이다.

1. 모든 사람은 독특하다. 우리는 자신만의 특별한 유전적 기호를 가지고 이 세상에 온다. 그 속에는 이 세상을 바라보고, 육체적·정신적으로 기능하는 일종의 지문 같은 지시들이 포함되어 있다. 우리의 역사 역시 독특하다. 그것들은 뇌 속에 아주 세세히 영구적으로 기록된다. 모든 사람은 다른 상황에서 태어난다. 형제자매들의 상황도 다 다르다. 한 어머니는 짧은 터울로 네 자녀를 낳았다. 끝없이 늘어나는 꼬마들의 요구에 대응하는 그녀를 지켜본 우리는 물었다. "어떻게 그렇게 할 수 있어요?" 그녀가 대답했다. "어떤 아이에게나 제 기대치를 낮출 뿐이에요." 이 집에서도 다른 가족에서와 마찬가지로 출생 순서에 따른 위치, 다른 기준, 외부적 현실의 차이 등 구성원들마다 자신만의 역사가 있다. 초기의 경험으로 이루어지는 이 독특한 역사는 영구적으로 기록된다.

이런 우리의 독특성 때문에, 우리는 문제들을 다르게 다루고 즐기는 방식도 달라진다. 예를 들어 네 살 때 어머니를 잃은 사람은 상실의 아픔을 더 크게 느낄 것이다. 짝을 잃거나 직업을 잃거나 신용카드를 잃거나 하는 일 등에서 어린 시절 상처를 입은 일이 없는 사람들보다 더 깊은 실망을 경험할지도 모른다. 어머니의 죽음을 어떤 방식으로 듣고 이해했는지, 누가 그의 새 '어머니'가 되었는지, 그의 아버지가 어땠는지, 그에게 안전감이 있었는지 등에 의해 상황은 물론 완화될 수 있다.

우리는 저마다 독특하기 때문에 보고, 듣고 냄새 맡는 것은 우리 각자에게 다른 영향을 끼친다. 예를 들어, 당신이 오늘 빨간색 차를 본다면, 당신의 '빨간 차 회로'는 예전에 당신이 가졌던 빨간색 차에 대한 온갖 인상을 불러낼 것이다. 십대 때 첫 연애 상대가 빨간색 컨버터블을 운전한 사람이라면 오늘 빨간색 차를 보게 될 경우 당신은 행복한 감정이 물결칠 것이다. 그러나 빨간색 차에 사고를 당해 8개월간 몸을 움직일 수 없었다면 연애 감정을 느꼈던 사람과는 판이한 감정을 떠올릴 것이다. 가장 어릴 때의 기억이 가장 강력하다.

우리 개인의 역사가 독특한 것처럼 우리의 지각과 감정도 독특하다. 다섯 사람이 있으면 저마다의 과거 경험에 따라 다섯 가지의 다른 반응을 보인다. 그것은 총이며, 풍선이 터지는 것, 폭탄, 폭죽, 자동차 폭음이다. 펜필드는 실험을 통해 "피험자는 자신 안에 원래 있었던 감정을 다시 느끼고 똑같이 해석한다. 맞든 틀리든 과거에 했던 경험을 자신에게 똑같이 부여하는 것이다. 그러므로 나중에 떠올리는 회상은 과거와 똑같은 장면이나 사건의 재현이 아니다. 그것은 피험자가 보고 듣고 느끼고 이해했던(강조는 저자가 덧붙인 내용) 것들의 재현이다."[6]

우리의 감정은 저마나 다르기 때문에 다른 사람과 감정을 나눌 수는 있어도 어떤 말을 해도 그 감정을 정확하게 묘사할 방법이 없다. 만일 당신이 친구에게 슬프다고 말해도 친구는 어렴풋이 짐작만 할 수 있을 뿐이다. 친구는 슬픔의 의미를 안다. 하지만 당신이 어떻게 느끼는지 정확하게는 알지 못한다. 왜냐하면 그는 당신의 과거 기억의 저장소로 들어갈 수 없기 때문이다. 감정을 말로 표현하는 것은 그림을 노래하거나 노래를 그리려는 것과 같을 것이다.

2. 감정은 실제적이다. 감정은 직접적이고 분명한 지식이다. 세상에 대한 지식의 대부분은 책이나 다른 사람들로부터 얻은 간접적인 것이다. 그러나 감정은 직접적이고 개인적이다. 우리가 어떤 감정의 붙들려 있을 때 우리는 그 감정을 안다! 대부분의 사람들이 그것을 안다. 어떤 사람들은 감정을 느껴서는 안 되는 것이라는 말을 들어왔다. 어린아이들

이 자기 기분을 말하면 '나쁜' 거라는 말을 들었다거나 부모로부터 "어린애가 뭘 그렇게 슬프다고?"라는 말을 들었을 때 아이들은 자기의 감정을 말하지 않고 마음속에 '묻어두겠다'고 결심한다. 만일 감정을 표현하는 것이 늘 거부되고 왜곡된다면, 아이들은 자신만의 지각을 신뢰하기를 두려워하게 되고 감정을 전혀 느끼지 않기 시작한다. 그리고 점차 '느끼지 않는' 사람으로 살아가게 될지도 모른다. 감정을 느끼지 못한다고 말한 한 여인은 "어린 시절을 생각할 때, 아무것도 기억할 수가 없어요"라고 했다. 어린 시절은 감정들로 이루어져 있다. 만일 감정을 가지지 않기로 작심했다면, 어린 시절은 감정을 느끼지 않겠다는 결심과 함께 묻혀버릴 것이다.

감정은 윤리적으로 선한 것도 나쁜 것도 아니다. 그저 우리에게 존재하는 사건과 사실일 뿐이다. 우리가 감정을 가지고 행하는 일이 선한 일이나 나쁜 일이 될 수 있을 뿐이다. 하지만 감정들 자체는 윤리적인 기준에 따라 심판될 수 없다. 감정들은 불시에 불쑥불쑥 일어난다. 오늘 하루 화나는 감정을 느끼지 말아야겠다고 결심할 수는 있다. 다시는 미워하는 감정을 갖지 않고 모든 사람을 사랑하겠다고 결심할 수도 있다. 그런데 일순간에 세상은 우울하게 변하고, 우리는 화가 난다. 우리 안에서 뭔가가 일어난다. 화가 치밀 만한 상황이 전혀 없었을 수도 있다. 하지만 감정은 실제로 있는 사건이다. 주관적으로 감정은 **좋거나 나쁜** 느낌이다. 감정은 어른자아를 물러나게 하고 어리석은 일을 연속해서 함으로써 우리를 비참함으로 몰아갈 때 특히 나쁘다.

3. 우리는 감정을 바꿀 수 있다. 감정은 결심이나 명상 같은 방법으로 직접 바꿀 수 없다. 감정을 바꿀 수 있는 유일한 방법은 감정의 기원이

된 지식을 앎으로써 행동을 변화시키는 것이다. 이 책의 대부분이 이를 달성하는 방법을 설명하는 데 할애되어 있다.

4. 누구나 한때 어린아이였다. 우리가 지금 경험하고 있는 것은 자세하게 윤색된 어린 시절의 사건과 감정들을 통해 걸러진 것이다. 과거에 기록된 유사한 감정들과 '단절'되면 지금 어떤 감정도 느낄 수 없다. 그 중에서도 가장 강력한 것은 4~5세 때 느꼈던 감정들이다. 이것은 지금 느끼는 감정이 현실이 아니라는 의미는 아니며, 그렇다고 해서 '과거의 기록'일 뿐이라고 폄하할 것도 아니다. 지금의 우리는 바로 과거의 우리다. 생후 초기 몇 년 동안의 의존적이고 무기력했던 결과로 나타나는 부정Not OK의 감정은 기록되어 있다가 현재에 의존적이고 무기력한 상황을 만나면 언제든 다시 재현될 준비가 되어 있다. 수치심을 느끼면 즉각 '수치심 회로'가 점화된다. 수치스러웠던 일이 기억날 뿐 아니라 어린 시절 수치심을 느꼈을 때와 똑같은 수치심을 또 한 번 체험하는 것이다. 한때 느꼈던 똑같은 감정을 느끼는데, 그래서 현재 우리가 느끼는 감정은 강력해지고 누적 효과를 발휘한다.

교류분석의
목표

우리는 자신을 드러내며 산다. 이것은 교류를 통해서 이루어진다. 우리는 초기 몇 년간 부모를 관찰함으로써 부모가 어떠했는지 배운다. 이는 아이자아와 어른자아에게 똑같은 진실이다. 교류분석은 우리 자신의 부모자아, 어른자아, 아이자아를 명확히 알고 현재의 교류에서 어떻게 드러나는지 구분하고 배울 수 있는 효과적인 도구이다. 스위스의 정신과의사인 폴 투르니에Paul Tournier는 마음을 자주 침대 위에 쏟아놓고 정리해야 할 잡동사니로 가득한 서랍에 비유한 바 있다. 이렇게 완전히 비우는 일은 고전적인 심리분석에 비유될 수 있다. 모든 아이템을 점검하고 다시 집어넣는 일은 오랜 시간이 걸리며 서랍이 어떻게 사용되는지 분석하는 동안 서랍 사용은 중단된다. 교류분석에서는 부모자아, 어른자아, 아이자아의 세 부분으로 칸을 나누어 정리하는 작업으로 시작한다. 장점은 서랍을 사용할 수 있다는 것이다. 이 과정은 철교를 보수할 때처럼 한 번에 한 가지씩 이루어진다. 기차는 운행을 계속하는 가운데 새로운 철교가 완성되는 것처럼 말이다.

이것이 교류분석에서 하는 작업이다. 교류분석의 목표는 '나의 어떤 부분이 지금 작용하는지' 명확히 하고 그것이 사실인지, 타당한지, 지금 현실에 적절한지 평가함으로써 어른자아를 강화하고 해방시키는 것이다. 목적은 부모자아나 아이자아를 없애려는 게 아니라, 이러한 데이터들을 검토하고 자유롭게 하기 위한 것이다. 어른자아는 에머슨이 표현한 것처럼 "선의 이름으로 방해받지 않고 그것이 선이라면 탐구해야만 하는" 것이다. 그런 점에서 나쁜 것은 "나는 옳지 않아"라고 어린 시절에 스스로 내린 결정이다. 교류분석의 궁극적 목표는 한 사람이 선택의 자유를 가지는 것이다. "자유롭다는 말은 우리가 그렇게 아는 것뿐만 아니라 그렇게 행동하는 것을 의미한다"라고 윌 듀란트Will Durant는 말했다. 이런 자유는 과거의 제한적 영향을 넘어 새로운 선택의 기회를 창출할 수 있다.

이 책의 목표는 교류분석의 도구를 사용해 나쁜 감정들을 다스리고 좋은 감정들을 만들어내는 데 있다. 좋은 감정은 인생이라는 여행길에서 연료로 쓰일 에너지를 생산한다. 나쁜 감정에 괴롭힘을 당하는 많은 사람들은 공허감에 끌려다닌다. 좌절감, 의존성, 혼란은 실제로 우리를 압도할 수 있다. 우리의 계획을 좌절시키고, 우리가 갈망하는 관계에 균열을 만들고 스스로 하찮은 존재라는 깊은 실망감을 선사한다. 우리가 3살이었을 때는 다른 사람의 자비심 속에서 살았다. 그것은 과거의 현실이다. 현재의 현실은 우리가 지금 무기력감을 느끼고 있을지라도 전적으로 무기력한 것은 아니라는 점이다.

부정적인 감정을 느끼는 가장 보편적인 원인은 긍정적이 되기 위해 갖춰져야 할 조건을 채우고 사는 데 실패해서이다. 이처럼 중요한 가정들은 칸트가 "우리의 삶을 지배하는 한줌의 금언들"이라고 부른 것들로 구성되어 있다.

2장

너는 OK가 될 수 있다

우리들 대부분은 만일 네가 ~하면 너를 사랑한다, 만일, 만일, 만일 ~하면 너를 사랑한다는 말을 들으며 자란다. 네가 좋은 점수를 받으면 너를 사랑한다. 고등학교를 잘 마치면 너를 사랑한다. 대학을 잘 마치면 너를 사랑한다. 아들아, 의사가 되면 널 사랑하마. 그리고 우리는 좋은 행동으로 사랑을 살 수 있다고 믿어버리고, 그러다가 네가 내게 밍크코트를 사주면 사랑한다는 말을 하는 사람과 결혼한다. 만일 우리가 조건 없는 사랑으로 다음 세대를 양육하고 벌이 아니라 확고함과 일관됨으로 가르친다면, 이러한 아이들은 결코 삶을 두려워하지 않을 것이며 죽음도 두려워하지 않을 것이다. 그리고 우리는 결코 '죽음과 죽어가는 것'에 대한 책을 쓰거나 영화를 만들지 않을 것이다.[7]

엘리자베스 퀴블러-로스Elisabeth Kübler-Ross의 이 말은 사실이기는 하지만 혼란을 일으킨다. 많은 사람들, 특히 뭔가를 성취한 사람들은 그녀가 나열한 조건들의 진실성에 귀를 기울일 것이다. 가장 확실한 사회적 승인은 조건적이다. 그리고 우리가 승인을 구하는 '사회'는 우리 부모가 승인한 것들에 의해 규정된다. 교회에서든 사업과 전문성에서든 '세상의 정글'에서든 받아들여지기를 추구하는 것은 우리 부모들이 가치를 부여한 사회에 크게 의존하고 있다. 우리는 사회 구성원이 되어 시작부터 "만일 네가 여기서 그런 걸 하려면 이걸 해야만 해" 하는 법을 배운다.

'그런 걸 하는 것'은 목표이다. 측정이란 표준치수이다. 인정받기를 갈망하는 많은 '훌륭한 사람들'이 삶을 측정하면서 살아간다. 다음 장에서 다룰 좋은 사람과 착한 아가씨처럼 이들은 "난 잘하고 있을까?"라는 불안한 물음에 영원히 사로잡혀 살아간다. 역설적인 것은 많은 것을 이룬 성취자들이 성취를 관찰한다는 것이다. 퀴블러 로스가 성취자가 아니었다면 그런 통찰을 끌어낼 수 있었을까?

그럼 다음과 같은 질문이 이어진다. 그렇다면 부모가 자식에게 기대하는 게 잘못이라는 말인가? 그렇지는 않다. 하지만 이유를 설명하기 전에 설명된 기대와 짐작된 기대의 차이를 분명히 할 필요가 있다.

초기 아동기의 가장 중요한 요소는 의존성이다. 부모가 뭘 기대하는지 명확히 이해하지 못하고 분명히 구분하는 게 불가능한 어린아이들은 스스로에 대해서 그리고 자신을 둘러싼 환경에 대해서 '가정적 현실'을 구축한다.[8] 집안 가계도에서부터 출생 순서, 질병, 세상의 상황 등이 이러한 가정들의 공급원이다. 아이가 가정하는 것들이 틀릴 수도 있지만, 아이에게 있어 그것은 현실이다. 아이의 가장 결정적인 가정은 '자기부정–타인긍정'이었다.

곤란한 상황에서, 어린 꼬마는 부모를 기쁘게 하는 게 뭔지 부모에게서 힌트를 찾는다. 그리고 그것을 OK로 간주한다. 아이에게 있어 부모는 마법사이며, 크고, 힘세고, 안락함을 주고, 가끔은 무섭기도 하고 가장 중요한 필요한 존재이다. 부모가 아이를 어떻게 대하든 아이는 부모를 필요로 한다.

예전에 자신을 무시했다는 이유로 아이를 때려 죽게 한 아버지에 대한 기사를 읽은 적이 있다. 어머니도 아이를 벨트 채찍질로 벌하는 데 가담했다. 그 과정에서 가장 애처로웠던 것은 어린 소녀였다. 20시간을 벌을 받고 죽어가면서도 그 소녀는 아버지에게 다가가 화장실에 가게 멜빵을 끌러달라고 도움을 청했다. 그 아이는 그의 도움이 필요했고, 자신의 아버지였기에 자신을 학대하는 사람인데도 그에게 다가갔다.

최상의 상황에서도 최악의 상황에서도 어린 시절의 필요는 우선적이다. 어린아이는 다른 갈 곳이 없기 때문에, 자신의 지각을 필요의 틀 안에 억지로 밀어넣는다. 생각을 왜곡하거나 부정확한 가정을 함으로써 그것을 가능하고 개연성 있는 일로 만든다.

유아기 초기에는 울음으로 원하는 걸 얻는다. 그러나 얼마 지나지 않아 우는 아이는 나쁜 아이라는 메시지를 말과 행동을 통해서 받는다. 그래서 아이는 어머니를 미소 짓게 하는 새로운 방식의 욕구 충족 방법을 찾아낸다. 그리고 그 방법이 잘 통하면 계속 그 방식으로 행동하게 된다.

감각기관이 성숙해감에 따라 아이는 부모를 기쁘게 하거나 최소한 주의를 끌 만한 단서를 찾아내는 지각이 더욱 예민해진다. 아이의 눈은 부모가 인정하는지 인정하지 않는지 부모의 얼굴을 살핀다. 이는 한꺼번에 이루어지는 게 아니다. 조금씩 조금씩 아이는 자신의 현실을 파악해가며, OK가 되기 위해 해야만 할 일을 결정한다. 퍼즐이 모양을 갖춰감에 따라 일련의 결정들이 내려져 삶의 대본의 기초가 된다.

어떻게 부모에게
OK가 될 수 있을까?

퀴블러 로스는 아이들을 조건 없는 사랑으로 키우는 것이 가능하다고 제시했다. 부모의 입장에서는 이러한 이상이 가능해 보인다. 그러나 아이의 입장에서는 불가능하다. 왜냐하면 생존조차 여러 가지 조건들에 달려 있기 때문이다. 엄마 옆에 붙어 있기, 우유 먹기, 돌봄 받기 등등. 유아가 아장아장 걷기 시작하면 부모가 생명의 안전을 위해 금지하는 것들이 아이에게는 조건이 된다. 거리에서 놀지 않으면, 약상자에 손을 대지 않으면, 부엌칼을 만지지 않으면, 목숨이 안전할 것이다. 아이는 생명을 위협한다는 말의 의미를 모르므로 생명을 위협하는 것에 대해 이해하지 못한다. 이러한 위험을 아무리 잘 간수해도 아이들은 호기심에 이끌려 엉뚱한 장소로 가고 만다. 그러므로 강력한 언어적이고 신체적인 제재가 필요하다. 어린아이는 위험한 모험을 시도하고 금지당하고 벌을 받는다. 잘못을 저지른 것일 뿐인데 Not OK라고 가정하는 것은 맞는 게 아니지만 아이는 그렇게 느낀다.

그래서 아이가 "내가 엄마의 마음에 든다면 그것이 옳은 것이다"라고 내린 결정은 사랑받기 위한 조건이 된다. 일말의 자기확신은 삶을 보존하기 위해 버려야만 했다. 부모는 (1) 아이들이 가는 길에서 모든 위험을 치워버리거나 (2) 모든 것을 설명함으로써 위험을 예방하려고 한다. 첫 번째 해결책의 문제점은 불가능하다는 것이다. 생존에 필수적인 조건적 금지No를 아이에게 확고히 심어놓는 것은 실패할 수밖에 없다. 어머니가 늘 아이와 붙어 있을 수 없기 때문이다. 부모는 보통 위험한 일이 벌어지고 나서야 사태를 알아챈다. 그러나 각인된 금지는 어린아이가 멀리 가지 못하게 묶어놓는 말뚝으로서 유용한 금지 수단이 된다. 두 번째 해결책은 언어를 배운 후에나 가능하다. 언어를 알기 전에 설명하는 것은 도움을 주기보다 혼란만 일으킬 수 있다. 어린아이의 가정들 대부분은 전언어적으로 형성되며, 특히 대부분이 자기부정-타인긍정의 가정들이다.

어린아이는 자신의 부모가 말하거나 보여주지 않은 것에 대해서는 내부적으로 금지No라는 벽을 쌓는다. 교류분석가인 로버트와 매리 굴딩은 다음과 같이 썼다.

> 우리는 많은 금지 명령이 누구에게서 주어진 것이 아니라고 믿는다! 그러므로 어린아이들은 환상, 발명, 엉뚱한 해석을 자신에게 금지하는 것들로 삼는다. 형제가 죽었을 때, 아이는 자신의 질투심이 마법을 부려 죽음을 일으켰다고 믿는다. 아이들은 죽음이라는 현상을 이해할 수 없기 때문이다. 죄책감 속에서 아이는 자신에게 하지 마라는 금지 명령을 내린다. 사랑하는 아버지가 죽었다면 아이는 다시는 누구 곁에도 가까이 가지 않겠다고 결심할 수도 있다. 그는 아버지의 죽음으로 인한 고통을 피하고 싶어 자신에게 가까이 가지 마라는 금지 명령을 내린다. 그 영향으로 그는 "나는 다시는 사랑하지 않을 거야. 그리고 다시는 상처받지 않을 거야"라는 말을 하게 된다.[9]

위와 같이 상처받는 일이 생기면 갑작스런 결정을 내릴 수도 있지만, 아이는 하루아침에 형성되는 게 아니며, 결심도 하루아침에 하는 것이 아니다. 대부분의 결정은 신호들과 경험들의 축적에서 나온다. 아이가 하나의 결론을 얻게 되는 데는 부모의 한 가지 이상의 실수들이 있다. 아이의 초기 가정들은 잠정적이며 반복해 강화되면서 확고해진다.

어린 딸은 아빠가 퇴근하면 늘 아빠를 맞으러 달려 나간다. 매일같이 그들의 환영 의식은 반복된다. 아빠가 딸을 안아 올려, 입을 맞추고 꼬마 공주님이라고 말한다. 그런데 어느 날 아빠가 집에 오지 않는다. 딸은 실망하지만 여전히 아빠를 믿는다. 다음 날이 되자 환영 의식은 다시 반복되었다. 그러던 어느 날 아빠는 화가 난 채로 퇴근한다. 그는 딸을 못 본체 지나치고 안아주지도 않는다. 딸은 다시 실망하지만 여전히 아빠를 믿는다. 다음 날 그들의 환영 의식은 다시 살아났다. 그런데 어느 날 아빠는 잔뜩 흥분해서 집에 왔다. 딸이 아빠에게 달려가자 그는 "저리 가, 이제 철 좀 들어라!"라고 말한다. 그리고 귀찮게 하지 말라고 한다. 이런 행동이 결심까지는 이르게 하지 않았지만 이제 신뢰에 금이 가기 시작하고 불안이 스며든다. 이런 안 좋은 장면이 다음 날도 또 다음 날도 펼쳐진다. 어느 날엔가 이르러 계속 쌓인 실망감으로 믿음이 사라지며 아이는 결정한다. "절대 아빠를 믿지 않을 거야" 혹은 "절대 남자들은 믿지 않을 거야"라고.

어린아이는 욕구가 강하기 때문에 신뢰 또한 완강하다. 그래서 '불쾌한' 사건들을 여러 차례 구해내고 나서야 아이는 '떠나겠다'고 마음먹는 것이다. 우리는 부모를 안심시키기 위해 늘 이 사실을 강조하곤 한다. 지푸라기 하나가 낙타 등을 무너뜨리지만 그러기 전에 많은 양의 짚이 쌓여야 하는 것처럼 말이다.

최상의 조건과 가장 좋은 부모 밑에서 자라더라도 아이가 최초에 형성하는 가정들은 조건적이다. 후기 아동기에 이르면 부모의 말과 행동이 무조건적인 사랑으로 전달될 수 있지만 초기의 전언어기에 기록된 것들은 지워지지 않는다. 만일이라는 가정이 삶에서 지렛대로 남아, 문제가 되는 감정들을 생산할 뿐만 아니라 안정성, 예측, 안전감을 공급해준다.

하지 마라는 부모의 메시지

하지 마라는 메시지는 하라는 메시지보다 강력하다. 긍정적인 행동으로 부정성을 극복하려는 시도가 자주 있더라도 그렇다. 굴딩 박사 부부는 어린아이가 금지 명령으로 내면화하는 하지 마라는 메시지의 종류를 명확히 요약해주었다. 그것은 급성 폐렴으로 죽은 어린 남자아이의 경우처럼 잘못된 가정의 결과이거나 혹은 어머니와 아버지가 실제 말하고 행동한 것을 정확히 해석한 결과이다. 그 메시지는 "만일 네가 ~을 하지 않으면 널 사랑하겠다"이다. 굴딩 부부는 말한다. "금지 명령은 부모 자신이 고통스런 상황에 처해 아이자아가 된 상태에서 오는 메시지이다. 그것은 불행, 불안, 실망, 분노, 좌절, 은밀한 욕망 등이다."[10] 고통스런 감정에서 자유롭고 아이와 보조를 맞추어 (아이에게) 난처한 행동을 하지 않는 부모들은 많지 않다. 그래서 반복되는 '비난받는' 행동의 밑바탕에서 아이들은 다양하게 하지 마라는 결정을 만든다.

1. **절대 안 돼.** 이 메시지는 두려움 많고 과잉보호하는 부모들이 준다. 이런 부모들은 위험 여부와 상관없이 아이들이 원하는 것에 대해 긍

정적 확신을 주지 못한다. 인생은 거대한 부정No으로 호기심과 창조성을 마비시켜버린다. 세상 모든 일은 늘 조심하고 조심해야 하는 일이다.

2. 네가 없었다면. 굴딩 부부는 이 메시지가 가장 치명적이라고 말한다. 이 메시지는 여러 가지 형식을 빌려 표현된다. "나는 너를 낳고 싶지 않았어", "아이만 안 가졌으면 무슨 일이든 할 텐데." 이런 말은 아이가 옆에 있는지 의식하지 못하고 부주의하게 전달될 수도 있다. "아이가 없을 때 정말 재밌었던 거 기억나지 않아?" 같은 식으로. 아이가 그런 말을 듣고 뭘 할 수 있겠는가?

3 가까이 다가가지 마. 이러한 결정은 부모나 형제의 죽음 같은 상실감이나 잔인한 부모에게서 자라날 수 있다.

4. 중요해지지 마라. 아이가 성취한 것들을 깎아내리고, 아이가 말하려 할 때마다 "네가 뭘 안다고 끼어드니?" 같은 말을 들으면 아이는 이런 결정을 내리게 된다.

5. 아이처럼 굴지 마라. 아버지가 죽고 이제 당신이 가족을 지켜야 한다면 '성장하라'는 메시지를 받게 되고 이제 어린 시절은 없어진다.

6. 자라지 마라. 어린아이가 자라고 말썽 많은 청소년기에 접어드는 걸 싫어하는 부모들이 종종 있다. "더 자라지 말고 지금처럼 예쁘게 있어라", "너는 늘 아빠의 사랑스런 딸로 있어라" 등등. 성인이 되어서도 어린 시절의 애칭으로 불리는 사람들도 있고 어린아이의 말투를 버리지 못하는 경우도 있다. 미국 남부지방에서는 부모의 이름이 몇 대까지도 이어지는 경우가 있는데 이럴 때는 애칭을 사용해서 세대간 구분을 한다.

7. 성공하지 마라. 아버지와 아들이 장기를 두다가 어느 날 아들이 이긴 후로 아버지는 다시는 아들과 장기를 두지 않는다. 완벽주의 또한 "완

벽하게 할 자신이 없으면, 아예 시작하지도 마"라고 성공을 좌절시킨다.

8. 너 자신이 되지 마라. 굴딩 부부에 따르면, 이러한 메시지는 아들을 애타게 기다렸는데 딸이 태어났을 때같이 원하는 아이의 성(性)이 다를 경우 흔히 주어진다.

9. 정상이거나 건강하지 마라. 아파서 돌봄을 받았거나 정서적으로 취약해 관심을 끄는 아이들은 '자신을 낫게 했을 때' 그 치료사를 바꾸는 일이 있다. 병들거나 정서적으로 약한 상태에 머묾으로써 사랑을 얻으려는 결정을 내린 것이다.

10. 속하지 마라. 이민자 가족 중에는 스스로를 국외자로 규정짓고 자식들을 보이스카웃이나 걸스카웃에 보내는 것을 거부하는 이들이 있다. 이러한 부모들은 자신들이 소속감을 갖지 못하므로 자식들에게도 '속하지 마라'는 메시지를 전수한다.

11. 그 외의 하지 말라는 메시지. 신뢰하지 마라, 생각하지 마라, 감정을 내보이지 마라, 감정을 가지지 마라(예를 들어 너는 배고프지 않고 졸릴 뿐이야 같은 말), 즐기지 마라. 또는 너는 자격이 없어, 절대 그거 가지지 못해, 그렇게 하면 너는 그걸 잃게 될 거야, 너는 후회할 거야, 너는 대가를 치러야 해, 너는 네가 가져야 할 것보다 더 많이 가졌어 등등이다.

하라는
부모의 메시지

사람들은 일반적으로 부정적인

'은밀한' 금지 명령들을 자각하지 못한다. 그러나 하라는 메시지에 대한 자각은 있다. 아이는 '아주 많은 말'을 통해 금지 명령들을 듣거나 부모의 말과 행동을 통해 유추한다. 아이는 다음에 열거하는 하나나 그 이상의 일을 해야 OK가 될 수 있다고 믿는다.

1. 완벽해야 한다. "B가 뭐냐?" 아이의 성적표에서 5개가 A이고 1개가 B이면 아버지는 이렇게 말한다.

2. 최선을 다하라. "이기는 게 전부는 아니다. 하지만 지면 아무것도 없다."

3. 열심히 노력하라. "그 녀석은 가능성을 전부 발휘하지 않은 거야."

4. 나를 기쁘게 하라. "나를 기쁘게 하지 않으면 나는 너를 좋아하지 않겠다."

5. 서둘러라. "일찍 일어나는 새가 벌레를 잡는다."

6. 강해져라(그리고 너의 감정을 내보이지 마라).

이러한 긍정적 시도가 성공하지 못할 때는 초기의 하지 마라 결정들이 확증된다. 나는 완벽할 수 없다, 그러므로 나는 그걸 할 수 없다. 나는 최선을 다할 수 없다, 그러므로 나는 중요하지 않다. 나는 더 열심히 노력하지 못한다, 그러므로 나는 잘될 수 없다. 나는 당신을 기쁘게 해주지 못한다, 그러므로 나는 나 자신이 될 수 없다. 나는 더 빨리 서두를 수 없다, 그러므로 나는 성장하지 못할 거다. 나는 강해질 수 없다, 그리고 감정을 안 내보이는 것도 안 된다, 그러므로 나는 감정을 가져서는 안 된다.

상충되는
이중 메시지

아이들은 '무엇을 해야 하는' 메시지가 일관성 있고 조화로울 때 힘차가 나아갈 수 있다. 그러나 늘 그런 경우만 있는 것은 아니다. 부모가 좋은 의도를 가지고 있더라도 자주 혼합된 메시지를 전달함으로써 아이들을 혼란에 빠뜨린다.

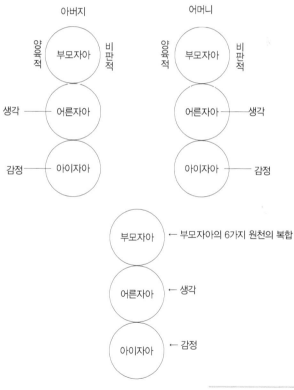

그림 2. 부모자아의 6가지 원천

우리는 여섯 가지의 원천으로부터 신호를 받는다. 그것은 어머니의 (1) 부모자아, (2) 아이자아, (3) 어른자아, 그리고 아버지의 (1) 부모자아, (2) 아이자아, (3) 어른자아이다.(그림 2 참조)

우리는 부모자아에 기록된 6가지 원천으로부터 메시지들을 내면화하고 부모자아에 기록된 이 6가지 원천은 일생에 걸쳐 남아 있다. 그중 가장 강력한 메시지는 부모가 아이자아 상태에서 말하고 행동할 때 튀어나오는 부모의 감정들이다.

이러한 여섯 원천이 조화를 이루기란 유엔에서 만장일치를 이루는 일만큼이나 어렵다. 부조화를 이해하기 위해 필수적인 것은 여섯 원천 사이에는 종종 뚜렷한 이해갈등이 존재한다는 사실이다. 부모들은 이러한 사실을 대체로 이해하고 있다.[11]

우리는 '즉석에서 현실'을 바꿀 수 없다. 그것은 어머니의 3요소와 아버지의 3요소가 기록된 소통을 할 수밖에 없기 때문이다. 우리가 "부모님 말이 옳다"고 믿고 싶어도 과거의 부모와 현재의 부모 사이에 존재하는 괴리에서 필연적으로 이중 메시지가 발생하며, 여기서 우리는 갈등을 느낄 수밖에 없다. 어린아이들은 양육하고 비판하는 부모자아, 느끼는 아이자아, 문제를 해결하는 어른자아라는 양 부모의 세 성격 파트에서 전달되어 오는 것들을 보고 경험한다. 아버지는 자신의 다양한 세 가지 성격을 가지고 있고, 어머니도 마찬가지다. 어머니 아버지는 각자 내면의 갈등을 가지고 있고 이는 서로 일치하지 않을 수도 있다. 이처럼 혼합된 외부 현실은 아이들의 부모자아에 기록되어 인간의 욕구와 희망의 용광로가 된다. 아이들은 선택해야만 한다. 누가 옳고, 무엇이 맞는지를.

부모의 갈등은 아이의 갈등이 되고 아이는 부모의 지시와 부모가 표출한 감정이 서로 부조화하더라도 둘 다 따르려는 열망을 갖는다. 아이가 최선을 다해도 여전히 잘못한 상태이면, '해도 책망당하고, 안 해도 책망당하는' 이중속박으로 실망한다. 아직 어리므로 갈등에 직면해 힘도 없고 이해력도 없는 아이는 그것을 자신의 잘못으로 여긴다. 우리는 부모의 부모자아-어른자아-아이자아P·A·C를 검토해봄으로써, 거기서 일어나는 갈등을 다시 체험하고, 어떤 메시지를 따를지, 어떤 가치관들이 현재 우리 삶을 향상시킬지 선택할 수 있다. 성인이 되면 생존을 위해 부모가 필요하지 않게 되며 그 메시지 또한 기록된다.

우리는 완전히 결정된 존재가 아니다

가장 중요한 어머니 아버지를 포함한 외부 세계에 대한 우리의 가정들은 우리의 일부가 된다. 그러나 그것은 그저 한 부분일 뿐이다. 우리에게는 또한 아이자아와 어른자아가 있다. 우리 성격의 이 두 부분에 감정과 참신함, 창조적인 성격이 자리잡고 있다. 아이자아는 그 자신의 욕망과 의도를 가지고 있다. 어른자아는 부모자아와 아이자아를 비롯해 외부세계에서 유입되는 자료를 평가하고 선택한다. 자동적으로 아이의 반응을 촉발하던 부모자아의 메시지는 우리가 그것들을 자각하게 되면서 힘을 잃는다. 우리는 완전히 결정된 존재들은 아니며 변화할 수 있다는 희망이 있다.[12]

폴 투르니에는 다른 정신분석가의 치료를 받았던 자신의 여자환자 이야기를 다음과 같이 소개했다.

> 나의 정신분석가의 윤리적 중립성은 나를 짓눌러왔던 형식주의의 중압감
> 으로부터 날 해방시키는 데 큰 도움이 되었습니다. 그러나 당신과 이야기
> 를 나누던 어느 날 그 못지않은 해방감을 느낀 걸로 기억하는데, 그때 나
> 는 정신분석가가 늘 내 책임이 아니라고 강조하던 행동에 대해 개인적 책
> 임감을 다시 한 번 깨닫게 되었습니다. 마치 내 질병 앞에 길이 활짝 열리
> 는 듯했습니다. 당신도 보다시피 내가 아무것에도 책임이 없다면, 거기서
> 벗어날 길도 없습니다. 그것은 마치 그것의 불가피성에 갇혀 있는 꼴이었
> 습니다![13)

우울증 극복 작업을 하던 한 남자는 자신이 겪는 어려움 대부분이 갈
등을 일으키는 부모자아의 메시지들에 그 뿌리가 있음을 발견했다. 그것
은 (1) 최선을 다하라, (2) 좋은 사람이 돼라였다. 이 둘을 모두 충족하
려 했던 그의 시도는 결국 자신을 코너로 몰아넣었고, 모든 출구를 막아
버렸다. 자신의 경쟁적인 정신을 실현하려면 공격성이 요구되었고 그것이
그의 내면에서 계속 갈등을 일으켰다. 좋은 사람은 공격적이지 않다. 뭘
해도 잘되지 않을 거라는 고통스러운 확신이 그를 괴롭혔다.

갈등을 일으킨 부모자아의 메시지들을 살펴봄으로써 그가 겪는 어
려움이 어디서 왔는지 이해하는 데 도움이 되었다. 하지만 그를 해방시킨
것은 그 자신도 선택에 참여해왔다는 사실에 대한 발견이었다. 그는 말했다.
"나는 공 취급당하는 걸 원하지 않습니다. 내게는 그 이상의 것이 있었
어요. 나는 최고가 되는 걸 즐겼습니다. 부모님이 내게 원한 것도 있지만

나 자신도 그걸 바랐어요. 내가 결정했고 그리고 실수도 내가 한 것입니다." 그는 지금의 자신이 되는 데 자신도 함께 참여해왔다는 사실을 받아들이지 못하고 인과관계에만 묶여 있는 것으로 믿었다고 말했다. 과거의 일에 대해 책임을 지는 행위는 곧 미래를 통제할 힘을 준다. 지금까지 이야기한 '하라'와 '하지 마라'의 메시지가 우리 자신을 변화시키는 데 유용한 도움을 주기는 하지만 그것이 결정적인 것은 아니다. 우리의 부모가 어떻게 이야기했고, 무엇을 보여주었든지 우리 인생의 각 시점에서 선택은 우리에게 달려 있다. '예'를 말할 것인지, '아니오'를 말할 것인지.

우리 행동에서 어느 만큼이 결정적이고 자유로운지 비율을 따지는 일은 별로 도움이 되지 않는다. 결정론 쪽으로 간다면, 우리가 할 수 있는 일은 아무것도 없다는 끔찍한 결론에 이르게 된다. 칭찬도 비판도 필요 없게 되고 아무런 변화도 일어날 수 없다. 삶은 무기력하고 공포스럽고 희망이 없어질 것이다. 반면 결정론적인 요소를 폄하하면 모든 것이 우리의 잘못이라는 결론만이 가능해진다. 그렇게 되면 결정론의 무기력 대신 죄책감에 압도당하게 된다. 이 죄책감에서 벗어나지 않으면 우리 노력의 근원을 단절하고 자신을 변화시키려는 노력을 포기하고 수동적으로만 살아가게 된다.

그러므로 우리가 살아나가면서 쓰는 '가정들'을 검토할 때, 우리 자신과 부모 모두에게 관대한 마음을 가지고 접근해야 한다. 우리는 모두 우리 자신의 이유와 '만일'이라는 가정들, 욕구, 공포를 가지고 있다. 우리가 지나치게 부정적인 태도로 부모자아에 접근하면, 긍정적인 삶의 태도와 향상 욕구라는 부모가 준 선물을 제대로 인정하지 못하게 된다. 그뿐 아니라 문제의 요인에는 나쁜 운도 작용하고 있다. 옛날 우리 부모들은 재난과 가난, 질병의 희생양이었다. 살다 보면 직장에서 실직할 수도 있고, 범죄의 대상이 될 수도 있다. 우리 인생은 우리가 손 쓸 수 없는 엄청난 일이 많다. 어릴 때 마술사처럼 전지전능하게 보였던 우리 부모들도 이런 운명의 희생자들이었다.

우리의 문제는 전적으로 우리 하기에 달린 것도 아니고 행운에 따른 것도 아니다. '자수성가'한 남자라면 공장 부지를 둘러보며 아침 6시부터 열심히 일한 대가로 성공을 이루었다고 주장할 것이다. 그는 가난은 게으름 탓이라고 판단할 것이다. 그러나 우리 주위에는 새벽같이 일어나 허리가 휘게 일해도 가난을 벗어나지 못하는 사람이 수두룩하다. 아프리카에서 태어나 굶주림을 겪는 것을 게으르기 때문이라고 말할 수는 없을 것이다. 우리를 둘러싼 환경에는 많은 요소들이 작용하고 있다.

여러 가지 어려움이 우리에게 무겁게 드리워져 있다. 그러나 새롭게 다가오는 현재와 미래 속에는 아직도 취할 것이 많다. 우리가 생각할 수 있다는 것은 기쁜 소식이다! 생각은 새로운 것을 만들어낸다. 우리는 과거를 돌아보고 미래를 내다볼 수 있다. 우리 자신이나 부모들, 자식들을 역사적 관점 안에 놓고, 창조적인 인과관계의 한 부분을 담당하고 있음을 볼 수 있다. 우리는 모든 것을 통제할 수는 없지만 어떤 것들은 통제할 수 있다. 만일 우리에게 문제가 있다면 해답도 우리에게 있다. 이것은 존재하고, 느끼고, OK 안에 머무는 창조적 도전이다.

부모의
P-A-C

나는 예전에 어려운 선택에 직면해서 내 부모님이 실제로 어떻게 해왔으며, 부모자아, 어른자아, 아이자아로부터 어떤 도움을 받았는지 살펴보기 위해 P-A-C 다이어그램을 그려보았다. 거기에는 긍정적인 지시들과 주의사항, 아이들을 보호하기 위해 '알아야 할 사항'들의 메시지들이 있었다. 부모자아에 대해 새로운 정보를 알아낸 것 외에 내가 얻은 가장 중요한 통찰은 어린 시절과 그 후의 삶에서 부모자아는 많은 주제에 걸쳐 엄청나게 **많은 것들을 이야기했다는** 사실이다. 이 모든 것을 한 문장으로는 요약할 수 없다. 또한 정확히 표현할 길도 없다.

P-A-C 다이어그램을 그리는 한 가지 방법은 충분한 양을 담을 수 있도록 부모자아, 어른자아, 아이자아를 원통형으로 그리는 것이다. 자식들에게 말을 많이 하지 않고, 자식의 삶에 깊이 관여하지 않은 부모들은 검토할 정보들도 많지 않을 것이다. 부모자아 정보가 많을수록 검토할 일도 많아지는데, 그것은 갈등뿐만 아니라 우리가 삶을 살아가는 방법에 유용한 정보를 찾아내기 위해서도 필요하다. 이러한 정보는 다른 직업을 찾거나, 집을 사거나, 결혼을 하거나, 윤리적인 판단을 내릴 때 도움이 된다. 아버지의 부모자아는 무엇이라고 말할까? 아버지의 아이자아는 어떻게 느낄까? 또 어른자아는 어떻게 결정했을까? 어머니의 부모자아, 어른자아, 아이자아는 어떻게 했을까? 그런 다음 당신의 부모자아와 아이자아, 어른자아는 또 어떨까 생각해보는 것이다.

부모가
아이들에게 주는
메시지

지금까지 우리는 아이들이 사랑받기 위해 무엇을 해야 하고 무엇을 해서는 안 되는지에 대한 파괴적이고, 불가능하고, 내면화된 가정들을 다루어왔다. 부모에게 의존하고 있는 상태에서 현실에 대해 자신이 내린 해석을 바탕으로 아이들은 스스로 이러한 결정을 해왔다.

부모들도 자녀들이 행복하고 자신감 있는 아이가 되도록 어떤 말을 하고 요구를 해야 하는지 혼란스러울 수 있다. 부모의 이런 기대는 아이들의 욕구와 능력을 고려해 현실적으로 추구된다면 잘못된 것이 아니다. 아무것도 기대하지 않는 것은 "너한테는 도전할 게 없다"는 말과 같으며, 아이가 자신이 할 게 아무것도 없다는 가정에 이르도록 한다. 뭔가에 숙달되는 것은 그것 자체가 보상이 된다. 아기는 굴러가는 볼을 어떻게 하면 잡을 수 있는지 파악해낸다. 아이는 스스로 문 여는 법을 배우고 이름을 쓴다. 처음에는 부모가 방법을 보여주지만, 배우고 나면 아이는 자기 힘으로 하고 싶어 한다. 어린아이를 들어 올려 전등 스위치를 켰다 껐다 하면서 "무엇이 불을 켜지게 하지?"라고 물으면, 아이는 "내가"라고 자랑스럽게 대답한다.

무엇을 하고 무엇을 배울지에 대한 아이의 가정 대부분은 부모들을 관찰하면서 얻어진다. 아이들은 부모가 하는 것을 하고 싶어 한다. 부모가 피아노를 치면, 아이도 그것을 원한다. "내가 하는 것을 하라"는 것이 부모의 분명한 메시지이다. "내가 말하는 것을 하라"는 것도 마찬가지다. 언어 능력은 인간에게만 있는 유일한 것이며 생각을 가능하게 한다. 운동장에 나가 아이에게 공 차는 법을 직접 행동으로 알려주지 못해도 말로 설명하는 것은 가능하다. 특히 강력한 메시지는 말과 행동을 같이 보여줄 때이다.

청소년 정신분열병 치료의 선구자인 자키 쉬프Jacqui Shiff는 부모가 아이들에게 주어야 할 세 가지 메시지의 중요성을 강조한다. 그것을 (1) 너는 문제를 해결할 수 있다. (2) 너는 생각할 수 있다. (3) 너는 무언가를 할 수 있다이다.

> 자식을 기르는 과정에서 부모가 흔히 저지르는 실수는 '해야 할 것'에 대해 충분히 제공하지 않는 것이다. 아이들이 '하지 마라'는 메시지를 흡수하는 걸 피할 수 없다. 실천하면 좋은 규칙 하나는 하면 안 되는 것을 말할 때는 반드시 해야 하는 것도 함께 말하는 것이다. 이렇게 하면 자기긍정성OK-ness이 확고하게 정립되고, 문제 해결 능력이 생기며, 한계를 시험하는 구조가 구축되고, 사고 능력이 길러진다.[14]

행복한 성취자

아이는 자신이 한 행동이 조건 없이 수용될 때 성취의 기쁨을 느끼고 그런 행동을 더욱 발전시킨다. 아이가 사랑받고 있다는 것을 알면, '사랑을 주는 사람'을 더욱 기쁘게 하기 위해 보여주고 말할 것들을 가지고 집으로 돌아온다. 만일 이런 행동이 부모의 어루만짐이라는 보상을 받게 되면 아이의 행복감은 더욱 특별해진다.

아이가 비록 나는 숙제를 마쳐야 한다, 심부름을 해야 한다, 바르게 행동해야 한다 등의 '나는 ~을 해야만 OK가 될 수 있어'라는 가정을 품고 살더라도 부모가 어루만짐을 주기만 하면 아이는 행복하다. 그러면 계약은 완성된다. '부모님은 날 자랑스러워한다'는 또 다른 형태의 자부심으로 경험되는 것이다.

불행한 성취자

아이들이 부모가 기대한 행동을 해도 어루만짐이 주어지지 않으면 아이들은 배신감을 느낀다. 배신감은 다양한 방식으로 오는데, 부모 입장에서는 몇 가지 이유로 좋게 느낄 수도 있는 행동들이다.

1. "자만하지 마"라는 뜻으로 어루만짐을 보류한다. 그러나 아이가 어루만짐을 받지 못하면 자라서도 어루만짐을 수용하지 못하며, 진심으로 "감사합니다"라는 표현을 배우지 못한다. 그렇게 되면 번 박사의 표현처럼, 아이는 편안하지 않은 상황에 처하면 "제기랄, 아무것도 아니야" 등의 말을 내뱉는다. 아무것도 아니지 않다는 것을 충분히 알면서도 말이다.

2. "성공에 안주하지 마라." 어떤 부모들은 칭찬에 인색하고 더 분발하

라는 뜻에서 미끼를 더 멀리 던져놓는다. 이런 부모를 둔 아이는 정상이 보이지 않는 산을 끝도 없이 오르다가 결국은 절망의 낭떠러지로 떨어진다. 쉼 없이 노력해도 보상이 주어지지 않으면 결국은 기진맥진해져 분노와 좌절감이 쌓이고 때로는 적대감까지 갖게 된다.

3. 성취를 이해받지 못하고 폄하당한다. 존은 국제무역의 불균형을 완화할 최선의 방법을 주제로 한 고등학교 토론대회에서 우승해 트로피를 가지고 집으로 돌아왔다. 그런데 어머니가 어린 나이에 그렇게 복잡한 주제로 토론해 우승했다는 걸 전혀 이해할 생각 없이 친구와 전화통화하면서 "존은 언제나 말을 잘했어요"라는 말을 듣고서 실망했다.

4. 너는 내 방식대로 하지 않았다. 한 남자가 여러 해 의학 공부를 한 뒤 드디어 정신과 전문의가 되었다. 그런데 그가 외과 의사가 되기를 바랐던 어머니가 "네가 의사가 된 것은 잘한 일인데, 그런데 꼭 정신과 의사가 됐어야 했니?"라는 말을 했다. 이 경우 부모자아의 메시지는 이런 것이다. "너 자신이 되지 마라. 너는 나의 환상이 되어야 한다."

5. 그것은 완벽하지 않다. 수전과 제니 자매는 며칠 동안 열심히 페인트칠을 하면서 방을 꾸몄다. 작업을 마치고 나서 완성된 모습을 평가받기 위해 식구들을 불렀다. 그런데 아버지가 방을 한번 휙 둘러보고 나서 "너희들 천장 귀퉁이 페인트칠을 빠뜨렸구나"라고 말했다. 그게 아버지가 한 유일한 말이었다.

6. 어루만짐을 도둑맞다. 한 청년이 '우수 학생 공로상'을 수상하게 돼 청중들로부터 큰 박수갈채를 받았다. 시상식이 끝난 후 어머니가 말했다. "난 늘 널 위해 기도했다. 그러니 너는 모든 영광을 하느님께 돌려야 해." 정말로 하느님이 모든 영광을 자신이 받고 싶어 할까? 이 청년 몫은

조금도 없는 걸까? 이 대화를 보면 영광을 돌려받고 싶었던 것은 어머니가 아니었나 싶다. 감사는 우러나와서 하는 것이지 강제로 할 수 있는 게 아니다. 아이들은 부모가 "감사합니다"라는 말을 하는 걸 듣고 "감사합니다"라는 말을 배운다.

7. 어루만짐의 가치가 변질되다. 또래 친구들이나 낯선 사람들에게 칭찬을 듣고 집에 돌아왔을 때 부모가 "그 사람들이 너를 얼마나 안다고"라고 말하거나 "그 학교에서니까 그 정도 잘했지, 하버드 대학에서라면 어림없을 거다"라고 부푼 기분을 꺼뜨릴 때.

8. 업적을 깎아내리다. 조셉은 대학에 다니면서 계속 일을 했고, 그런 중에도 옥스퍼드 대학에서 장학금을 받았다. 졸업 후에는 뉴잉글랜드에 있는 작은 대학에서 조교 자리를 얻었다. 그런데 그의 아버지는 만날 때마다 말한다. "얘, 그 키 작은 조이 알지, 조이 윌슨, 그 애가 큰 백화점에서 부지배인이 되었다는구나. 너도 이제 제대로 된 직장을 잡아야지."

9. 너는 최고가 못 되었다. "은메달도 좋지만 조금만 더 노력하면 충분히 금메달을 딸 수 있어. 아마 다음번에는 틀림없이 금메달이겠지."

어떤 일을 하면 당신은 OK가 될 수 있을까? 어떤 부모들과 어떤 사람들의 머리에 새겨진 부모자아는 만족할 줄을 모른다. 이런 것을 위해 끝없이 노력하는 사람의 인생이란 아무데도 없는 무엇을 얻으려고 무익한 투쟁을 하는 것과 같다. 그런 압력으로부터 벗어나는 데에는 다음과 같은 통찰이 필요하다. 어떤 부모들의 요구는 지나치게 과도하기 때문에 그들은 자식들에게 보상을 줄 수 없다는 사실이다. 부모들의 어루만짐은 달콤하고, 아마 세상에서 가장 달콤하기에, 어루만짐이 주어지지 않을 때 우리는 다른 곳에서 보상을 얻으려 한다. 일상 관계 안에서, 친구들에게서, 직장에서의 성취에서 보상을 얻으려 한다. 우리는 최선을 다했고 우리의 최선의 노력은 곧 좋은 것이다.

이 장을 시작하면서 퀴블러 로스 박사가 제시한 조건 없는 사랑으로 부모들이 자식을 키울 수 있는 방법을 인용했다. 이 주제는 14장, '아이를 어떻게 기를 것인가'에서 다룰 것이다. 그 전에 우리는 자신을 깊이 이해할 필요가 있다. 다음 장에서는 과거가 현재에서 이렇게 재현되는지 보게 될 것이다. 실제로 우리의 현재는 "우리 자신 안에 가득 찬 내면의 소리들을 통해 끊임없이 계속되는 과거와의 케케묵은 대화 때문에, 우리 주위의 사람들, 우리가 OK 상태에 머물기 위해 꼭 필요한 사람들, 그리고 우리를 필요로 하는 사람들, 가장 가까이 있는 우리의 자식들에게 기울여야 하는 관심과 주의집중을 엄청나게 빼앗기고 있다.

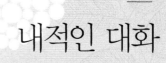

3장

내적인 대화

10조 개나 되는 뇌 세포 시냅스 연결에서 간단한 대화 한마디를 찾는 것은 몰려든 벌떼 중에서 "안녕" 하고 아침인사를 하는 두 마리 벌을 찾기와 같을 것이다. 그러나 당신과 부모 사이에 오고간 언어적, 비언어적 의사교환은 기록으로 남아서 내적인 대화를 계속하고 있다. 위로와 질책, 자기정당화와 자기방어의 형태로. 이 대화는 날짜도 기록되어 있고 마치 낮게 줄여놓은 라디오 볼륨처럼 의식하지 못하는 중에 계속해서 재생되고 있다. 우리가 그것을 의식하면서 실제로 그 안에 들어갈 때 우리는 지금-여기에서 빠져나와, 지금 같이 있는 사람으로부터 분리되어, 과거의 현실과 상황 속으로 들어간다. 만일 대화 도중에 이런 분리가 일어나면 관계에 문제가 생긴다. 다른 사람과 함께 OK에 머문다는 의미는 그 장소에서 떠나지 않는다는 말이다. 내적인 대화가 우리를 어떻게 부재시키는지 이해하는 것은 이 장에서 다룰 상호보완적 교류complementary transactions를 유지하는 데 필수적이다.

우리에게 기록된 내적 대화의 본질은 무엇인가? 유아 시절 가장 초기의 '대화'는 보고 듣는 것이다. 어머니의 얼굴과 목소리의 톤을 보고 듣는 것이 단어를 이해하기 훨씬 이전의 일차적 소통 수단이었다. 촉감도 일차적 소통 수단이다. 사실 최근까지 촉감 즉 엄마와 아이 사이의 피부 대 피부 자극은 신생아가 경험하는 가장 중요한 어루만짐의 경험으로 강조되어왔다. 우리의 모든 감각기관은 태어나면서 '작동'하고 신생아는 출생 직후에 엄마와 아이로 밀착하는 과정에서 엄마를 통해 보고 듣는다.

엄마가 미소 지으면 그 기억은 저장된다. 엄마를 미소 짓게 하면 대화가 원활했다. 이런 일은 자주 반복된다. 먹을 것을 주거나 안아줄 거라는 신호인 엄마의 미소는 생존을 의미한다. 그래서 내적 대화는 말뿐만 아니라, 우리가 한때 느끼고 기록한 시각적이고 청각적인 감각들의 총체적인 상호작용이다. 이런 감각들 속에는 말이 포함되지만 가장 초기의 그리고 결정적인 기록들은 전언어적이다. 이런 기록들은 현재에서 재현된다. 사랑하는 사람이 식탁 너머에서 못마땅한 표정을 지을 때 지금의 표정뿐만 아니라 온 생애의 모든 못마땅한 표정과 웃을 수 없는 사건들에서 비롯된 감정이 일어난다. 당신의 뇌는 옛날에 주고받았던 일을 떠올린다. 부모자아의 찌푸린 얼굴, 그리고 아이자아의 감정이 뒤따른다.

저녁식사 자리에서 식탁 너머로 엄마, 아빠, 누나가 못마땅한 표정으로 아들을 지켜보고 있다. 아빠는 "스프를 먹을 때 후루룩 소리를 내는 사람은 너밖에 없을 거다"라고 말한다. 이렇게 주고받은 것, 즉 못마땅한 표정을 포함해 모든 것이 기록된다. 이러한 기록의 재생이 바로 내적 대화이다. 내적 대화가 현재에 재생될 때, 옛날의 작은 꼬마와 그 10배는 되는 몸집의 부모자아가 작동한다. 그런 내적 대화의 기록은 혼자 중얼거리거나 무심코 내뱉는 "바보같이!" "일 저질렀네" "천치야!" 등의 자기 비난이나 욕설에서 드러난다.

차 안에서 신호등이 바뀌기를 기다리는데 옆 차에서 누군가 나를 쳐다본다. 그 순간 혼잣말하고 있는 자신을 의식한 적이 있는가? 혼자 욕을 하든지 혹은 "또 사고쳤군!" 같은 비난의 속삭임은 오래된 내면의 소리이다. 초등학교 일학년 때 있었던 일, 치과에서의 경험 등은 장면과 소리가 함께 스치고 지나가면서 지금 상황에서 때로는 자랑스럽게, 때로는 무시무시하게, 때로는 아련하게 옛날에 주고받았던 경험들을 되살려낸다.

내적인 대화란 어른자아의 의식인 지금 여기here and now에서 그때 당시 there and then, 즉 원래의 부모-자녀 간의 대화가 오고간 옛 상황으로 의식이 순간적으로 변화한 것으로 보면 가장 잘 이해될 것이다.

때로 우리는 내면에서 칭찬의 박수 소리를 듣는다. "참 착한 아이구나!" 부모의 칭찬은 쓸데없는 일이 아니다. 이런 칭찬은 특별히 잘 보존되고, 1차 기억회로에 기록되어서 부모님에게서 똑같은 칭찬을 들을 수 있는 행동을 하도록 강화한다.

꼬마일 때 우리는 의존적이고 훈련되어 있지 않고 사회성이 없다. 부모는 우리의 행동을 교정해준다. 그런데 부모의 이런 반응이 실제로 비난이 아니었어도 비난으로 여겨지고 우리를 부정하는 것으로 받아들인다. 많은 아이들이 자라나는 과정은 창피당하는 일의 연속이다.

"이 양말은 안 돼." "똑바로 앉아." 두 살 꼬마에게 "네 얼굴이 지저분해", "넌 어려서 커피를 마실 수 없어"라는 말이 무슨 의미가 있겠는가! 어린 나이가 그 아이 잘못이란 말인가? 하지만 아이는 그렇게 생각할지도 모른다. 그래서 나는 옳지 않다I'm not OK고 가정한다.

파스칼은 "인간은 끊임없이 자신이 바보라고 자신에게 말함으로써 그것을 믿는 사람이 되었고, 또 자기 스스로에게 그것을 끊임없이 말함으로써 스스로가 그것을 믿게 만든다. 사람은 자기 자신과의 내적인 대화를 계속하고 있기 때문에 이 대화를 잘 조절하는 것이 필요하다"[15]고 했다.

어릴 때 창피당하고 비난받았던 경험들은 현재 우리가 경험하는 어떤 경험보다도 나쁘다. 특히 감정에 있어서 우리 부모자아를 자극하지 않는다면 아무도 우리에게 상처를 주지 못할 것이다. 엘리너 루즈벨트Eleanor Roosevelt는 "당신 자신이 동의하지 않는 한, 누구도 당신이 열등감을 느끼게 만들 수 없다"고 말했다. 이 말은 당신 부모자아의 동의 없이라는 뜻이다. 우리는 각자 자신만의 다치기 쉬운 약점과 과거, 그리고 부모자아를 가지고 있다.

이것은 왜 어떤 비판은 오리 등에 물이 흘러내리듯 그냥 지나치게 되고 또 어떤 비판은 심장을 예리하게 찌르는지 설명해준다.

만일 당신이 높은 코에 대해 자의식을 가지고 있으면, 누군가 코를 황홀하게 쳐다보더라도 당신은 도망치고 싶을 것이다. 우리 집안은 긴 코가 유전이다. 10살짜리 하이디가 어느 날 물었다. "엄마, 엄마 시대에는 모두 코가 길었어요?" 우리 가족에게는 코가 문제가 안 되기 때문에 그 말은 나를 으쓱하게 했다. 그 다음 엄마 시대라는 말에 옛날이라는 생각이 들어 거울로 달려가 얼굴을 들여다보며 주름을 살펴보았다. 남편 집안에서는 코가 문제가 된다. 나는 남편의 잘생긴 얼굴에 완벽하게 어울리는 코라고 생각했지만 말이다. 그는 마음속으로 "아들아, 너는 코가 왜 그렇게 작니?"라는 녹음기 돌아가는 소리를 들으면서 코가 작다고 생각한다. 나의 어머니는 키가 큰 것을 영양상태가 좋게 잘 길렀다는 의미로 받아들여 키가 작은 것보다 큰 것이 더 낫다고 생각했다. 키 큰 사람이 사회적 지위가 높아 보인다는 사실도 고려했을 것이다. 어머니는 나보다 키가 작았다. 그리고 어머니 자신의 유전자를 물려줬으면서도 내가 다 큰 후에 "나는 네가 왜 이렇게 작은지 모르겠다. 네가 어렸을 때는 컸는데"라고 말하곤 했다. 우리는 모두 다 '내면의 소리들, 내면의 구조들'을 가지고 있다. 내적 대화는 고유하고, 사적이며, 우리가 대화 도중에 있더라도 언제라도 현재로부터 분리시킬 준비를 하고 있다.

교류분석의 가장 유용한 특징 중 하나는 우리가 뭘 말하고 어떤 부분이 우리에게 그런 말을 했는지 알게 해주는 다이어그램이다. 여기서 교류 다이어그램을 간단히 살펴보는 것이 도움이 될 것이다.

교류
다이어그램

두 사람이 이야기하고 있을 때 거기에는 각자의 부모자아, 어른자아, 아이자아, 이렇게 여섯 사람이 존재한다. 대화의 기본 단위는 교류이다. 교류는 내가 상대에게 말이나 행동을 할 때 그 상대가 되받아 말하거나 반응하는 행동으로 이루어진다. 교류분석의 목적은 나에게 있어서 부모자아, 어른자아, 아이자아 가운데 어떤 부분이 자극을 일으켰고 또 상대의 어떤 부분이 반응했는지 결정하는 것이다. 다이어그램으로 교류를 시각화하여 의사소통의 두 가지 규칙을 다음과 같이 진술할 수 있다.

1. 자극과 반응의 방향이 다이어그램에서 평행을 이룰 때, 교류는 상호보완적이며 이론적으로 영원히 진행될 수 있다.

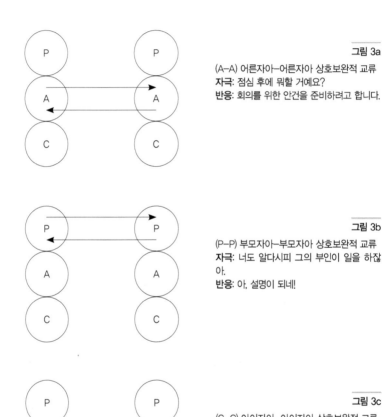

그림 3a
(A–A) 어른자아–어른자아 상호보완적 교류
자극: 점심 후에 뭐할 거예요?
반응: 회의를 위한 안건을 준비하려고 합니다.

그림 3b
(P–P) 부모자아–부모자아 상호보완적 교류
자극: 너도 알다시피 그의 부인이 일을 하잖아.
반응: 아, 설명이 되네!

그림 3c
(C–C) 아이자아–아이자아 상호보완적 교류
자극: 넌 같이 있으면 정말 재미있는 사람이야.
반응: 너랑 더 자주 만나면 좋겠다.

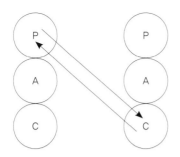

그림 3d
(P-C) 부모자아-아이자아 상호보완적 교류
자극: 네가 얼마나 일을 망쳐놓았는지 확실히 알겠지.
반응: 죄송합니다. 선생님.

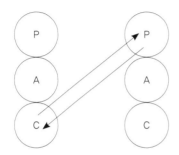

그림 3e
(C-P) 아이자아-부모자아 상호보완적 교류
자극: 가까이 오지 마. 정오까지 이 보고서를 마쳐야 해. 다른 사람이랑 커피 마셔. (내 팔 자야.)
반응: 왜 넌 늘 마지막까지 일을 미뤄놓니?

2. 교류 다이어그램에서 자극과 반응의 방향이 서로 엇갈리면 대화는 중지된다.

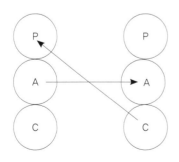

그림 4a
자극: 오늘 무슨 요일이니?
반응: 어제 다음날이야.

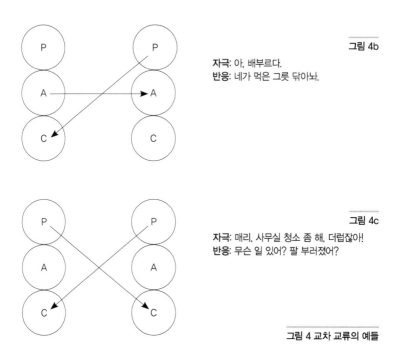

그림 4b

자극: 아, 배부르다.
반응: 네가 먹은 그릇 닦아놔.

그림 4c

자극: 매리, 사무실 청소 좀 해, 더럽잖아!
반응: 무슨 일 있어? 팔 부러졌어?

그림 4 교차 교류의 예들

우리는 말뿐만 아니라 몸짓, 얼굴 표정, 목소리 톤, 말의 속도와 같은 신체언어로도 소통을 한다.

자극: 무슨 중요한 일을 하고 있나 봐요?
반응: 당신 생각에는 어때요?

이런 대화는 대화하는 사람이 무엇을 하고 있느냐에 따라 상호보완적 교류일 수도 있고 교차 교류일 수도 있다. 또한 대화하는 사람들이 서로 얼마나 잘 알고 있는지 또 말투가 농담조인지, 딱딱한지 등이 중요하다.

교류의 배열은 여러 가지가 가능하다.

또 다른 교류 유형은 **차단**cutting out 교류이다. 소통이 차단된 사람은 무시당한 느낌을 받거나 글자 그대로 '나는 중요하지 않다'고 느끼기 때문에 무시하는 교류라고 불린다. 이것은 내적인 대화가 끼어들어 함께 있는 사람에게서 떠나게 하는 교류이다.

차단 교류

말을 하는데 상대방이 듣고 있지 않으면 누구나 속이 상한다. 그런데 더 나쁜 것은 상대방이 이야기를 듣고 있지 않다가 엉뚱한 대답을 하는 것이다. 어떤 미용사는 다음과 같이 말했다. "어떤 여자 분의 머리를 하면서 대화를 나누고 있었는데 그분이 아버지가 돌아가셨다는 이야기를 하셨어요. 그런데 저는 무심결에 '굉장한데요!'하고 대답했어요. 그랬더니 그분이 기분 나쁜 표정으로 쳐다보며 '내 말을 듣고 있지 않았군요'라고 했습니다. 내가 왜 그럴까요?"

조는 오랫동안 알고 지내는 맥을 토요일 아침에 세탁소 앞에서 만난다(그림 5). 조가 "안녕 맥"이라고 인사하자 맥은 "안녕, 조"라고 대답한다. 그러면서 "좋아 보이는데" "너도 좋아 보인다" 이런 대화가 오고간다. 이런 대화는 어른자아 대 어른자아의 교류로서 1, 2 방향에서 나타난다. 이것은 대화를 지속하기 위한 사회적으로 승인된 의례적인 교류이다. 어떤 사람이 "무슨 새로운 일 있어?" 하고 묻는 것은 새로 일어난 일을 상세하게 듣고 싶어서가 아니라 "뭐, 그저 그렇지, 너는 어때?" 하는 답을

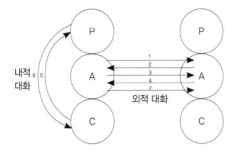

내적
대화

외적 대화

그림 5

기대하는 것이다. 우리는 조심스럽게 요점으로 들어간다. 이런 의례적 교류가 진행되는 동안 우리는 목소리의 높낮이, 전달 속도, 얼굴 표정 등에 따라 대화를 어느 정도까지 진행할지 재빨리 계산한다. 대화를 나누는 사람이 서두르는 것처럼 보이면 최근의 연애사 같은 복잡한 이야기는 꺼내지 않을 것이다. 이런 의례적인 인사는 예측하기 위한 목적을 가지고 있다. 또한 어루만짐을 서로 교환하는 것이다. 만일 우리가 이런 인사를 받지 못하면 무시당하고 거부당한 느낌을 받을 것이다.

이런 인사를 주고받은 뒤 조가 묻는다. "요즘 어디 여행 갔다 왔어? 통 보이지 않던데"(3방향). 그러자 맥이 대답한다. "여행 갔다 왔지. 이번 여름이 애들하고 여행할 마지막 기회라서 유럽을 다녀왔어. 카이로에도 들러 피라미드도 보고, 아버지가 태어난 스코틀랜드도 갔지. 그리고……."

조는 맥의 이야기 어느 지점에서(방향 4) 교류를 중단한다(방향 5). 조가 지금-여기에서 떠나게 된 것은 아이자아가 불편함이나 분노를 느껴서일 가능성이 크다. 또는 지루함을 느껴서일 수도 있는데, 그것 또한 불유쾌한 감정이다. 그래서 조는 주의를 자신에게로 돌린다. 자기를 의식하는 것이다. 그의 뇌에서 '어머니를 미소 짓게 만든' 기억이 점화되면서 질문들이 떠오른다. 내가 잘하고 있나요? 어떻게 해야죠, 엄마······ 다른 사람에게 친절하고, 그들에 관해 물어보고, 활발하고, 다른 사람에게 관심을 갖는 좋은 사람이 되려면요.

맥이 여행 이야기를 계속하는 동안 조는 부모자아의 대답에 귀를 기울인다(방향 6). 때로 그 대답은 긍정적이다. 그래, 내 아들아, 바로 그거야. 조금 더 질문을 하고 관심을 가지렴(조는 내내 메마른 미소를 짓고 있는다). 그리고 그의 아이들 이름을 기억하려고 애쓴다······. 또 때로는 부정적이기도 하다. 하필이면 세탁장에서 만날 게 뭐야. 그래 허리 쭉 펴고······ 냉정하고 편안하게······.

조는 무의식적으로 대단해, 굉장해 등을 연발한 다음 지금 여기로 돌아와 맥에게 말한다. "정말 여러 가지 일을 겪었군, 맥(방향 7). 그런데 최근에 어디 여행 다녀온 데 있어?" 그 다음에 벌어질 일은 둘의 우정의 깊이에 달려 있다. 만일 맥이 조를 염려한다면 "무슨 일 있어, 조? 내가 하는 말을 하나도 안 듣고 있었잖아"라고 말하겠지만, 그렇지 않다면 화를 내고 가버릴지도 모르며 조에게 꺼져버리라고 말할지도 모른다.

조는 맥이 이야기하고 있는 동안 부모자아–아이자아의 대화만 의식하고 있었다. 부모자아와 자신에게 동시에 귀를 기울일 수는 없다. 내면의 대화가 진행되고 있을 때 어른자아는 스위치가 꺼진다. 옛날 녹음기를 재생하는 스위치가 켜지면 정보 처리 스위치는 꺼지는 것이다.

걱정거리 때문에 괴로워도 대화가 중단되는 일이 있다. 그것은 잠자러 방을 떠나는 것과 같다. 키에르케고르는 "스스로 자학하는 사람을 부재자, 허약한 사람"이라고 불렀다. 당신은 "오늘 난 내가 아니야"라고 말해 본 적이 있는가? 우리 자신의 '부재'를 설명하는 말로 "정신이 나갔어"라는 말도 있다. 나는 누구이며 지금 여기 있는 것은 누구란 말인가? 대화 중간에 사람들은 어디론가 사라지는데 그곳은 어린 시절의 원래 상황이 기록된 과거의 현실이다. 과거는 현재가 되고 그 현재는 회상될 뿐 아니라 다시 살게 되는 것이다. 각자의 과거에 따라 다르겠지만, 우리는 과거로 돌아가 고통, 공포, 중요한 존재로 느끼고 싶었던 욕구의 좌절이나 OK가 되기 위해 결심했던 조건들을 다시 경험하게 된다.

좋은 남자와 착한 아가씨

가장 고통을 겪는 부재자 가운데 좋은 남자와 착한 아가씨[16]가 있다. 그들의 행동은 내적인 대화가 어떻게 작용하는지 최상의 예를 보여준다. 좋은 남자와 착한 아가씨(이후 좋은 사람)는 어루만짐을 박탈당해 억눌린 아이자아를 지닌 사람으로 부모에 지배당하는 사람이다. 이는 외부자극을 인식하지 못하는 일이 잦았거나 등록이 되지 못했고, 부모자아-아이자아의 내적 대화에 의해 어른자아가 지속적으로 제압되었기 때문이다.

좋은 뜻에서 주어진 이름이지만, 이들의 삶은 슬픔으로 가득 차 있다. 삶에서 다른 사람들을 잊고 있기 때문에 그들은 자주 우울해진다. 의식은 끊임없이 내면으로 향하여, 해야만 하고, 해서는 안 되고, 반드시 그래야 하는 등등의 오래된 녹음테이프를 재생하고 있기 때문이다. 그들의 눈은 다른 사람들의 미소를 보지 못하고, 그들의 귀는 칭찬을 듣지 못하며, 그들의 영혼은 어루만짐에 대한 갈증으로 죽어간다.

그렇더라도 좋은 사람은 계속해서 노력하며 칭찬을 듣기 위해 가능한 많은 사람들과 교류한다. 바라던 칭찬을 듣는 일이 거의 없을지라도 말이다. 99명의 사람이 그에게 대단하다고 말해도, 그는 그를 좋아하지 않는 것처럼 보이는 한 사람의 칭찬 부스러기라도 듣기 위해 총력을 다한다. 그는 가슴에는 "내가 어떻게 할까요?", 등에는 "더 열심히 노력하라"고 써진 운동복을 입고 있다. 그에게는 **충분**하다는 기준이 없다. 시작하면 100퍼센트가 되어야 좋은 것이다.

좋은 사람이 끊임없이 "어떻게 할까요?" 묻는 것은 "너는 어떻게 하고 있지?"라는 진짜 의문을 불가능하게 만든다. 그는 방법을 알고 있는 다른 사람에게 묻는다. 하지만 다른 사람이 대답하는 순간 자신의 내면의 사안을 다루느라 대화를 차단한다. 그래서 끊임없이 다른 사람들을 폄하하며, 결국 다른 사람들은 그를 전혀 좋은 사람이 아니라고 생각하게 됨으로써 자존감을 얻기 위한 정교한 노력은 모두 수포로 돌아가고 만다.

좋은 사람은 함께 있는 사람과 실제로는 같이 있는 게 아니다. 엄마나 아빠, 또는 다른 중요한 권위자 같은 제3자가 현재 함께하고 있든지 기억 속에서 바라보고 있을 때에만 감사함이 있다. 이밖에 다른 사람에게 빈번히 말하는 것들은 방 안에 있는 다른 사람들을 감명시키기 위해 고안된 반사ricochet 교류이다. 만일 당신이 좋은 사람이라면, 뉴욕 거리에서 중요한 VIP를 만나 그가 이름을 불러주었는데, 바라봐주는 제3자가 없으면 좌절감을 느낄지도 모른다. 아무도 없이 혼자라니. 아무도 보아주는 사람이 없다니, 이런 기회를 낭비하다니! 그것은 아무 일도 안 일어난 것만 못하다. 놓친 물고기가 컸다는 이야기를 말해봤자 누가 믿어주겠는가.

좋은 사람들은 피크닉을 가서도 꽃과 나무를 즐기지 못하며 계속해서 "헨리와 헨리에타가 여기 있었다면" 하고 말한다. 착한 아이들은 집에 돌아갔을 때 보여주려고 사진을 담기에 바빠서 석양을 즐길 여유가 없다. 지금-여기는 그때-거기(부모자아의 비교)나 만일-언제(아이자아의 바람)에 점령당해 있다.

좋은 사람들은 성적 능력을 인정받기 위해 많은 사람들과 잠자리를 가지기도 한다. 좋은 사람을 알아내는 방법이 있다. 다음은 자기점검을 위한 유용한 도구이다.

이름을 기억하지 못한다

파티에 가서 두 시간을 대화하고 농담을 하고도 다음날 누구와 같이 있었는지 기억하지 못한다. 그것은 농담을 듣고도 다른 사람이 말하기 전에 무슨 말을 할까 생각하느라 바빴기 때문이다. 이것은 모임의 활력소가 돼라는 부모자아에 대한 반응으로 일어나는 일이다. 농담을 듣기 위해 어른자아를 켰다가 들은 농담을 기억했다가 자신의 농담 목록으로 돌아오기 바빠 큰 불편을 겪는다. 좋은 사람들은 말의 급소를 잊는다.

또한 좋은 사람은 소개하는 데 어려움을 겪는다. 이를테면 수지 스미스라는 사람을 소개받으면, "안녕, 수지"라고 말하면서도 이름이 중요해, 저 여자의 이름을 잘 기억해, 잘 대응하는 걸 보여줘라고 생각하다가 다음 순간 모든 게 까맣게 되고 만다. 아니면 그 순간 이름을 듣는 순간 이름을 잊지 마라는 부모자아의 메시지가 들려와 이름이 들리지 않는다.

늘 "네"라고 말하는 사람

전화벨이 울린다. "학교 바자회 때 청소 봉사 좀 해주시겠어요?" 그렇게 떠맡은 일이 몇 주일이나 밀려 있는데도 자동적으로 "네 좋습니다" 하고 즐겁게 말한다. 좋은 사람들은 "아니오"라고 말하지 못한다. 그들은 가고 싶지 않은 모임도 거절하면 다시 초대받지 못할까봐 거절하기를 두려워한다.

15세에 혼전 임신한 매리를 앞에 두고 엄마는 말한다. "대체 믿을 수가 없구나. 그렇게 착한 아이였고 한 번도 말대꾸한 적도 없고, 한 번도 아니오라고 말한 적이 없는 아인데……" 착한 사람에게 차별대우는 용납되지 않는다. 그러므로 모든 사람을 기쁘게 해주는 것이 중요하다. 생각하지도 말고 묻지도 마라. 그러므로 그들은 지구상의 모든 사람의 욕구를 들어주어야 한다.

좋은 말을 해야 해!

좋은 사람들은 나쁘게 말하는 것을 허용하지 않는다. 그들이 뭔가를 구분하는 것은 최상급을 사용해서이다. 그가 가는 모든 모임은 좋은 모임이다. 만일 실제로 좋은 모임에 갔다면 그 모임은 다른 어떤 모임보다 정말, 정말 좋은 모임이라고 말한다. 이들이 사용하는 용어는 매우, 대단한, 뛰어난, 최고의 친구, 매우 최고의 친구, 가장 최고의 친구, 최고 중의 최고의 친구 등이다.

이들은 편지 끝에도 꼭 나의 모든 사랑, 최고의 사랑이라고 쓴다. 어머니 아버지도 나의 가장 사랑하는 어머니, 아버지가 된다. 좋은 사람들은 부모자아의 지배로 둘러싸인 사람들이다.

내가 착하면 OK가 될 거야!

좋은 사람들 중에는 편지 쓰는 습관이 독특한 사람들이 있다. 그들은 단어 밑이나 문장 밑에 밑줄을 긋는다. 또는 별이나 이중별 등을 그리거나 감탄 부호를 달아놓는다. 이것은 일종의 압박감의 표시이다.

이런 압박감은 우울이나 억압을 나타내는 신체적 언어이다. 이들은 연필을 꽉 잡아 손가락에는 군살이 박혀 있고, 담배도 깊숙이 빨아들이며, 손톱을 물어뜯는다. 이와 같은 행위들은 보복하고 싶은 욕구를 차단하고 억압하는데, 이들에게 보복은 용납되지 않는 행위이기 때문이다. 그리고 결국은 "내가 착하면 OK가 될 수 있다"라는 기록을 따른다. 그러므로 사람들에게 화가 날 때 찾는 유일한 방법은 자신을 달래는 것이다. 마치 우리 안에서 부모자아라는 거대한 호랑이와 같이 살아가는 것과 같다. 아이자아의 시선은 호랑이 부모자아에게 집중되어 있고, 마음은 부모자아–아이자아의 대화에 몰두하고 있기 때문에 어른자아는 작동되지 않는다.

다른 사람의 눈에는 그 호랑이가 늙어빠지고 이빨이 없고 우리의 자물쇠는 녹슬어서 언제라도 탈출할 수 있다고 보여도 좋은 사람들의 눈에는 보이지 않는다. 그것을 볼 수 있는 어른자아가 작동하지 않기 때문이다.

그러는 중에도 아이자아는 감정 교환권을 모으기에 바쁘다. 가끔은 자기파괴적인 행동의 보상으로 자유를 느낀다. 죄의식으로부터의 해방, 즉 두통, 위궤양, 불면증, 자살 충동 등 비참함의 대가로 그럴 자격을 얻은 것이다.

때로는 사회나 세상, 정부 같은 애매한 대상에 울분을 토함으로써 자기를 내세우기도 한다. 때로는 저항할 수 없는 어린 자식들에게 화를 내 상처를 입히기도 한다. 가끔 화가 머리끝까지 차오르면 신체적인 폭력을 보이기도 한다. 그러나 보통의 경우 자신의 그런 점을 감추기 위해 최선을 다한다. 자신이 착하기만 하면 모든 게 OK가 될 거라며 노력한다. 또한 착한 아이는 모든 일을 직접 하려는 경향이 있고 도움 청하는 걸 어려워한다. 남을 귀찮게 하고 싶지 않아서이다.

그럼 나쁜 사람이
되어야 할까?

좋은 사람에 대한 바람직한 대안

은 나쁜 사람이 아니라 OK 인간이다. 그 차이점을 살펴보면 분명해질 것이다. 좋은 사람들은 대부분의 시간을 과거에 산다. OK인 사람들은 현재를 산다. 좋은 사람은 검토되지 않은 부모자아의 선의 기준에 따라 작동하지만 OK인 사람들은 선의 기준을 어른자아의 발전에 따라 업데이트하면서 살아간다. 어른자아는 새로운 데이터와 자각 수준에 따라 부모자아의 기준을 거부할 수도 있다. 좋은 사람들은 자동적으로 반응하는 경향이 있지만, OK인 사람들은 반응하기 전에 생각한다. 좋은 사람들은 예측 가능하지만, OK인 사람들은 예상을 뛰어넘어 놀라움을 준다. 좋은 사람들은 쓸모가 있지만, OK인 사람들은 쓸모가 있을 뿐 아니라 즐기기도 한다. 좋은 사람들은 미소를 많이 짓지만, OK인 사람들은 미소 지을 뿐 아니라 크게 웃고 운다.

변화는 가능하다

좋은 사람들은 부모자아를 기쁘게 하려는 사회적 기술을 익혔기 때문에 일반적으로 예후가 좋다. 부모자아는 지금 여기 사람들에게 어루만짐을 줄 뿐 아니라 건설적인 목적을 가지고 있다. 일단 부모자아-아이자아의 내적인 대화가 차단되면(절대 사라지지는 않는다) 모든 교류에서 다른 사람을 알아차릴 수 있는 능력이 주어진다. 짓눌렀던 책임감은 반응할 수 있는 능력으로 바뀔 수 있다. 한때 흐릿하면서도 두려웠던 명령 즉 너는 모든 사람을 사랑해야만 한다는 명령은 다른 사람의 아이자아를 볼 수 있는 능력으로 전환된다.

치유된 좋은 사람이 좋은 사람이 되는 것을 그만둘 필요는 없다. 하지만 그가 어디에 선함을 투자할 것인지 선택할 수 있다. 그의 아이자아는 본능적으로 모든 사람을 기쁘게 하는 것은 불가능하다는 것을 안다. 그러나 과거에는 감히 누구도 거부할 수 없었고 구분하는 방법도 몰랐다. 일단 어른자아가 자유로워지면 자유롭게 수천 명의 사람들이 보내오는 신호를 계산하고 지금까지 차단했던 데이터에 근거하여 믿을 만한 사람들과 그렇지 않은 사람들을 예측할 수 있게 된다. 따라서 행동을 수정하고 어디에 자신의 삶을 투자할지 선택할 수 있다. 그의 선택에는 약간의 위험이 내포되어 있을 수 있지만 예전에는 알아차리지 못했던 현실에 토대를 둔 어른자아가 보호한다.

다음 장에서 우리가 어떻게 내적 대화의 힘을 감소시켜 과거의 폭정으로부터 벗어나 현재의 삶을 즐길 수 있는지 설명할 것이다.

4장

감정추적을 통한 감정 다루기

우리는 의지력으로 내적인 대화를 멈출 수 없다. 우리의 끈질긴 자의식이 관계들을 파괴한다고 해서, "나는 더 이상 자신을 의식하지 않을 거야"라고 단호히 결심하고 자의식을 없앨 수 있는 게 아니다. 새롭게 출발하기로 결심한 첫 날 정오쯤이면 우리의 아이자아는 부모자아에게 "내가 어떻게 하고 있나요? 내가 활발하고 자의식을 없앴나요?" 하고 물어보고 곧 옛날의 대화로 돌아가기가 쉽다.

변화하겠다고 아무리 굳게 결심해도 옛날의 대화는 현재 속으로 불청객처럼 밀고 들어와 우리 자신을 지금-여기로부터 분리시켜 초기의 어린 시절로 데려다 놓는다. 부모의 지시, 훈계, 비평, 주의들을 끊임없이 받으며 가정을 형성한 그 초기 아동기로 말이다. 사실 우리는 하루 중 얼마나 많은 시간 그곳으로 돌아가 있던가?

예전에 한 흑인 작가는 검은 피부색과 차별감정, 무관심한 사람들의 눈초리, 무시하며 시선을 주지 않는 사람들에 대한 자의식에 사로잡혀 매일매일 엄청난 분노를 쌓았다고 털어놓았다. 어려서부터 "흑인은 아름답다"라는 말을 듣고 자란 오늘날의 흑인 어린이들은 이 작가와는 분명 다른 자의식을 가지고 있을 것이다.

우리 자존감에 대한 내적 충격은, 틱 환자가 근육 경련으로 인해 받는 상처에 비교할 수 있을 것이다. 틱 환자는 뭔가를 할 때마다 자기 마음대로 안 되는 밉상인 근육 수축의 방해를 받는다. 근육이 제멋대로 수축할 때마다 틱 환자는 "난 뭔가 잘못되었어", "내게는 뭔가 다른 게 있어"라며 Not OK인 뭔가를 경험한다. 우리는 깨어 있는 시간 중 얼마나 많은 시간을 "나는 Not OK야"라고 미리 되새기며 살고 있는지! 이런 시간을 줄이는 것이 감정을 다루는 기본 도구인 감정추적의 목표이다.

3장에서 살펴본 것처럼, 현재 무엇인가가 부모자아의 기록을 자극하지 않는 한 우리는 상처받지 않는다. 우리는 각기 다른 고유한 부모자아와 아이자아를 가지고 있으므로 취약점 또한 사람마다 고유하다. 이러한 자료 속에 우리의 개인적 역사가 저장된다. 많은 사람들은 그들이 너무 작다든지, 너무 크다든지 하는 약점들을 느낌으로 인해 끊임없이 상처받는다. 귀가 너무 크다든지 작다든지, 너무 뚱뚱하다든지 말랐다든지, 가슴이 너무 크다든지 너무 작다든지 하는. 여기에서 중요한 것은 너무라는 단어이다. 일반적으로 우리가 어때야 하는지에 대한 개념은 구체적이지 않다. 얼마나 커야 하는지, 얼마나 작아야 하는지, 얼마나 살이 쪄야 하는지, 얼마나 말라야 하는지, 얼마나 돈이 있어야 하는지, 얼마나 가슴이 커야 하는지…… 부모의 메시지들은 어떤 것이 딱 적절한지 구체적인 기준이 없는 애매모호한 평가들로 경험되곤 한다. 다음과 같은 말이 이런 상황에 대한 설명이 될 것이다. 만일 당신이 모임에 일찍 가면 불안한 것이고, 늦게 가면 부주의한 것이다. 시간에 딱 맞게 도착하면 당신은 강박증이다.

우리는 보통 어린 시절에 기록된 부모의 여러 가지 금지 조항과 명령들을 알아차리지 못한다. 내적으로 편안하지 않다는 것을 처음 알아차리게 되는 것은 감정을 통해서이다. 감정을 알아차리는 것이 출발이다. 감정을 알아차림으로써 우리는 내적 대화 안에서 감정들을 자극하고 현재의 교류를 방해하는 초기 부모자아의 메시지를 추적해 들어갈 수 있다.

철저히 감정추적을 하다 보면 세 가지 유익한 점이 있다. 첫째, 고통스러운 감정에서 즉각적으로 이완되는 이득을 얻는다. 철저한 감정추적은 어른자아를 요구하는 문제 해결 과정인데, 어른자아로 전환될 때 부모자아와 아이자아의 테이프는 작동이 중단되어 내면의 대화가 멈춘다. 둘째, 부모자아가 보유한 지식의 원천을 구축하기 시작한다. 우리들 대부분은 출생 후 첫 5년간에 기록된 고통스러운 부모자아의 메시지들을 의식적으로 기억하는 게 아니다. 우리는 행복했던 때를 선택하고 의존적일 수밖에 없던 어린 시절의 굴욕적이고 실망스런 기억은 차단할 수 있다. 셋째, 우리는 똑같은 옛 감정이 우리를 계속 괴롭히지 못하도록 **어떻게 달리 행동할 수 있는지** 결론에 도달하게 된다. 새로운 감정은 새로운 행동으로부터 생겨난다. 이것이 궁극적으로 철저한 감정추적의 목표이다. 우리는 과거를 바꿀 수는 없지만 현재 속에서 변화될 수는 있다.

감정추적의 7단계

이 훈련을 하기 위해서는 우리 자신의 **진짜** 감정을 다루는 것이 필요하다. 또한 우리는 나쁜 감정들을 철저하게 추적해야 하는데 바로 이 감정들이 우리에게 문제가 되기 때문이다. 물론 우리는 좋은 감정들도 추적할 수 있다. 그러나 좋은 감정들은 그저 즐기는 게 가장 잘 다루는 일일 것이다.

1단계: 나는 상처받았다. 이것을 인정하는 것이 우선 필요하다. 우리들은 감정을 부정하도록 배웠다. "선생님을 미워하면 안 돼" "이가 아픈 게 울 문제는 아니란다" "기운 내. 이왕 엎질러진 물인데 울면 뭐하겠니. 애기처럼!" 문화적 조건 또한 감정을 인정하는 능력에 영향을 미친다. 남자는 감정을 보이지 말라는 이야기를 여자보다 많이 듣는다. 감정을 보이지 않는 것은 그 감정들이 존재한다는 사실을 거부하게 한다. 그러나 감정들은 실재한다. 예전 동료였던 크레이그 존슨Craig Johnson 박사는 "감정은 새기 마련이다"라고 말했다. 어떤 방식으로든 감정은 신체언어를 통해 새어나온다. 아니면 위궤양, 두통, 근육 긴장, 소화불량, 우울 같은 증상을 일으키면서 우리 몸속으로 스며든다. 현실은 가장 중요한 치료 도구이다. 감정은 우리 내면의 삶에 관한 직접적인 정보인 동시에 근본적인 현실이며, 그것을 인정하는 것이 우리가 변화하기 위한 첫 번째 단계이다.

2단계: 나의 어느 부분이 상처입었나? 이것은 뻔한 질문이다. 지금까지 우리가 정의한 대로 상처받은 부분은 아이자아이기 때문이다. 우리는 이 질문을 통하여 어린 시절의 나와 접촉하기 위한 감정추적을 할 것이다. (잠시 멈추어서 다섯 살 때 모습은 어땠는지, 주변의 중요한 사람들을 어떻게 올려다보았는지, 그들은 당신을 어떻게 내려다보았는지 기억해보라. 눈높이까지 오는 커다란 식탁, 이빨을 드러내고 으르렁거리던 개, 거대한 분수 등은 또 어떻게 보였을지 상상해보라.) 어린아이인 당신과 친해지기 위해 어린 시절의 상황을 재창조해보라. 사진첩을 꺼내보라. 당신의 모습은 어떠했나? 당시의 당신은 누구였을까? 그 어린 소년, 소녀에게 도대체 무슨 일이 일어났을까? 그 소년, 소녀는 그때부터 지금까지 존재하는 수조兆에 달하는 신경회로에 기록되어 있다. 그 어린아이가 고통을 당하는 바로 그 사람이다. 부딪침과 실패를 겪고, 수치스러운 일과 비난을 당하고, 그리고 나쁜 태도와 길에 뛰어드는 위험한 행동을 막기 위해 책망하는 방식의 양육을 통해 문명화되고 사회화하는 과정에서 교류하고 경험을 했던 바로 그 사람이다.

3단계: 나의 상처를 가장 잘 묘사하는 단어는 무엇인가? 가장 적절한 단어를 떠올리는 데는 시간이 걸릴지도 모른다. 일반적으로 알려진 감정들은 다음과 같다. 바보 같다, 추하다, "내 잘못이야", 두렵다, 화난다, 나쁘다, "속았다", 괴롭다, 부끄럽다, 외롭다, 걱정된다, 쓸모없다, 당황스럽다, 비난받다, 죄책감이 든다 등. 때로 우리가 스스로에 대해 갖는 인상은 우리가 어떻게 느끼는가보다는 '우리가 어떤 사람인가'에 대한 쪽으로 결론지어지는 것 같다. 즉 나는 실패자다, 나는 사랑받을 자격이 없는 사람이다, 나는 "나쁜 종자다", 나는 신경증 환자다, 나는 바로 그런 놈이다 등.

이런 종류의 진술이나 결론이 떠오른다면 그 밑에 깔려 있는 감정들을 파헤쳐보는 것이 중요하다. '나는 어떠한 사람인가'에 대한 진술은 자기 이해로 나아가려는 좀 더 깊은 노력을 꺾는 경향이 있다. 내가 원래 그런 존재라면, 변화하려는 노력이 무슨 의미가 있겠는가? 그것도 자신에 대한 한 인식일 수 있지만 그런 인식으로는 문제가 끝나지 않는다. 적절한 자료 없이 강제적으로 만들어진 옛날의 결정들은 호소하고 있고 새로운 결정을 요구하고 있다.

4단계: 최근에 일어난 어떤 일이 이러한 감정을 촉발시켰나? 꿈과 마찬가지로 감정들은 최근에 일어났던 구체적인 사건에 의해 점화된다. 엇갈린 교류, 못마땅한 표정, 부모자아의 몰아세우기, (통장 계좌에서 돈이 다 빠져나간) 현실과의 직면, 전화가 오거나 오지 않음, 육체적 고통, 다른 사람의 즐거움이나 승진을 바라볼 때 등이다. 오래전에 사라진 힘들었던 기억도 나쁜 감정을 일으킨다. 그러나 우리는 그러한 기억조차 최근의 사건에 의해 촉발되었다고 믿는다. 사건-감정 연결의 가능성은 개인과 그들 고유의 역사만큼이나 다양하다. 예컨대 6명의 사람이 탄 엘리베이터가 갑자기 멈춘다면 6명의 사람이 모두 똑같은 감정을 가지지는 않을 것이다. 처음에는 놀라서 공통적인 감정을 나눌지도 모른다. 그러나 곧 그들의 개인적인 성향이 나타난다. 첫 번째 사람은 신경질적으로 반응한다. 두 번째 사람은 마음을 진정시키고 "아마 정원이 초과되어 퓨즈가 끊어진 것일 거야"라고 낙관적으로 말한다. 세 번째 사람은 "나에게 이런 일이 일어날 줄 어찌 알았겠어?"라고 운명을 한탄한다. 네 번째 사람은 문제해결적이어서 엘리베이터 안 전화를 찾기 위해 성냥이나 플래시를 가진 사람이 있는지 묻는다. 다섯 번째 사람은 여섯 번째 사람에게 의존하고 있어 여섯 번째 사람의 반응에 따라 감정이 좌우된다. 다른 사람과의 교류는 자주 과거의 감정을 현재에 촉발시키는 작용을 한다. 누가 어떤 말을 했는지, 어떤 어조로 말했는지, 어떤 얼굴 표정이었는지, 또 당신은 뭐라고 말했는지 처음 상처를 의식하게 되었던 순간을 재구성해보라. 재구성을 하는 방법에 대해서는 이 장의 끝부분 감정추적에 대한 2개의 예를 통해 상세히 보여줄 것이다.

5 단계: 당신의 부모자아는 무엇을 당신에게 말하고, 당신의 아이자아는 어떻게 반응하고 있는가? 이 지점에서는 어른자아가 옆에 있는 모습을 시각화하면서 옛날 부모자아-아이자아가 나누었던 장면을 생생히 재생한다. 당신은 아이자아로 되돌아가 부모자아의 훈계를 들을 수 있는가? 처음 감정추적을 할 때는 시간이 다소(몇 분 또는 그 이상) 걸릴지도 모른다. 감정추적에 익숙해지면 몇 초 안에 가능해진다. 감정추적의 핵심은 기록들을 알아차리는 것이다. 일단 과거에 가정되었던 기록의 정체를 알게 되고, 있는 그대로 볼 수 있게 되면, 그 기록은 지워지지는 않더라도 압도하는 힘을 다소간 잃는다.

그러한 기록의 한 예는 "저런, 실수를 하다니"이다. 이러한 내적 판단은 완벽을 요구하는 부모자아를 가진 사람들이 종종 듣는다. 어떤 종류의 실패도 용서받을 수 없는 죄이다. 한 가지 실수도 용납되지 않는다. 그렇기 때문에 어떤 모험도 감행할 수 없다. 기회는 왔지만 놓쳐버린다. 바닥에 깔려 있는 요구는 완벽해지라는 것이다. 하나라도 실수하면 전부 실패라고 경험된다. 완벽주의는 노력하려는 용기를 꺾는다. "잘할 수 없다면 아무것도 하지 마!" 그러므로 계획은 치밀하게 짜지만 아무것도 성취하지 못하는 일이 일어난다.

어떤 여성의 슬픈 감정에 대해 추적을 해보았더니 부모자아의 다음과 같은 진술이 드러났다. "네가 얼마나 열심히 하든지 나는 상관없고, 사람들은 너를 실망시킬 것이다." 압박감에 대한 감정추적을 했더니 "결코 기회를 놓치지 말아라"라는 부모자아의 경고가 드러났다. 이 감정추적을 했던 여성은 사무실에서 힘든 하루를 보낸 후 집에 돌아오는 길에 감정이 촉발되었다. 그녀는 러시아워에 집에 운전해 오면서 다섯 명의 가족들에게 저녁으로 무엇을 준비할까 생각하고 있었는데, "욕구를 알아내 채워라"라고 쓰인 광고판을 보았다. 그녀의 피로는 분노로 변했다. 욕구라! 정말이지! 그녀는 과속으로 차를 몰아 집으로 왔고, 애들에게 소리를 지르고 문을 탕탕 닫고 고기를 태웠다. 저녁 늦게 그녀는 감정추적을 해보고 나서 꼭 채울 필요가 없는 욕구도 있다고 결론 내렸다. 사람의 실패감에 대해 감정추적을 한 사람은 "어떻게 너는 시작한 일을 끝내지 못하니?"라는 부모자아의 비난과 만나게 되었다.

어린 시절 형성되어 다양한 형태로 반복되어온 이러한 종류의 부모자아의 진술은 어린아이가 '자기부정-타인긍정'의 표현을 하거나 해결책을 찾는 구체적인 결정을 내리도록 만든다. 이 비판적인 기록이 부모가 말한 그대로의 뜻이 아니라 아이의 가정이라는 걸 마음에 새겨두는 게 중요하다. 부모는 아이에게 있어 안전과 어루만짐의 원천이며, 모든 것이다. 부모는 마법을 부리는 사람들이며 아이가 기쁨을 주어야만 할 사람들이다. 부모가 자신들의 내적인 대화로 지치고 복잡해졌을 때 무심코 생각

없이 던진 말들은 여러 번 반복을 거치다 보면 아이의 마음속에 하나의 결정으로 고정된다. 엄마와 아빠는 "완벽해져라"는 말을 많이 하지 않았을지도 모른다. 하지만 성취한 것보다 실수한 것들에 대해 반복해서 지적했을 수도 있다. 받아쓰기 시험에서 90점을 받았을 때 칭찬하기보다 "어떤 걸 틀린 거야?" 하고 물었을 수도 있다. 이런 완벽함을 요구하는 까다로운 부모자아를 가진 사람은 마음에 걸리는 내용이 있으면 완벽해질 때까지 지우고 나시 쓰고 또 쓰는 일을 감수할 것이다.

부모자아의 요구를 "완벽해져라"라고 가정하고 있는 아이의 결정은 "노력하지 마라"가 될지도 모른다. "네가 얼마나 열심히 노력하든 난 상관없고, 사람들은 널 실망시킬 것이다"라는 부모자아를 가진 아이는 "누구에게도 '예'라고 말하지 마라"는 결정을 했을지도 모른다. "넌 시작한 일을 아무것도 끝내지 못해"라는 부모자아를 가진 아이는 "시작하지 마라"일 것이다. 우리가 말하는 것은 그럴 수도 있다는 것이다. 왜냐하면 개인마다 반응은 고유하기 때문이다. 그러나 위에서 언급한 것들은 철저한 감정추적 과정에서 실제로 드러난 결론들이다.

감정추적에서 자각되는 부모자아의 말들은 유사한 표현이 신체적으로 나타나는 반응을 보면 알 수 있다. 부모가 단 한 번 말한 것으로 아이가 결정을 내리지는 않는다. "완벽해라"라는 말은 여러 방식으로 반복되었을 것이 틀림없다. 이런 표현들을 들으면서 아이는 마침내 어느 날 결정을 내리게 되는 것이다. 한 여성은 최고라는 말을 떠올리면서 집에서 주고받았던 모든 대화를 떠올릴 수 있었다. 만일 가족 중 한 명이 의사를 찾아간다면, 그는 "동부해안에서 최고의 의사"였다. "이것이 쇠고기를 요리하는 최고의 방법이야"라는 말을 듣고, 누군가는 "반에서 '최고의 학생"이었으며, "최고인 사람들을 친구로 사귀어야 상처받지 않는다"는 말도 들었다. 부모가 아이와 의사소통할 때 중요한 것은 신체언어, 목소리 높낮이, 말의 속도, 얼굴 표정, 아이와의 신체 접촉 등이다. 눈으로 보이는 의사소통이 말보다 더 강력할 때도 많다. "너는 내게 세상의 전부야"라는 말도 부드럽게, 유혹적으로, 무례하게, 이기적으로 혹은 심술궂게 말할 수 있다. 따라서 비언어적, 시각적 의사소통과 자신의 신체반응을 재경험하는 것은 초기 아동기에 실제로 일어난 대화에 대해 깨닫는 것만큼이나 중요하다. 뇌에서 인위적으로 기억을 불러일으킨 펜필드의 실험은 시각적이고 청각적인 기록이 어떻게 이루어지는지 보여준다. 외과의사가 전기자극을 가해 유발된 경험적인 반응은 피험자의 마음을 한번 스치고 간 생각과 감정을 불러일으켰다. **청각적 시각적 구성요소들은 늘 더 뚜렷하다.**[17]

이런 시각적 청각적 신체언어를 알아차리려면 편안한 자세로 앉거나 누워서 눈을 감고, 자신의 신체 감각을 느껴본다. 이것은 특히 언어적 진술을 전혀 떠올릴 수 없거나 자신의 감정을 말로 표현하기 어려운 사람들에게 도움이 된다.

심한 압박감을 느끼는 것에 대해 감정추적을 하던 한 남성은 뒤에서 떠밀리는 느낌에 대해 "척추에 내리친 아버지의 주먹을 아직도 느낄 수 있다"고 말했다. 사람과 악수하는 것을 극도로 싫어하는 한 남자는 누군가를 소개받을 때 "몸 전체가 경직되는 것" 같다고 말했다. 악수를 할 때면 힘이 빠져 그는 가능하면 얼른 악수를 끝내고 싶었는데, 그는 사업계에서 힘없이 악수하는 것은 바람직한 게 아니라고 알고 있었다. 그렇지만 힘있게 악수할 수가 없었다. 감정추적 작업을 해도 부모자아의 말은 떠오르지 않았고 그의 감정이 심한 공포감이라는 것만 확인할 수 있었다.

그에게 긴장을 풀고 머리 꼭대기에서 시작해 얼굴, 목, 어깨 등으로 내려가면서 신체 감각을 느껴보도록 권했다. 어깨라는 말을 들었을 때 그는 온몸이 경직되었다. 이것은 그가 작은 소년이었을 때 크리스마스 쇼핑으로 북적이는 사람들 속에서 키가 180센티미터나 되는 엄마에게 손목이 잡혀 끌려다녔던 어린 시절의 기억을 떠올리게 했다. 발이 땅에 닿지도 않는 상태에서 그는 지나가는 보행객들한테 떠밀려 다녔다. 멍이 들 정도로 단단하게 붙잡은 엄마 손에 매달려 다녔던 경험을 재생했을 때 그는 어깨 관절에 극심한 통증을 다시 느꼈다. 어린 그는 차에 갈 때까지 내내 울었지만 엄마는 멈추지 않았고 차 안에 들어서자 울었다고 맞았으며, 산타 할아버지는 우는 아이에게는 선물을 주지 않는다는 말을 들었다. 그는 이러한 경험을 떠올리며 눈물을 흘렸다. 이런 식으로 그는 자주 끌려다녔음을 기억했다. (소아과 의사들은 어린아이들을 이렇게 발이 땅에 닿지 않게 끌고 다니면 어깨에 심한 손상이 생길 수 있다고 보고한다.)

한 여성은 감정추적을 하면서 괴로운 감정을 표현할 단어를 찾지 못했다. 그녀는 편안히 누워서 자신의 신체에서 진행되는 일을 이미지로 떠올려보려 했다. 그녀는 작고 좁은 공간으로 짓눌려 들어가는 느낌을 받았는데, 옆과 위, 아래로 점점 압축되어 "작고 좁은 공간으로 사라져버리는" 느낌이었다. 거기에는 빠져나갈 구멍이 전혀 없었다. 한쪽으로 밀면 되밀리고 다른 쪽으로 밀어도 마찬가지였다. 마침내 그녀는 "나는 궁지에 몰린 느낌이에요"라고 말했다. 사실 그녀가 살아가는 상황이 바로 그랬다.

그때 그녀는 고등학교 여학생이 성관계를 할 수 있는지 묻자 엄마가 대답했던 말을 떠올렸다. "너는 성관계를 절대 해서도 안 되고 그렇다고 안 해서도 안 된다." 그녀는 기억을 살펴보던 중 부모가 한 말들이 거의 가 다 모호했음을 알아차렸다. 솔직하고 직접적인 말은 거의 없었다. 그녀는 어머니로부터 받은 편지 한 통을 보여주었다. 그 편지는 그러나와 비록 ~일지라도라는 말로 이어진, 실제로는 하나의 긴 문장으로 연결된 편지였다. "친구를 사귀는 것은 중요하지만 네가 그들을 어떻게 선택하든 너는 조심해야 하고 또 잘 속아서도 안 되지만 네가 뭘 하든 그걸 기뻐해라."

그녀 삶의 모든 면은 네가 무엇을 하든 안 된다는 이중기준에 지배되어 왔으며 그녀는 늘 우유부단한 상태로 있을 수밖에 없었다. 그녀에게는 **혼란**이 지배적인 감정이었는데, 자신이 혼란에 빠져 있다는 사실조차 모르고 있었다. 부모의 P-A-C를 탐색함으로써 그녀는 점차 모순되는 메시지들의 근원과 특징을 발견했다. 이러한 메시지들을 객관화하고 바로 볼 수 있게 됨으로써 메시지들은 압도하는 힘을 잃었고 그녀는 새로운 진실과 현실적인 결과를 평가해 결정들을 만들어나가기 시작했다.

6단계: 나는 이제 어떻게 다르게 **행동할 수 있나?** 철저한 감정추적으로 여기까지 온 이 시점에서 우리는 실제로 다른 무언가를 하고 있다. 우리는 자료를 수집하고 문제를 해결하는 어른자아 속에 있다. 우리는 여전히 우리의 고통스런 감정에 대해 무엇을 할지 결정해야 한다. 감정을 다루는 가장 흔한 방법은 감정을 저장해 정서적 교환권으로 축적해놓는 것이다. 아이는 일찌감치 감정이 일어났을 때 그걸 표현하는 것은 안전하지 않다는 걸 배운다. 크리스마스 쇼핑객들 속에서 엄마에게 손목을 잡혀 끌려다니면서 울음을 터뜨린 어린 소년처럼. 그 소년은 울었다고 매를 맞았다. 아이들은 좋은 감정을 표현하는 것도 때로는 안전하지 못하다는 사실을 배운다. 기뻐서 소리를 지르며 거실로 뛰어들어오는 아이는 "조용히 해라"라는 말을 듣는다. 그래서 아이는 나중에 부모가 인정할 때 표현하려고 감정을 저장한다. 나쁜 감정들은 교환권으로 저장되고, 죄책감에서 자유로워졌을 때 교환할 수 있도록 하나하나 공책에 붙여진다. 첫 공책 한 권은 토라짐, 두 번째 공책은 성냄, 다섯 번째는 술을 진탕 마심, 열 번째 권은 끝장내는 행동 즉 상사에게 대들고 이혼하고 나라를 떠나는 일을 할 가치를 갖게 된다. 이러한 모든 부당함을 참아온 사람은 타월을 던져버릴 권리를 갖는 게 아니던가! 아이자아는 그렇게 느낀다. 하지만 드러나는 결과는 그가 내세운 원인들에 도움이 되지 않는다. 곧 외로움, 후회, 실의라는 나쁜 감정이 찾아올 것이다. 분명 이것은 감정을 다루는 최상의 방법이 아니다.

다른 방법은 상처받은 감정을 유발한 사람과 함께 그 감정 문제를 처리하는 것이다. 서로 오해가 있었을 수 있다. 이럴 때 '나는 이렇게 느낀다'라는 말로 대화를 시작할 수 있다. "나는 오늘 아침 우리가 대화를 나눈 후 기분이 나빠졌어." "아마 내가 네게 불공평했던 거 같아." 전화 통화나 사과 혹은 다른 화해 작업을 통해 문제를 해결할 수 있을 것이다. 어른인 우리는 어렸을 때는 없었던 협상 기술과 이성을 가지고 있다. 어쩔 수 없다는 결론을 내릴 수도 있다. 그러나 이 또한 문제를 해결하지 않고 묻어두는 결정이다.

우리의 감정들을 다루는 또 하나의 방법은 감정들로부터 배우고, 우리의 부모자아, 아이자아에서 축적한 새로 발견된 정보를 우리의 어른자아 자료은행에 정리해놓았다가 다음번 상처받는 일이 생겼을 때 수월하게 감정추적을 할 수 있게 하는 것이다. 다음번에 똑같이 느꼈을 때 우리는 기억할 것이다. "전에 다 경험한 것이지" 하고 말이다. 감정추적은 우리의 취약점, 강점과 늘어나는 통제력에 대한 통찰력을 증진하는 데 도움이 된다.

7단계: 다음에는 어떻게 다르게 행동할 수 있을까? 이 질문은 우리가 어떻게 상처받는 상황을 만들어가는지 숙고하게 한다. 우리는 불공정함의 희생양으로 여기고 '사람들이 우리에게 상처를 주는' 부당한 상황에 대해 격분한다. 그러나 의식하지 못하지만 우리 또한 공모자이다. 이 지점에서 4단계로 돌아가 타인과의 교류에서 실제 감정이 촉발되었다면 내가 맡았던 역할이 무엇인지 검토해볼 필요가 있다. 타인의 어떤 부분이 내 부모자아, 어른자아, 아이자아의 감정을 촉발했는지 묻는 것이 도움이 된다. 우리는 부모자아가 지배적인 사람들을 자극할 때가 자주 있다. 그러면 자극받은 그 사람들의 반감과 비난을 만나게 된다. 방식에는 여러 가지가 있다. "제발 날 건드리지 마" 하는 형태의 자기부정이거나 징징대는 아이자아, 반항하는 아이자아, 다른 사람들의 감정을 하찮게 여기는 사람과 마주칠 수도 있다. 만일 우리가 깎은 잔디를 이웃집 울타리 너머로 던진다면 이웃집 사람의 부모자아로부터 한 소리를 들을 것이다. 우리가 약속에 자주 늦는다면 많은 부모자아의 목소리를 자극하게 될 것이다. 지나치게 OK 상태, 즉 상대방은 침체되어 있는데 기분이 너무 고조되어 있어도 상대방의 부모자아를 자극할 것이다. 솔로몬 왕도 "만일 당신이 너무 이른 아침에 친구를 만나 반갑게 인사한다면 그는 그것을 저주로 생각할 것이다"[18]라고 말했다. 당신이 직장에 도착했을 때 "튤립 사이로 살금살금 걸으며" 휘파람을 왜 부는지 살펴볼 것! 만일 당신이 끊임없이 부모자아를 자극하는 인물이라면 당신의 행동을 살펴보라. 그러면 당신은 바뀔 수 있다.

다른 사람의 어른자아가 당신을 걸고넘어지는가? 진실이 상처를 주는가? 고객이 기한을 맞추기 위해 다른 업체와 거래하기로 결정했다고 말했지만 실제로는 당신이 일을 제대로 못해서인가? 당신은 일에 걸림돌인가? 당신은 책임 위임을 두려워하나? 당신은 그 일을 제대로 할 수 있는 유일한 사람인가? 당신은 계약을 파기하고 사람들을 실망시키는가? 만일 당신의 행동이 불쾌한 결과를 낳고 있다면 당신의 행동을 살펴보라. 그러면 당신은 바뀔 수 있다.

당신을 걸고넘어졌던 게 다른 사람의 아이자아였나? 당신은 다른 사람의 감정을 무서워하나? 당신은 어떤 대가를 치르든 평화를 유지해야 한다는 압박감을 느끼는가? 당신 자녀의 Not OK 감정들이 당신이 부모로서 실패했다고 느끼게 만드는가? 다른 사람들이 무가치함이나 분노, 공포를 표현할 때 당신은 그들의 구원자를 자처했지만 실패하고 있는가? 다른 사람의 성적인 아이자아가 당신을 걸고넘어졌나? 성적인 접근을 겁내는가? 두려움 말고 다른 대안이 있을까? 부모자아의 보호가 당신에게 '그런 것에 가까이 가지 마'라고 조건화했을지도 모른다. 당신의 어른자아는 성적인 접근을 해오는 사람을 나쁜 사람으로 규정짓지 않고도 피하는 방법을 알려주고, 원치 않는 관계에 빠져들지 않도록 보호할 수 있다.

이것이 감정추적의 7단계이다. 모든 상처에서 감정추적을 해볼 것을 권한다. 처음에는 교류 도중에 이런 감정추적이 불가능하다. 감정추적에 집중할 수 있는 밤 시간까지 기다려야 할지도 모른다. 그러나 연습하다 보면 짧은 시간 안에 감정추적을 할 수 있게 된다.

부모자아의 메시지 발견하기

앞에서 언급한 상처 다루기 외에도 감정추적을 하면 유익한 점이 있다. 감정추적은 부모자아의 내용을 발견하는 데에도 효과적이다. 부모자아가 우리에게 한 말이나 행동 중 의식적으로 기억하는 것은 일부분일 뿐이다. 문제를 일으키는 대부분은 일반적으로 의식 바깥에 있다. 비밀 메시지들은 2장에서 보았던 우리 부모의 아이자아에서 온 메시지들이다. 알려지지 않은 부모자아의 데이터를 밝혀내는 데는 3가지 방법이 있다. 이것이 가능하지 않은 방법은 부모자아의 상태에 있을 때 우리 자신을 관찰하는 것이다. 우리가 부모자아의 상태에 있는 순간에는 어른자아가 꺼지기 때문이다. 우리는 동시에 두 가지 상태에 있을 수 없다. 사실 우리는 부모자아가 드러날 때 강하고, 바르고, 통제력을 가지고, 힘이 있는 듯한 아주 행복한 감정에 빠진다. 아이자아는 부모자아에게 교류를 넘겨주고 그렇게 되면 어린 소년이었을 때 "우리 아빠가 너네 아빠를 이길 수 있어!"라고 말하거나 이길 수 없는 싸움에서 실제로 아빠를 불렀을 때 안전감을 느끼던 것과 같은 방식으로 안전감을 느낀다. 대부분의 시간에서 부모자아를 불러오는 사람들도 있지만 그들은 그 사실을 알지 못한다.

다음은 부모자아의 데이터를 발견하는 3가지 방법이다.

1. 교차 교류 후에 일어난 일을 재구성한다.

아들: 아빠, 제가 오후에 세차했어요.

아빠: 주말 내내 타고 다녔으면 그 정도는 해야지.

아들: (삐쳐서 문을 쾅 닫고 방을 나가버린다.)

대화가 갑자기 중단되었을 때 교류가 교차되었는지 살펴보라. 위의 예에서 아버지는 부모자아의 지적으로 교류가 엇갈렸고 대화는 중지되었다. 이것은 아버지 또한 자신의 대답이 정당하다는 감정을 가지고 있다는 사실을 무시하려는 게 아니다. 그러나 필요했던 것은 차 사용에 대한 계약이다. 계약에 대한 부분은 6장에서 논의할 것이다.

2. **치료그룹**에서 배울 수 있다. 아버지가 아들과의 소통을 개선하고 싶다면, 이런 집단 구성원들은 그의 신체언어, 몸짓, 목소리 톤, 어휘와 그들에게 반응하는 감정들을 관찰하여 피드백을 줄 수 있다. 이것은 그의 어른자아와 아이자아뿐만 아니라 부모자아를 인정하는 데 도움을 주며 부모자아를 통제하는 도구들을 제공한다.

3. 앞에서 설명한 것처럼 감정추적을 통해 부모자아 안에 무엇이 있는지 배울 수 있는데, 알려지지 않은(부모자아와 아이자아의 오래된 기록) 것들에 대해 알아가는 작업을 할 수 있다.

:: 철저한 감정추적 예 1

첫 번째 소개될 감정추적은 예전에 가입한 지역 단체 모임에 참석한 후 인정받지 못한다는 감정으로 격앙된 한 여성의 사례이다. 다음은 그녀가 감정이 올라온 단계들을 보고한 것이다.

1. 나는 상처받았다.

2. 어떤 부분이 상처받았나? 나의 아이자아(그녀 스스로 명명함)

3. 내가 받은 상처를 가장 잘 묘사할 수 있는 단어는 무엇인가? 소외당했다.

4. 나는 언제 이런 감정에 대해서 알아차렸나? 어떤 일이 일어났나? 어떤 사건이 있었나? 내가 위원회 소집이 있던 날 회의실에 들어갔을 때였다. 대화는 이미 진행되고 있었다. 아무도 나를 소개하지 않았다. (그녀는 그림을 그려 보여주었다.) 나에게 일해달라고 부탁했던 위원은 보이지 않았다. 7명의 멤버 중에 한 사람만 나에게 눈길을 주었다. 다른 사람들은 둥글게 앉아 서로 쳐다보고 있었지만 나를 보지 않았다. 이러한 상태는 회의 내내 지속되었다. 나는 지루해졌고 화가 났다. 계약이 뭔가 분명치 않았던 것 같다. 나는 지금 이 회의에서 뭘 하고 있는 거란 말인가? 사전에 의장과 만났을 때 내가 참여하기로 했던 의제가 아니었다. 가끔 내뱉는 내 말투에서 분노가 묻어 나왔다. 어떤 생각들이 내게 말을 '쏟아내고' 싶게 했다(폭력적인 언어를 써도 주의를 끌지 못했고 원하는 반응을 얻지 못했다). 대화 후반에 나는 학교에 존재하는 인종 문제에 대해 듣고 싶어 하는지 물었고, 참을성 없고 다소 적대적으로 보이는 남자가 "아니요"라고 외쳤다. 나는 확실하게 소외당했다고 느꼈다. 나는 짓밟혔다. 나는 정서

교환권을 모으면서 교류 게임에서 연약한 존재가 되었다.

　5. 나의 부모자아는 뭐라고 말하고 나의 아이자아는 어떻게 대답하나? 부모자아–아이자아의 대화를 조절하는 게 불가능해진 나는 "과거에 유사한 사건이 떠오르는 게 있나?" 하고 스스로에게 물었다. 마음을 편안히 진정시키고 눈을 감고 이미지가 떠오르기를 기다렸다. 마음에 떠오른 이미지는 링컨스쿨 3학년 학생 시절의 나였다. 나는 줄넘기 줄을 목에 감은 채 '언니' 역할을 하는 하는 소녀가 이끄는 대로 두 손과 무릎으로 기어다니고 있었다. 아이들은 '가족' 놀이를 하고 있었는데 모든 중요한 역할들(어머니, 아버지, 언니, 오빠)은 다 차지하고 나더러는 그 집 개를 하라고 했다. 나는 그들에게 낄 수 있다는 것만으로도 기뻐 하찮은 역할을 기꺼이 맡았다. 심지어는 '볼일을 보러' 수풀 속으로 들어가기도 했다. 그때 내 감정은 '나는 가장 하찮은 존재'라는 것이었다. 나는 어디에 끼지 못한다. 나는 개다. 다른 이미지가 마음속에 떠올랐는데, 어딘가에 속하고 싶을수록 더욱 소외되어왔다는 것이었다. 부모님은 여러 차례 이사를 다녔고 나는 늘 새로운 학교에서 다시 시작해야 했다.

　과거에서 유래한 감정이 현재의 감정을 어떻게 자극했는지 배우면서, 그녀는 과거의 고통이 현재에도 자주 경험되었다는 걸 깨달았다. 그녀는 기쁘게 하려고 애쓰지만 집단 '속'에 있는 아이들에게 괴롭힘당하고 무시당하고 조롱거리가 되는 어린 소녀로 돌아가곤 했던 것이다.

　이러한 소외된 존재로서의 감정들은 위원회에서 받았던 취급의 결과로서 현재에 느낀 감정과 동일했다. 개가 되어 두 손과 무릎으로 기어다니며 풀숲에 들어갔던 어린 소녀와 접촉함으로써 그녀는 어린 소녀를 사랑하는 자애로운 부모자아와 관계를 맺고 보호자로서 어른자아를 불러오게 되었다. 그녀는 "사람이 애쓴다 해도 모든 사람이 다 다정한 것은 아니다"라는 결론에 이르게 되었다. 그녀는 그것을 자신의 문제가 아니라 그들의 문제로 내버려두기로 결정했다.

6. 이제 나는 어떻게 다르게 행동할 수 있을까? 나는 스스로에게 물었다. "이 감정을 어떻게 할 것인가?" 그것을 교환권으로 차곡차곡 모아 수집해둘까? 나는 친구에게 말하기로 했다. 우리는 함께 감정추적을 해보았다. 어른자아로 이동하니 예전에 상처받은 아이자아의 테이프는 돌아가기를 멈추었다. 나는 이 감정이 나를 짓누르도록 내버려두지 않고 어떤 종류의 상황이 이러한 오래된 기록들을 다시 불러오는지 통찰력을 가지고 전환할 수 있었다. 나는 "아무도 나를 원하지 않아"라는 결론을 내리지 않는다. 대신에 이렇게 결론을 내린다. "어떤 사람들은 날 원하지 않는다. 그리고 그것은 그들의 문제이지, 내 문제가 아니다."

7. 다음번에는 내가 어떻게 다르게 행동할 수 있을까? 나 자신이 상처받는 행동을 하지는 않았나? 나는 무슨 일인지 알지 못하고 그 자리에 갔다. 내가 참석할 위원회가 아니었다. 다음번에는 두려워하지 않고 질문을 할 것이다. 나는 회의에 잘못 갔고 합류해달라고 요청받았던 회의가 아니었음이 드러났다. 부모자아 유형의 사람들을 만났을 때는 내 취약점을 드러내는 말을 해 그들이 나를 괴롭히도록 하지 않을 것이다. 어른자아 상태로 머물도록 노력하고, '쏟아내고' 싶은 것들에 대해서는 말하지 않겠다. 그것은 나쁜 상황을 더욱 나쁘게 만들 뿐이다. 소개하고 분명히 설명하라. 나는 무력한 어린 소녀가 아니다. 나는 36세이다.

그런 다음에 위원회 의장에게 전화를 걸어 내가 일하기로 한 위원회를 잘못 알고 있었다고 설명하고 그 후로는 회의에 나가지 않았다.

: : 철저한 감정추적의 예 2

한 60세 남자는 격렬히 자전거 페달을 밟으면서 자신이 격분해 있다는 걸 알아차렸다. 감정추적에 능숙했던 그는 단 2분 감정추적을 한 후에 격렬히 밟던 자전거 페달을 멈출 수 있었다. 그의 감정추적을 재구성해보면 다음과 같다.

1. 나는 상처받았다.

2. 나의 어떤 부분이 상처받았나? 나의 아이자아. 내 안에 있는 어린 소년.

3. 내 상처를 가장 잘 묘사할 단어는 무엇인가? 격렬한 분노!

4. 그 감정을 촉발한 것은 무엇인가? 나는 평소처럼 오전에 15킬로미터 자전거 타기를 하고 있었다. 주택가의 좁은 길을 자전거로 타고 내려가고 있을 때 어떤 남자가 시동을 켠 채로 큰길로 차를 빼고 기다리고 있다가 무례한 목소리로 "빨리 해!"라고 소리쳤다.

5. 나의 분노와 접촉해보려 할 때 과거의 어떤 이미지가 떠올랐나? 마음속에 떠오른 이미지는 5살 소년이었을 때의 나 자신이었다. 그때 나는 우리 집 뒷마당 문으로 이르는 골목길을 걷고 있었다. 골목길을 걸으면서 나는 자신에게 몹시 화가 나 공중에 있는 힘껏 주먹을 날리며 중얼거리고 있었다. 누군가 화상을 입어 흉터가 생긴 내 얼굴을 가리키면서 '흉터쟁이'라는 못된 별명을 불렀다. 나는 그 별명이 싫었다. 4살이었을 때 나는 큰 형이 잡초를 태우는 것을 구경하고 있었는데 생각지도 않게 불이

붙은 마대 자루가 쓰러지면서 내 몸을 덮쳤다. 설상가상으로 누나가 생살이 드러난 화상 자리에 엉뚱한 연고를 문질러대는 바람에 고통은 더 심해졌다. 그 연고는 나중에 의사가 다 닦아내야만 했다.

화가 난 것은 그 사건으로 받은 고통 때문만은 아니었다. 나중에 사람들이 나를 '흉터쟁이'라고 부름으로써 '내가 저지른 잘못'에 대해 수치스런 비난을 했기 때문이다. 험상궂게 생긴 이웃 남자는 성냥 한 갑을 가져와 나에게 불을 붙여보라며 놀리곤 했다. 옛날 이미지가 계속 떠올랐다. 나는 골목길을 따라 집으로 가고 있었는데, 형들 중 하나가 울타리에 앉아 나를 보면서 허공에 주먹질을 하며 내가 문 가까이 다가가자 "누굴 죽이고 싶니? 하고 물었다. 고통스런 감정들은 남에게 보여지면 복잡해지는군! 내 결론은 이랬다. 너의 감정은 너의 것으로 간직해라. 아무도 보살펴주거나 이해하지 못한다. 너 자신이 없애라. 너 자신을 상처 입혀라. 더 세게 페달을 밟아라!

6. 지금 나는 어떻게 다르게 행동할 수 있을까? 이제 나는 나의 가슴 통증과 근육 통증의 불편함을 알아차리게 되었으며 이런 방식으로 내 몸을 혹사시키지 말아야겠다고 생각했다. 나는 엉뚱한 일로 소모해왔다는 걸 깨달았다. 나는 격렬한 분노의 근원에 대해 알게 되었다—상처를 주며 괴롭히던 사람들과 4살 때 나를 놀림거리로 만들던—그리고 격렬한 페달질을 즉각 멈추게 되었고 느긋하게 긴장을 풀고 자전거를 탈 수 있었다.

7. 다음에는 어떻게 다르게 행동할 것인가? 나에게는 선택권이 있다. 그 남자의 집 앞을 피하고 자전거를 탈 수 있다. 그 남자는 볼 때마다 불쾌한 소리를 한다. 또는 그가 또 그렇게 행동하면 그것은 그의 문제라고

무시할 수 있다. 그가 적대감을 느끼며 난리를 치도록 그냥 내버려두어라. 나는 속도를 내거나, 페달을 더 세게 밟거나, 그의 문제를 내 문제로 삼을 필요가 전혀 없다.

　사례로 든 감정추적 둘 다 변화를 가져왔다. 여기서 얻어진 통찰력과 변화는 모두 새롭게 기록되었다. 그것은 '지배력'이었다. 기억의 나사를 풀어놓기로 허락하면, 우리는 우리의 취약점에 대한 이해에 도달하게 된다. 우리는 현재에 다른 선택을 할 수 있다. 아무도 관심이 없고 이해하지 못한다는 것은 진실이 아니다. 어떤 사람은 그렇고 어떤 사람은 그렇지 않다! 우리는 함께 감정을 나눌 사람을 선택할 수 있다. 반응은 주시하고 경청함으로써 예측할 수 있다. 우리는 그들의 사랑과 이해 능력에 대한 지식을 얻을 수 있다. 그리고 우리에게 위안을 주는 것은 이런 능력을 가진 사람들이다. 우리는 마찬가지로 이런 능력이 없는 사람을 예측할 수 있으며 그들과 깊은 감정을 나누지 않음으로써 더 이상 상처받는 일을 피할 수 있다. 그들을 미워하면서 에너지를 낭비할 필요가 없다. 어른자아를 사용하는 간단한 방법으로 이해하고 예측함으로써, 더 이상 상처받지 않도록 아이자아를 보호하는 것이다.

　감정추적은 (1) 우리의 취약점들을 확인하고 (2) 그러한 취약점을 드러냄으로써 더 이상 상처받지 않도록 상황을 예측하게 한다. 우리는 과거의 기억을 지울 수는 없지만 지금 우리를 압도할 수 있는 상황을 피할 수는 있다. 이는 필수적으로 행동이라는 **결정**을 수반한다. 그것은 고통이라는 감정을 궁극적으로 해소한다. 그러므로 OK라는 감정은 (1) 이해와 (2) 행동이다. 일단 우리가 효과적인 행동을 발견하면, 새로운 경험의 저장고를 짓게 되고, '지배' 감각을 갖게 되며 환경에 따라 적당한 수준으로 조절하며 움직일 수 있다. 우리는 더 이상 잔인한 놀림과 무시에 무력한 어린 소년 소녀가 아니다. 우리는 스스로를 보호할 수 있다. 이것은 OK의 감정을 느끼기 위해서 필요한 어른자아의 가장 중요한 기능 가운데 하나이다. 다른 형태의 보호는 6장에서 자세히 기술할 것이다.

5장

혼란에서 벗어나기

　　　　　　　혼란은 혼란을 구성하는 부조화
를 볼 수 없기 때문에 혼란이다. "나는 혼란스럽지 않다"고 말한 한 학생
은 "그게 그냥 나예요"라고 말했다. '그냥 나'는 피상적인 나일 뿐이다. 우
유 한 통을 두고 우유는 우유지, 뭐?라고 말하는 것처럼 말이다.

　혼란confusion이라는 단어의 어원을 찾아보면서 우유가 떠올랐다. 혼란
confusion은 라틴어 com과 퍼붓다라는 뜻의 fundere의 합성어이다. 함께
퍼부어지는 것은 복잡한 경험의 합성물인 바로 우리로서 우리 자신을
그냥 나라고 생각하면 쉬워진다.

　농장에는 우유 분리기가 있다. 젖소에서 방금 짠 희고 거품이 가득한
우유를 분리기 윗부분에 있는 큰 통에 쏟아 붓는다. 손으로 조작할 수
있는 이 원심분리기는 여러 겹의 금속으로 된 원판으로 만들어졌다. 우
유는 이 원판을 고속으로 통과하여 탈지분유와 크림으로 분리된다. 분
리된 탈지분유와 크림은 각각 다른 통 속으로 들어간다. 가벼운 크림은

위로 떠오르고 생우유는 큰 통에 고인 채 남게 되는데 분리기는 순식간에 이 작업을 해낸다.

오래 고여 있다 보면 혼란은 어느 순간 위로 떠오른다. 분리 작업을 좀 더 빨리 하는 기계가 있다면 우리는 좀 더 좋은 상태에 있게 된다. 초기에 필요한 분리 작업은 외부세계인 '밖'과 '안'에 있는 것 즉 부모자아의 갈등적인 메시지와 아이자아로부터 온 요구, 어른자아에서 만들어진 현실적 평가의 혼란을 구분하는 것이다. 우유를 분리하는 것과는 다르게 우리의 정신적 분리기는 결함을 가지고 있는데, 우리의 관점이 주변 세상에 대한 혼돈과 뒤섞여 있기 때문이다. 그러나 우리는 이 둘을 모두 다루어야 하고 또 다룰 수 있다.

혼란에 대한 탐색

우리는 아마 생의 마지막 부분을 혼란 속에서 살게 될 것이다. 세상 속의 갈등에 대해 쉽게 답하기는 어려우며, 우리의 운명은 다른 세계와 긴밀하게 연결되어 있다. 뉴스는 세상에서 일어나는 사건들을 매일 보도한다.[19)]

롤로 메이Rollo May(미국의 실존주의 상담가-옮긴이)는 미국은 쌓여가는 큰 문제들로 위협당하고 있다고 보았다. 미국 국민은 심리적인 에너지 위기로 괴로워하고, 늘어나는 복잡한 문제들을 해결할 상상력이 부족해 차라리 문제를 무시하거나 저절로 사라져버리기를 바라고 있다. 메이 박사는 우리는 너무 두려워 현실에서 물러나거나 현실을 보지 않으려 한다고 말했다. 메이 박사는 연설에서 "우리는 아침부터 저녁까지 하루를 살아가기 위해 결정을 내려야 하는데 상반되는 사고 패턴을 자극하는 신호들로 정신착란을 일으킬 지경"이라고 말했다. 커피를 마실까? 디카페인으로 마실까? (그런데 TV에서 디카페인 커피에 대해 말한 의사가 누구였더라?) 블랙으로 마실까, 크림을 넣어 마실까? 설탕은 넣어야 하나, 말아야 하나? 삶은 계란을 먹을까, 프라이를 먹을까? 등등.

이런 결정에 시달리며 아침 신문을 펼쳐 든다. 그 살인범은 무혐의로 풀려났나, 아니면 그가 진범일까? 환율은 올랐을까? 주가는? 운동을 시작해야 하는데 어느 곳이 좋을까? 아이들 학교는 어디로 보내야 하나? 사립학교에 보낼까? 시골로 이사 갈까? 전화벨이 울린다. 친구일까, 텔레마케터일까?

아이들이 식탁에 무심하게 앉아 있다. 무슨 일 있냐는 물음에 아이는 대답할 기분이 아니라고 퉁명스럽게 말한다. 한마디 해야 하나? 아니 그냥 내버려두자. 네 말에 기분이 상했다는 말만 할까? 감정을 억누르면 병이 된다는데.

출근해서 일을 하다 보면 이러한 대뇌의 불협화음은 좀 멈추게 되는데, 이러한 일상도 다른 사람들에 의해 구조화된 것이다. 직장에서의 혼란도 에너지를 갉아먹고 성실성과 창의력을 앗아간다. 위험을 감수할까, 아니면 안전하게 갈까? 누구에게 부탁할까, 내가 해버릴까? 직면해야 하나, 무시해야 하나? 하는 것들이다. 좀 더 깊은 수준에서는 혼란스럽고 불확실한 고민들로 갈등한다. 예를 들어 건강, 나이, 안정 등 우리의 존재 자체를 의미하는 것들이다. 보통 이러한 것들에 대해서는 다른 사람들에게 말하지 않는다. 끊임없이 계속되는 예-아니오, 이건가-저건가 하는 갈등은 에너지를 소진시키고 매일 신체 세포를 공격함으로써 우리의 행복과 생명 보존에 비생산적으로 작용한다.

현실이 불확실성의 연속이라는 사실을 받아들이고 싶어 하지 않는 사람들은 돈은 돈이고, 남자는 남자, 여자는 여자, 담배 한 갑이 500원이었던 옛 시절, 즉 단순하고 좋았던 시절을 그리워한다. 각종 테크놀로지와 휴대기기, 소형 컴퓨터, 유전공학, 우주여행 등의 가속적인 발전은 새로운 윤리적이고 군사적인 새로운 문제를 야기하지만 우리는 다음과 같은 하야카와Hayakawa의 생각에 동의할 수밖에 없다. "자동차가 손수레보다 더 끔찍한 사고를 낸다 해서 손수레 시대로 돌아갈 이유는 없다."

오래 인생을 살아서 혼란을 극복한 듯 보이는 사람들도 있다. 나이가 들면 선택권이 줄어들기 때문이다. 세상을 떠난 발레의 거장 조지 발랑신George Balanchine은 다음과 같이 말했다. "노인은 피곤해지지 않는다. 젊은이들은 혼란스러워 에너지 소모가 많다. 나는 지금 내가 하고 싶은 일이 무엇인지 명확히 알기 때문에 젊은 시절보다 에너지가 넘친다."

모순을 영원히 참을 수는 없기 때문에 사람들은 아무리 어려워도 혼란에 대한 해결책을 찾으려고 한다. 빅터 세레브리아코프Victor Serebriakoff는 《뇌Brain》라는 흥미진진한 책에서 다음과 같이 말했다. "모순과 맞닥뜨리면 욕망은 멈칫하게 되는데 몇 감각기관이 욕망을 직접 충족하는 것은 위험하다는 경고를 보내기 때문이다."[20] 그래서 탐색이 시작된다.

이러한 탐색은 사람마다 다른 해결책으로 이끄는데, 삶을 고양시키는 가치가 사람마다 다르기 때문이다. 그러나 적어도 초기에는 생명 보존 쪽으로 나아간다. 동시에 양쪽 방향에서 끌어당기는 고통보다는 이것을 선택하는 게 낫기 때문이다.

내면세계의 혼란과
외부세계의 혼란

우유 분리기는 항상 완벽한 상태로 유지된다. 깨끗하고 기름칠되어 있고 정확하게 조립되어 있다. 원판 하나라도 제자리에 있지 않으면 기계는 작동되지 않고 우유에서 크림은 분리되지 않는다. 우리도 효율적으로 일할 필요가 있다. 오염되지 않은 어른자아는 외부세계의 혼란을 분리한다. 어른자아의 기능을 잃어 매우 혼란스런 사람들은 사고가 정지되고 치료가 필요하다. 그렇지 않은 사람들은 사고력과 어른자아를 사용함으로써 상황을 명확히 하는 데 있어 '분리'하는 방법을 배운다.

어른자아의 치명적인 손상은 아주 어린 시절의 반복된 트라우마에서 기인한다. 예를 들어 슈퍼마켓에서 3살 정도의 어린아이를 쇼핑카트에 태우고 엄마가 밀고 다닌다. 때마침 다른 쇼핑카트가 옆에 있고 아이는 거기서 물건을 잡으려고 손을 내민다. 어린아이의 손이 물건에 닿자 아이 엄마는 무자비하게 머리를 쥐어박는다. 그러고는 곧 아이를 끌어당겨 안으며 "엄마는 너를 사랑해"라고 말한다. 이것은 극단적인 분노 후에 나타나는 극단적인 후회의 감정에 의한 것이다. 아이의 얼굴에는 아주 혼란스러워하는 표정이 나타났다. 눈에서는 눈물이 흐르는데 웃고 있었다. 아이는 엄마의 매와 애정에 동시에 반응하면서 엄마를 기쁘게 하려고 애쓰고 있는 것이다. 이러한 경험을 반복하여 겪다 보면, 아이들은 사랑을 얻기 위해 시도하지 않고 문제를 해결하려는 노력을 포기할 수도 있다. 어른자아가 멈출 수도 있는 것이다.

앞으로 우리가 다룰 혼란은 이러한 종류는 아니다. 이런 종류의 시련을 계속 겪다 보면 아이자아의 혼란을 제거하기 위해 치료적 도움이 필요하다. 치료를 통해 자신과 세상에 대한 감각을 형성하는 작업을 하면 다시 어른자아가 나타난다.

대부분의 혼란은
과부하에서 온다

우리의 혼란 대부분은 과부하의 결과이고 과부하 대부분은 혼란의 결과이다. 신경계의 통신에는 한계가 있다. 신경 충격의 전도율은 신경조직의 형태와 굵기에 따라 초당 2,500~10,000센티미터 정도에 걸쳐 있다. 이런 범위는 시속 88~360킬로미터의 속도에 해당한다. 신경계의 속도는 무릎 반사 시 무릎이 움직이는 데 걸리는 시간을 보면 알 수 있다. 무릎반사의 자극-반응 시간은 대부분의 전파 송신보다 길다. 사고의 교통망은 두개골 속의 신경 전달 회로를 무한히 빠른 속도로 움직인다. 초당 1억 개의 분리된 메시지가 감각기관에서 뇌로 전달된다. 간단히 해석하면 신경계가 전달하는 메시지 양은 어마어마하고 무한하다는 뜻이다.

들어오는 신호들은 우편물에 비유할 수 있다. 우리는 매일 메일함을 열어 필요하지 않은 것은 버리고 답장해야 할 것들에는 답장을 보낸다. 청구서는 지불하고 중요한 메일은 따로 분류해 보관한다. 결정할 수 없는 우편물이 쌓이는 것은 비효율적이다. 정보가 모일 때까지 답을 보낼 수 없는 메일도 있고, 돈이 없어 처리할 수 없는 청구서도 있다. 결정을 내릴 수 없는 초대장은 생각해보고 답장하려고 보류한다.

'결정하지 못한' 것들이 지나치게 많이 쌓이면 무관심이 자리잡는다. 그렇게 시간이 지나 늦어버린 초대장도 있고, 청구서를 지불하지 않아 가스가 끊길 수도 있다. 사회적으로 잘 기능하기 위해서는 이런 것들을 그때그때 늦지 않게 처리해야 한다. 정신적으로 잘 기능하기 위해서도 이와 비슷하게 감각 신호들을 제때에 적절하게 다루어야 한다.

메일이 쌓이면 괴로운 것처럼 지나친 충고, 상반된 의견들, 쌓인 일거리, 결정해야 할 일들이 너무 많으면 피로해진다. 지치고 병이 들고 마침내 지치고 병든 것에 지치고 병들어서야 혼란에 직면하겠다는 결정을 내린다.

다음은 사람들이 혼란을 다루는 두 가지 방식이다. 하나는 비효율적인 방법이고 다른 하나는 효율적인 방법인데, 먼저 비효율적인 방식들을 살펴보고 나서 효율적인 방안은 무엇인지 알아보도록 하겠다.

혼란을 다루는 비효율적 방법

1. 도피. 술과 마약은 혼란에서 해방시켜주는 일시적 수단이 되기도 한다. 어떤 이들은 사람들을 피해 은둔 생활로 도피하기도 한다. 사람들과 접촉하며 살기는 하지만 자신의 감정을 내보이지 않는 것도 일종의 도피다. 궁극적인 도피는 자살일 것이다.

2. **미룸.** 스칼렛 오하라는 "내일 일은 내일 생각할 거야"라며 미룬다. 이런 부류의 사람들은 하고 싶지 않거나 복잡한 일이 생길 때 담배를 피워 물거나 마냥 미룬다. 때로는 과식에 빠지기도 한다. 혼란은 아이자아에게는 고통스러운 일이다. 아이자아는 즉각적으로 기분 좋은 것, 즉 유아적인 만족을 추구한다. 마지막 남은 레몬파이를 먹는 것, 마음을 달래기 위해 담배를 피우는 것처럼 복잡하지 않다. 해야 할 일을 미루는 사람은 우유부단한데, 무엇을 하든지 늘 부모자아의 똑같은 요구가 따라다닌다. "더욱 열심히 해." 그런데 이런 부모자아의 메시지는 과제의 성취를 불가능하게 만든다. 그러다 보면 '이 일을 왜 해야 하지?' 내일 하면 되지 하고 미루며 그동안 아이자아나 충족시키자는 쪽으로 내적인 대화가 진행된다.

흡연과 혼란이 연관이 있다는 증거는 1984년 국립질병통계센터에 의해 보고되었다. 이 보고에 의하면 8개 주(캘리포니아, 플로리다, 루이지애나, 미시시피, 오리건, 텍사스, 워싱턴, 켄터키)에서 여성들의 폐암 사망률이 유방암을 능가했다. 이 보고서에 의하면, 남성 흡연은 감소하는 데 비해 여성 흡연은 증가하고 있다. 여성 흡연은 2차 대전 후에 급격히 증가했는데, 지금 알려진 것처럼 치명적인 결과를 가져오리라고는 예상하지 못했다. 남녀평등이 이루어진 현대에도 여성 흡연율은 줄지 않고 있는데, 스트레스, 혼란, 직장과 가사의 병행으로 인한 감정노동 등이 는 것과 관련이 있지 않을까?

시애틀에 있는 진로와 인생 계획 상담을 하는 개인발달센터의 설립자이며 《비범한 감각Uncommon Sense》의 저자인 모리스는 중학교에 들어갈 무렵이 되면 여학생들은 그때까지 가지고 있던 기대에 큰 혼란과 변화가 찾아온다는 사실을 말하고 있다.

1학년 학생들과 일하다 보면 신은 남녀에게 평등한 지적 능력을 주었다는 걸 실감한다. 초등학교는 여성들에 의해 소녀들을 위한 학교로 설계되었다. 이때 소녀들은 여성-OK라는 생각을 가진다. 얌전히 앉아 줄 사이를 색칠하며 선생님 말씀에 집중하는 아이는 칭찬받는다. 여학생들은 남학생에 비해 집중력이 길고 손가락 등의 작은 운동 협응 능력이 좋다. 여학생들은 6학년까지 칭찬을 듣는다. 이 시점까지 여학생들은 다소간 남학생들에 앞서 있다. 중학교 1학년 정도 되면 여학생들은 자신이 인간이 아니라는 사실을 발견한다. 그들은 소녀일 뿐이다. 상담하다 보면 이제 막 여성으로 출발하려는 중학생 소녀들에게서 이중적 메시지를 자주 보게 된다. 중학생쯤 되면 지도적인 한 사람이 되기보다 사랑받고 인기 있는 대상이 되는 게 더 중요해진다. 똑똑한 것도 좋지만 멋진 것이 더욱 좋다. 예외는 있지만 많은 여학생들이 자신의 능력을 심각하게 여기지 않는다. 만일 여자가 천부적인 재능을 발휘하지 않더라고 큰 문제가 되지 않는다.[21]

3. 촉진. 혼란과 직면하기 위해 정신 과정을 항진시키려는 시도이다. 과도하게 커피를 마시거나 단것을 찾으며, 줄담배를 피우고, 암피타민이나 코카인을 복용하는 사람들이 이 부류에 속한다. 중추신경 각성제를 복용하면 신체는 인위적으로 기능이 항진된다. 그러나 결국에는 인체에 손상을 가져오고, 인위적인 항진은 일시적 효과만 있을 뿐이다.

암피타민은 과잉행동을 하는 아이를 진정시키는 데 효과가 있다고 알려져 있다. 한 소아과 의사는 "마술적 발견이다. 모두가 놀랐다. 아이의 운동 속도는 점차 느려지고 제 감각을 찾았다. 나는 그들이 약 먹기 전에 쓴 글씨를 보았고 약을 먹은 후에 쓴 글씨를 보았다. 약을 먹은 후 그들은 글씨도 더 잘 쓰고 잠도 더 잘 잤다. 과잉행동을 하는 아이에게 페노바비탈 진정제를 주면 오히려 자극이 되고 이 자극이 진정시키는 역설적인 효과를 보였다."

흥분제가 과잉행동 아이를 진정시켰다면 무엇이 자극되고 진정된 것일까? 빠른 정신 과정이 혼란에서 벗어나게 한 걸까? 어른자아 기능이 향상되어 불안이 감소한 것일까?

인위적인 촉진제가 '명확한' 사고를 하게 만든다는 것은 추측해볼 수밖에 없다. 캘리포니아 디어파크에 있는 세인트헬레나 건강센터에서 커피 소비에 관한 필름을 본 적이 있는데, 미국에서는 매년 1,370억 잔의 커피가 소비된다고 한다. 매일 4억 잔인 셈이고 국민 한 사람당 1년에 4킬로그램이 넘는 커피원두를 소비하는 셈이다. 필름 내용은 몸집이 좋은 거미 한 마리가 거대한 거미줄을 엮고 있는 것으로 시작한다. 거미줄은 서로 대칭적이며 복잡한 기하학적 도형인데 우아한 모양이다. 디자인은 단순하지만 아주 복잡한 망이다. 그 거미에게 카페인을 투여했다. 거미에게 투여한 양은 커피 두 잔 정도였다. 잠시 후 거미를 다른 위치로 옮기자 거미는 거미줄을 엮기 시작했다. 거미줄 치는 속도는 빨랐지만 모양은 형편없었다. 거미는 힘은 있어 보였지만 설계는 엉망이었다. 거미가 이런 상태를 벗어나 예전처럼 다시 아름다운 형태의 거미줄을 짜기까지는 사흘이 걸렸다.

4. 수동성. 포기하고 양보하고 수동적이 되거나 '미치광이'가 되는 것은 혼란을 피하는 데 그런대로 효과적인 방법이다. 그러나 좋은 해결책이라고 볼 수는 없는데, 이런 수동성은 새로운 문제를 야기하기 때문

이다. 즉 애착 형성과 자존감 유지에 필요한 관계 형성에 장애가 된다. 어른자아가 부모자아의 불가능한 이중 메시지에 직면해 적응할 방법을 찾으려는 시도를 포기해버린다. "너는 네 인생을 알아서 책임져야 해. 자, 여기 방법이 있어." "승리해라! 공격적이지는 말고." "너도 알겠지만 너는 아주 똑똑해, 그런 멍청한 짓을 하다니!" "이리 와라, 지금 당장! 뛰지는 말고." 이러한 예문들은 ~하지 마라는 명령이 내면화되어 어떻게 불가능성이 되는지 보여준다.

수동적이 되겠다고 결정한 사람은 수동적인 방법만이 환경을 통제할수 있는 유일한 길이라고 허용한 것이다. 무행동nonbehavior이라 불리는 수동성은 '자아실현'적이 되도록 도우려는 사람을 좌절시키는데, 비합리적인 환경을 다루는 데 있어 이런 무행동은 당사자에게는 합리적인 것이다.

혼란을 다루는
효율적 방법

1. 생각한다. 이것은 생각하지 말라는 가르침을 내면화한 사람들을 위한 기본적인 처방이다. 들은 대로 말하고, 질문은 하지 마라, 너는 생각이 너무 많아, 너는 네가 누구라고 생각하니? 생각은 새로운 것을 생산하는 창조적인 작업이다. '생각할 수 없는 것'을 생각하는 것은 '불가능한 꿈을 꾸는 것'의 인지적 대응물이다. 부모들이 자녀들에게 주어야 할

가장 중요한 메시지는 다음과 같은 것들이다. (1) 너는 문제를 해결할 수 있다. (2) 너는 생각할 수 있다. (3) 너는 그것을 할 수 있다.

버크민스터 풀러는 7~8살 정도 되면 아이들은 주먹이냐 책이냐 두 가지 방법 중 하나로 문제를 해결한다고 보았다. 불안은 모르는 것이 아는 것보다 많은 상태다. 안다는 것은 지식 곧 언어를 말한다. "우리의 인간성은 복잡하며 상징적인 형태로 말할 수 있는 능력에 달려 있다"고 리처드 레스탁[22] 박사는 말했다. 책이 많은 집에서 자란 아이들은 그렇지 않은 아이들보다 복잡한 문제를 잘 헤쳐 나간다. '책을 찾아보는 것'은 긍정적인 행동이다. 그리고 일단 행동하면 혼란스런 감정은 없어진다. 그렇지만 감정으로는 문제를 해결하지 못한다.

1960년대의 비극 중 하나는 말초적 감각 세계로 도피한 것이다. 60년대의 히피족들은 "생각은 우리에게 맡겨라"는 사이비 종교의 희생양들이었다. 자신의 삶을 누구에겐가 맡길 때 황홀경을 경험할 수 있지만 위험이 따른다. 문제는 생각함으로써 해결되지 황홀감으로 해결되는 게 아니다. 발달 초기에 어떤 조건화에 빠지든 사람은 생각하는 법을 배운다. 우리는 읽고 쓰고 해석할 수 있으며, 평범한 사람들도 비범한 꿈을 가지고 행동할 수 있다. 새뮤얼 존슨의 어렸을 적 스승은 톰 브라운이라는 제화공인데 철자 교본을 만들었다. 포부를 크게 가지는 게 작은 포부를 가지는 것보다 비용이 더 드는 것은 아니다.

2. 말한다. 우리는 말할 수 있기 때문에 타인에게 도움을 받을 수 있다. 두 사람의 머리가 모이면 한 사람 머리보다 낫다. 말하는 것은 혼란을 객관화하는 데 도움이 될 뿐만 아니라 어루만짐도 얻게 한다. 말은 다른 사람의 혼란을 가려내는 데에도 도움이 된다. 만일 말하고 싶은 뜻

을 말로 할 수 없다면, 당신이 뭘 말하고 싶은지 알지 못할 수도 있다. 우리가 느끼는 혼란을 말로 표현하는 데 엄청난 노력이 들기도 한다. 대화를 하면 자신을 외부에 놓아야 하고, 현실성을 검증하게 된다. 자신에게 귀 기울이고 다른 사람의 반응을 끌어내라.

3. **명료화를 요청한다.** 만일 누군가를 이해하기 어려우면 질문을 하는 게 좋다. 설명이 분명치 않으면 불분명하다고 말하라. 정직하게 정보를 탐색하고 혼란을 없애기 위해서는 실문을 반복하는 깃도 피하지 말아야 한다. 의문이 들 때마다 두려워하지 않고 질문을 했다면 결혼 생활에서나 수업 중에, 또는 많은 세상일에서 오해가 없었을 것을! 사람들은 어리석어 보일까봐 잘 이해가 되지 않는 점에 대해서도 묻지 않고 그냥 넘어갈 때가 있다. 그러나 질문하지 않는 것이야말로 어리석은 것이다.

4. **글로 쓴다.** 혼란스런 생각들은 글로 써보면 좀 더 객관화할 수 있다. 우리는 구입해야 할 식품 목록, 크리스마스 선물, 해야 할 일들에 대한 목록을 작성한다. 왜 생각을 위한 목록은 없는가? 곤란한 문제에 직면해 앞이 막막할 때 가능한 선택들을 목록으로 만들어 비교해보면 도움이 된다. 어떤 힘든 일 앞에서도 장점만 있는 선택지나 단점만 있는 선택지가 있으면 결정은 간단해진다. 그러나 보는 방향에 따라 장점도 있고 단점도 있는 딜레마에 처하면 결정은 어려워진다. 그럴 때는 어려움을 비교해보고 비교적 덜 힘든 일을 택하게 된다.

갈등을 검토하는 또 한 가지 방법은 양쪽의 긍정적인 것들을 적어보는 것이다. 모두 열거해보고 두 입장을 모두 시도해본다. 이때 양쪽에서 최선의 것들을 찾아본다. 두 남자 사이에서 결정하지 못하는 여성은 두 남자를 동시에 만나면서 각각의 긍정적인 점을 찾아보려고 노력한다. 온 마음을 다해 결정을 내렸다면 그럴 만한 증거가 있을 것이다. 한 남자가 최선을 다하는데도 매력적이지 못할 때 다른 남자를 선택한다. 마음을 못 정한다면 내 마음이 완전히 열리지 않은 것이며 그런 관계는 미래가 없다. 이런 접근 방법은 문제점을 비교하는 방법보다 보물을 발견하는 듯한 경이로움을 얻기 쉽다.

5. 전문가를 찾아간다. 우리에게는 전문가가 필요하다. 전문가가 우리보다 훌륭해서라기보다 그들이 필요한 정보를 가지고 있기 때문이다. 전문가에게서 배워서 우리도 자신을 위한 전문가가 될 수 있다. 초기에는 선생이 필요하다. 우리의 일생은 배움의 과정으로서, 평생 선생이 필요하다. 회계사나 변호사, 그리고 심리치료사들이다. 도움을 요청하는 것은 약하다는 신호가 아니라 현명함이다. 누구도 필요치 않은 사람과 함께 있는 것만큼 힘든 일도 없을 것이다.

6. 정밀을 기한다. 정확한 시계, 달력, 온도계, 조율된 피아노, 안경 등은 혼란을 줄이기 위해 사용되는 도구들이다. 자동차 계기판은 운전자에게 각종 정보를 알려준다. 계기판이 중요한 것은 운전자에게 온도가 상승하고, 기름이 떨어졌다는 것을 그때그때 알려주기 때문이다. 이런 정보로 운전자는 문제가 발생하기 전에 무엇을 해야 할지 안다.

정확을 기해서 마음을 편하게 해주는 것으로 디지털 시계를 들 수 있다. 디지털 시계는 현재의 정확한 시간과 예정된 시간도 알려준다. 하지만 아날로그 시계 같은 세밀한 정보를 주지는 않는다.

7. 근본적인 결정을 내린다. 근본적인 결정을 내리면 매일매일 반복되는 작은 결정들은 필요 없어진다. 예를 들어 수녀원에 들어가기로 결정한 여자는 더 이상 최신 유행을 따를 필요를 느끼지 않을 것이다. 인생

의 한 부분에서 단순함을 성취한 것이다. 시골에 내려가 농사를 짓겠다고 결정한 부부는 아파트 값이 올라가는 것을 걱정할 필요가 없다. 마찬가지로 진실해지기로 결심한 사람은 자신이 정직하게 말한 사실에 대해 걱정하지 말아야 한다.

8. 불확실성을 수용한다. 혼란을 감소시킬 수는 있지만 불확실함을 제거할 수는 없다. 내면이든 외부세계든 우리는 궁극적으로는 인생의 불가사의를 이해할 수 없다. 효과적으로 사고하는 방법을 모르는 사람들이 생각을 대신 해줄 권위자를 갈망하는 것은 이해할 만하다. 하비 콕스Harvey Cox는 권위적인 종교를 따르려는 젊은이들에 대해 다음과 같이 말했다.

흑과 백처럼 분명한 세상, 분규가 없는 세상을 희망하는 사람들에게 지지를 보낼 수 있다. 그러나 그러한 세상은 결국 이루어질 수 없을 거라는 걸 알게 될 것이다.

절대적인 종교적, 도덕적 권위를 갈망하는 이들은 부모, 학교, 직장에서 상처를 받는다. 이들은 의사결정 능력을 발휘하도록 격려받은 적이 없다. 하지만 성숙해지기 위해서 궁극적으로 필요한 일은 그들의 문제를 해결해줄 더 완벽한 스승이다.[23]

사람들에게 '자신의 의사결정 능력을 발휘'하여 삶의 모험을 헤쳐 나가고, 서로 손을 잡고 다른 용감한 영혼들과 협력하여 의미와 기쁨을 열정적으로 추구하라고 격려하고 싶다. 그렇게 하기 위해서는 완전한 인간이 되어야 하며, 우리는 바로 그렇게 창조되었다.

6장

—

어른자아의 보호와
부모자아의 보호

세 칸으로 된 만화가 있다. 첫째 칸: 분만실 장면. 아기가 막 태어났다. 둘째 칸: 의사가 아기의 두 다리를 들고 첫 호흡을 위해 엉덩이를 때리고 있다. 셋째 칸: 아직 대롱대롱 매달려 있는 아기가 의사의 턱을 어퍼컷으로 올려치고 있다.

어린 소년의 시대가 언젠가 오겠지만 분만실에서는 아니며 몇 년 내에 오는 것도 아니다. 우리도 마찬가지였다. 우리는 산부인과의 도움으로 세상에 왔다. 우리에게는 몇 가지 보호장치가 있다. 면역력, 놀람 반응, 젖을 빨 수 있는 근육, 그리고 도움을 구하는 능력. 갓 태어난 아기들 중에는 추운 밤 쓰레기통에 버려져서도 놀라운 생명력으로 살아남는 경우가 있다. 다른 종들에 비교해 신생아는 아주 취약하고 생존을 위해 다른 사람들에게 전적으로 의존해야 한다. 어린 시절 죽음에서 우리를 지켜준 방법 대부분은 우리를 보호해준 부모들로부터 경험된 것들이다. 생명 자체가 위태로울 때 우리를 지켜주느라 보호하기 위한 금지들은 가혹함과 정서적인 부담으로서 경험되곤 한다. 작은 여자아이가 새로 산 세발자전 거를 신나게 타고 있다. 아이의 등 뒤로 짐을 가득 실은 큰 트럭이 달려 온다. 깜짝 놀란 부모는 자동적으로 행동이 나온다. 부모의 외침은 아이 에게 무시무시한 정서적 충격을 안겨주고 동시에 아이의 몸은 난폭하게 길 밖으로 밀쳐진다. 부모가 자신을 사랑한다는 걸 어떻게 알 것인가? 아이가 경험하고 기록한 것은 부모의 분노와 자신의 공포이다.

난로에 가까이 가지 마라. 길가에서 놀지 마라. 씻지 않은 음식은 먹지 마라. 낯선 사람과는 말을 하지 마라. 어떤 나이와 장소, 시대에서는 설 득력이 있던 이러한 지시사항의 목록들에는 전혀 이성적이지 않은 미신 들이 첨가될 수 있다. 사다리 아래로 가지 마라. 금을 밟지 마라, 안 그러 면 엄마의 등이 다친다 등등.

이런 금지사항을 머릿속에 담아놓고―수정하거나 시험해보지 않 고―평생을 살게 되면 어떤 일이 벌어질까? 차가운 음식도 덥혀 먹을 생 각을 안 하고, 화창한 날에도 집에만 있거나, 냉동 포장 식품을 씻어 먹 고, 직계가족 외에 모든 사람을 이상하게 여겨 친구를 사귀지 않게 된 다. 이런 사람이 있다면 당연히 이상한 사람으로 보일 것이다. 그리고 다 행히도 많은 사람들이 한때 필수적이었던 어린 시절의 규칙에 절대적 복 종을 하지는 않는다.

어린 시절의 보호 형태는 새롭게 변화한다. 얼마나 새로워지는지는 논 란이 있는 질문이다. 스트레스 상황에서는 늘 보호가 필요하다. 이때 사 람들은 어린 시절에 학습된 보호 형태로 퇴행하는 경향이 있다. 즉 부모 자아의 보호를 요청하는 것이다. 부모자아의 보호는 사람마다 다르지만 일반적으로 다음과 같은 방식을 따른다.

사람들과 분리시키는
부모자아의 보호

철회

철회는 어린 시절에 들었던 경고에서 배운 부모자아의 보호이다. 철회에는 여러 가지 형태가 있다. 개입하지 마라. 고속도로에서 사고를 당한 사람을 지나치면서 의사가 생각한다. 그들은 너를 고소할지도 모른다. 개입하지 마라. 아파트단지 공원에서 어떤 여자가 죽도록 매맞는 것을 보고 사람들은 생각한다. 개입하지 마라. 마약 거래를 하는 친구를 걱정해 다른 사람에게 말해야 하나 말아야 하나 고민하는 딸에게 엄마가 충고한다. 이러한 사람들은 남의 일에 개입하는 것을 두려워할 뿐만 아니라 '현명'하고 두려운 내면의 부모자아에 복종하지 않는 것을 두려워한다. 이런 종류의 철회는 일반적으로 조심성 많은 부모의 가르침에 의한 것이다. 이들은 조심성으로 가득 차 있고, 정보가 부족하며, 잘 놀라고, 자주 위축되곤 한다.

의도적인 무관심은 부정적인 방식으로 주장된다. "왜 내가 그래야 해?" 하고 다른 사람의 고통에 대해 무정한 방관자는 항변한다. 다른 종류의 철회로는 수줍음이라고 부르는 무주장이 있다. 일반적으로 수줍음을 타는 사람들의 기획은 깨질 듯 약한 이미지를 주어 다른 사람이 공격하지 못하게 하는 것이다. 이들은 '예민한' 소년, '소중한' 소녀들로 간주된다. 그들은 '사랑 많은 어머니들'과 '적십자 간호사들'의 돌봄을 받게 되며 힘든 일에서 면제받는다.

수동성은 다른 사람들에게 책임을 '강요'함으로써 통제하는 무개입의 한 방식이다. 수동성은 청소년이 부모와의 관계에서 통제에 반항하는 한 방식으로 자주 사용된다. 몇 해 전 출판된 어떤 책의 제목은 이랬다. 어디 갔었니? 밖에요. 뭘 했니? 아무것도 안 했어요. 이러한 교류는 그나마 대답을 들었다는 점에서 침묵보다는 반응이 있었다고 볼 수 있다.

수동성은 강력한 보호 형태이지만 타인으로부터 자신을 격리시키며 어루만짐의 원천을 차단한다. 완전히 위축된 사람은 외부의 위협으로부터는 보호받지만 어루만짐의 기아 상태에 있게 된다.

협박

또 다른 학습된 보호는 적대감, 거친 태도, 고함 소리, 격렬한 분노 등의 협박이다. "아무도 나한테 가까이 오지 마!" 놀이터의 골목대장이나 교도소 안의 두목은 거친 태도로 자신을 보호한다. 나를 건드리면 가만 안 둘 테다! 아이들은 그들이 본 것으로부터 배운다. 호전적인 말투와 주먹으로 문제를 해결하는 부모들은 폭력적인 해결책을 가르친다. 거친 태도는 자식에게 전수되고 그에 따르는 보상도 있다. "우리 아이를 봐. 아무도 그 애한테는 얼씬대지 못할걸" 하고 아버지는 큰 주먹을 보이며 자랑스레 말한다.

몇 년 전 남부 스웨덴에서 겪은 일이다. 머리는 더부룩하고 무릎을 가죽으로 덧댄 바지를 입은 여섯 살짜리 소년이 권투 연습이라도 하듯 꽉 쥔 주먹을 허공에 쳐대며 우리에게 인사말을 했다. "왼쪽 주먹 냄새를 맡고 오른쪽 주먹 맛을 보세요." 알고 보니 그 아이는 매력적이고 자기를 보호하는 데 있어 기발한 아이였다. 그 아이는 일단 자기를 보호하는 능력이 확실해지면 적대적이지 않았다. 그의 행동은 학습된 것이다. '사나이'인 그의 아버지는 아이가 자신의 주먹을 울릴 때 자랑스럽게 웃었다. 그런 다음에는 외국 사람에게는 정중하게 악수를 해야 한다고 타일렀다.

어떤 사람들은 늘 적대적이다. 자기보호의 방법이 이제 고질적인 습관이 되어 다른 사람들에게 심술쟁이, 구두쇠, 깡패로 비쳐진다. 어떤 사람들에게 가까이 오지 말라고 말해왔기 때문에 정말 외롭다. 협박으로 이기는 사람도 있지만 그러나 그들이 친구를 얻게 되는 깃은 아니다.

주지화

주지화는 학습된 보호 방법으로서, 다른 사람들의 말을 무시하고 무응답으로 대응함으로써 사람들이 가까이 오지 못하도록 한다.

그녀, 반한 표정으로: 나는 당신이 크리스마스 장식을 달면서 올려다볼 때의 눈이 정말로 좋아.

그: 그렇게 말하니 재미있네. 내가 막 읽은 기사에 보면 사람들이 기쁜 일을 기대하거나 옛날 일을 떠올릴 때 눈동자가 커진대. 내가 봐도 사람들이 그런 것 같아.

그녀: 내 말은 당신이 어린 소년처럼 보일 때 사랑스럽다는 뜻이야.

그: 왜 당신은 하고 싶은 말을 하지 않아? 내가 막 읽은······.

또 다른 예:

여자: 네가 월요일에 전화 준 게 나한테 얼마나 의미가 있는지 말하려

고 전화했어. 그때 난 우울했는데 네 덕분에 가벼워졌어.

친구: 그 말을 들으니 반갑네. 난 친구들한테 전화하려고 월요일 아침을 비워둬. 그럼 일주일 동안 방해받지 않을 수 있거든. 시간 배분을 잘하는 게 내 인생을 책임지는 비밀이야.

다른 예 하나:

그: 사랑해.

그녀: 사랑이 뭔데?

의례

개인적인 것이든 공동의 것이든 의례는 사회적으로 동의한 행동들로서 강력한 보호이다. 프로 권투를 할 때 애국가가 연주되는 동안 경쟁심을 자제하는 것처럼 대화 도중에 이루어지는 의례로는 담배를 피워 무는 행동이 있다. 담배에 불을 붙이면서 시간을 끌고 개인적인 질문에 대한 답을 늦추거나 피하는 것이다.

또 다른 보호적 의례로 안경을 벗는 것이 있다. 안경을 쓴 강연자가 안경을 벗는 것은 다음과 같은 부담을 털어버리고 싶다는 신호이다. (1) 두려워한다(그래서 청중의 얼굴을 똑바로 볼 수 없다). (2) 확신이 없다(말하는 내용을 잘 알지 못한다). (3) 당황스럽다(교회에서 여성들과 세미나를 하던 강연자는 두 번 안경을 벗었는데, 한 번은 기도에 대해서 이야기하려고 할 때 또 한 번은 성sex에 대해서 이야기하려 할 때였다). 안경을 벗는 것은 어린 시절 여러 차례의 반복을 거쳐 기록된 정서적으로 깊게 각인된 이미지인

'무시무시한 장면'을 보지 않는 확실한 방법이다.

진지한 대화 도중에 재떨이를 닦는다거나 그림을 똑바로 건다거나 하는 등의 깔끔 떠는 행동도 보호 의례이다. 친밀감을 피하기 위해 섹스를 하는 것과 마찬가지로 껴안는 행동도 눈을 피하기 위한 의례가 될 수 있다. 휴일과 생일도 보호 의례가 될 수 있다. 당연히 당신은 서로서로 잘 해야 한다. 오늘은 그의 생일이니까!

위에서 언급한 철회, 협박, 주지화, 의례는 다른 사람들로부터 우리를 보호한다. 문제는 그것들이 우리에게 어루만짐의 기회를 앗아간다는 것이다. 어루만짐은 사람들로부터 오며, 우리의 보호를 위해 밀어낸 그들로부터 온다. 이런 방식의 삶은 입구가 막혀 물자가 공급되지 못하는 성안에서 사는 것과 마찬가지다. 우리는 이런 방식으로는 삶을 지속하지 못한다. 그러면서도 사람들은 사나운 모습 뒤에 점점 줄어드는 삶의 보물들을 묻어놓은 채 세상에서 사랑이 부족하다고 저주를 퍼부으면서 살아가고 있다.

어루만짐을 주는
어른자아의 보호

우리가 독립성을 길러주는 게 중요하다고 생각하는 부모들의 돌봄을 받았다면, 아주 꼬마였을 때 앞의 4가지 보호 방식과는 다른 보호법을 배웠을지도 모른다. 그러나 최초의 검증되지 않은 보호적인 행동은 앞에서와 같은 방법들이다. 우리는 엉덩이 매로부터 도망가거나 아줌마의 끈끈한 뽀뽀를 피하면서 **철회**의 효과를 경험하고 기록했다. 누이동생을 괴롭히면서 **협박**의 효과도 경험했다. 또 원치 않는 일을 피하려 할 때 '논리적'으로 설명함으로써 주지화의 효과를 경험했다. 즉 "남자는 아빠에게 뽀뽀하지 않아. 엄마에게만 해. 계집애같이 왜 그래!" 등의 말로써 주지화를 배운다. 크리스마스이브라서 꾸중 들을 일을 모면하면서 의례의 효과도 경험했다.

다음에 다루는 어른자아의 행동들은 사람들을 밀어내지 않고도 우리를 보호한다. 유감스럽지만 부모자아의 보호는 일반적으로 우리와 다른 사람들 사이에 간격을 만들면서 안전판을 제공한다. 우리에게 필요한 것은 사람들을 잃지 않으면서 삶에서 사람들의 어루만짐을 공급받으며 아이자아를 보호하는 것이다.

눈맞춤

십대 때 심한 여드름으로 고생한 여성이 있었다. 매주 그녀는 피부과 의사를 찾아가 엑스레이 치료를 받았다. 당시에는 그것이 일반적이었고 어느 정도 효과가 있었지만 안전하지 않은 치료였다. 여드름은 다소 개선되었지만 눈 주변을 제외하고 얼굴이 햇볕에 그을린 모습이 되었다. 눈 주변은 보호대를 착용해 하얗게 남아 있었다. 그녀는 인내심이 많았지만 자신의 얼굴에 대해 의식하지 않을 수 없었고 당황스러웠다. 마침내 어느 날 오후 그녀는 의사와 면담 중에 눈물을 쏟고 말았다. 그녀가 처한 곤경에 깊이 공감한 의사는 그녀를 앉혀놓고 마음에 새길 충고를 해주었다. "이것은 당신이 꼭 해야만 하는 일입니다. 다른 사람들과 말할 때는 상대방 눈을 똑바로 바라봅니다. 사람들의 눈을 보게 되면 그들도 당신의 눈을 보게 되고 얼굴을 보지 않게 됩니다. 그러면 당신은 얼굴이 어떻게 보일지 걱정하지 않을 수 있습니다."

그녀는 노력했고 그가 말한 대로 되었다. 지금도 그녀는 사람들을 똑바로 바라보아서 가끔은 시선을 돌리는 노력을 해야 한다. 이 필요성을 특별히 의식하게 된 것은 외국인들 중에는 눈을 마주 보는 것이 결례이고 가장 사적인 부분을 침해하는 것으로 여기기도 한다는 사실을 알게 되었기 때문이다.

눈맞춤이 보호 역할을 하는 한 가지 이유는 눈을 맞춤으로써 지금 여기에 머무를 수 있게 하기 때문이다. 일반적으로 공포감은 오래된 부모자아의 지시와 오래된 아이자아의 공포가 촉발되어 현재에 나타나는 것이다. 이런 두려움은 피하려고 하면 더 커진다. 다른 사람의 눈에 초점을 맞추면 지금 이 순간으로 돌아올 수 있고 해묵은 공포는 대체로 작동을 멈춘다.

주의집중

눈맞춤뿐 아니라, 보는 것은 일반적으로 보호에 필요하다. 우리는 다른 사람의 얼굴 표정과 신체언어, 그리고 이 둘의 변화를 알아차림으로써 상황을 파악한다. 보는 데 있어 요구되는 한 가지는 내적인 대화를 무시하는 것이다. 그렇게 함으로써 상대방에게 완전히 주의를 집중할 수 있다. 때로는 바라봄으로써 어떤 사람이 부모자아 상태인지, 어른자아 상태인지, 아이자아 상태인지 알아낼 수 있다. 만일 어떤 사람의 얼굴이 '개방' 상태에서 '폐쇄' 상태로 변한다면, 근육조직이 굳고 딱딱해진다면, 부모자아에게 걸리는 어떤 일이 발생했다는 증거이다. 그것은 마치 그를 보호하는 갑옷에서 얼굴 가리개가 떨어져나간 것과 같다. 그러면 다음에 뭘 할지 결정하는 데 도움이 되는 정보를 갖게 된다. 누군가의 어른자아가 사라졌을 때는 비즈니스 협상이 어려워진다. 이럴 때는 그의 어른자아가 돌아오거나 부모자아가 가라앉는 방법에 관심을 기울일 필요가 있다. 이 방법에 대해서는 12장에서 논의할 것이다. 우리가 하기에 따라 최소한 처음 부모자아에게 걸렸던 일을 반복하는 것은 피할 수 있다. 또는 그게 우리의 말이나 행동이 아니었다면, 우리는 그게 무엇인지 밝혀낼 수 있다. 그러나 항상 그 이유를 알게 되지는 않는다.

우리는 또한 청각과 후각, 촉각 등의 감각과 직관적 예감을 통해 사람이 어떻게 느끼는지 읽을 수 있다. 우리가 깨어 있을 때, 공포나 슬픔의 신호를 포착할 수 있다. 우리는 "모든 일이 다 좋아" 하는 즐거운 말들로 속일 때 목소리에서 미세한 균열을 느낄 수 있다. 손의 떨림도 볼 수 있다. 의사들은 환자들의 손을 보는 것만으로도 많은 것을 알아낸다. 우리도 찬찬히 보고 관찰함으로써 똑같이 할 수 있다. 떨고, 비비 꼬고, 반지를 만지작거리고, 손톱을 물어뜯고, 손을 깍지 끼고 하는 등의 손의 움직임에 덧붙여 손의 상태도 볼 수 있다. 부드러운가, 로션을 발랐는가, 손이 거친가, 손톱이 창백한가 핑크빛인가, 손을 꽉 쥐었나 풀어놓았나 등. 많은 책들에서 신체언어에 대해 다루고 있어 관찰한 것을 해석하는 데 도움을 받을 수 있다. 그러나 우리 추측의 대부분은 직관에서 온다. 살펴보기만 한다면 말이다!

관찰은 누군가의 상처에 소금을 뿌려 문제를 악화시키는 실수를 방지한다. 만일 아이들을 향한 감정 폭발을 피하고 싶다면, 부모자아, 어른자아, 아이자아 중 '그들이 어느 상태에 있나'를 알아차리는 것이 중요하다. 그럼으로써 대화를 중단시키는 교차 교류로부터 우리 자신을 보호할 수 있다. 붉은 깃발을 흔들지 않음으로써 누군가의 부모자아로부터 자신을 보호하게 된다. 사람들을 보고 읽고 관찰하다 보면 어떤 붉은 깃발이 어떤 사람들을 선동하는지 알게 될 것이다. 예컨대 평화로운 해결책이란 개인적인 경험에 따라 사람마다 다르다. 모든 사람이 원하는 평화를 제시한다는 말은 이성적인 말 같다. 그러나 누군가가 평화를 위한 탄원서에 서명을 받는다면 베트남 참전 용사는 신학대학 재학생과는 다른 반응을 보일 것이다.

사람을 읽는 데에도 타이밍이 중요하다. 연봉을 올려달라고 말하고 싶은데 상사의 기분이 안 좋아 보이면 우리는 아마 인상 요청 시기를 연기할 것이다. 부탁하기 좋은 때는 식사를 기분 좋게 하고 난 후라고 한다. 이때 우리가 도움을 청하고자 하는 사람은 배를 채워 아이자아가 만족해 있기 때문이다. 다이어트 결심을 깨고 마구 먹어댄 후 내적인 처벌을 주고 있는 과정이 아니라면 말이다.

좋은 결혼에는 배우자의 마음 상태에 대한 민감성이 요구된다. 만일 배우자가 실직하여 근심 걱정에 싸여 있는데 집에 페인트칠을 해야 한다고 불평한다면 둘의 관계는 따뜻할 수 없다. 우리는 봄seeing으로써 우리 자신뿐 아니라 사랑하는 사람들, 심지어 사랑하지 않는 사람들까지도 보호한다.

예측

어른자아의 기능 중 하나는 가능성을 예측하고 추측하는 것이다. 이것은 판단에 꼭 필요한 것은 아니다. 치료집단에서 한 여성이 남편이 그녀를 속여온 것 같다고 말했다. 그 일은 4년 전 크리스마스 휴가를 함께 보낸 가족의 친구인 여성을 남편이 만나면서 시작되었다. 여름에 사건이 들통 나면서 관계는 끝났다. 늘 우울감이 감돌던 다음 크리스마스 휴가 기간이 될 때까지는 모든 일이 순조로웠다. 그리고 남편이 회사 크리스마스 파티에서 여자와 놀아났다는 소식이 들려왔다. 가족이 산속으로 여름 바캉스를 떠날 때쯤에는 그 불륜 관계도 희미해지는 듯했다. 4년 동안 이와 똑같은 일이 반복되었다.

치료집단에서 그녀는 눈물을 흘리며 말했다. "이제 남편을 그냥 믿을 수 없게 되었어요." 집단의 다른 참가자가 반응을 보였다. "당신이 말하는 의미는 남편을 믿을 수 없다는 건가요? 그 말은 해마다 남편이 크리스마스에 부정한 일을 저지르고 여름이면 끝내는 사람이라고 신뢰한다는 말처럼 들리는데요." 그 관찰은 진실의 종을 울렸고, 그 여성은 불행했음에도 웃음을 터트렸다. "당신 말이 맞아요. 그 사실을 가지고 작업해야겠네요."

현실은 극도로 불편할지라도 우리가 앞날을 예측할 수 있게 도움을 주며 상황이 우리를 덮치기를 무력하게 기다리는 대신에 뭔가 할 수 있도록 결정하는 기반을 제공한다.

한 고등학교 3학년 학생이 좋아하는 선생님에게 기관지염에 걸려서 대학에 등록하기 위한 여행을 취소해야겠다고 이야기한다. 현명하고 사랑이 넘치는 선생님은 "잭, 너는 앞으로의 인생 내내 기관지염에 걸려 살아갈 수도 있어." 상호간에 눈빛이 교환되었고, 학생은 "좋아요, 가겠어요"라고 말했다. 그 학생은 나중에 서부에 있는 큰 대학 인류학과의 학과장이 되었다.

우리는 살아가면서 사람들에 대한 신뢰지수를 구축할 수 있다. 회의에 항상 15분 정도 늦는 사람이 있는가? 그러면 그 사람에게 기다리는 사람에게 예의가 아니지 않냐고 말해볼 수도 있고 나도 15분 늦게 도착할 수도 있다. 우리에게는 선택의 기회가 있다. 추측은 또한 누구를 신뢰해야 할지 아는 데 도움이 된다. 신뢰는 맹목적일 필요가 없다. 새로 사귄 친구에게 비밀을 털어놓으며 "당신을 믿어야 할지 모르겠지만……"이라는 단서를 붙일 수도 있다. 신뢰에는 알지 못하는 요소가 포함되어 있지만 이미 확보한 증거들을 가지고 추측하면 불확실성은 상당히 감소된다. 누가 당신에게 "아무에게도 말하지 않기로 약속한 이야기인데, 네게만 말할게"라며 이야기한다면 그 사람은 당신의 비밀도 지키지 않을 거라고 추측할 수 있다.

예감이나 느낌은 예측하는 데 사용되는 단서들이다. 때로는 사람들은 우리가 부지불식간에 받아들이는 메시지를 내보내기도 한다. 미묘한 얼굴 표정이나 목소리의 억양 같은 것이다. 아이자아는 직감적으로 이러한 메시지들을 감지한다. 우리는 이것을 노트해놓을 만큼 현명하다. 우리는 판단할 필요가 없다. 하지만 예측을 위해 이러한 자료를 정보로 저장해놓을 수 있다. "이 느낌은 좋지 않아"는 주의할 만한 가치가 있는 경고 신호이다.

대안

안 되는 일들이 있다. 때로는 최선의 계획도 실패한다. 우리는 자신에게 위험을 감수하는 것뿐만 아니라 실패도 허용할 필요가 있다. 실패는 어른자아의 보호라는 대안을 가지고 있다면 치명적이지 않다. 선택권을 획득하는 방법 중에는 직업 외에 부업을 갖고, '만일 어떤 일이 발생한다면' 하고 사태에 대비하는 것이다. 일이 잘 돌아갈 때는 앞날에 대한 생각을 자유롭게 하고 직장 구하기가 힘들거나 은퇴 등 일이 잘 돌아가지 않을 때를 대비한다. 돈을 분산투자하듯이 시간과 생각도 다양하게 투자하는 게 중요하다. A 계획이 실패하면 B, C, D의 계획이 있어야 한다. 이 장에서 설명한 보호 목록을 개발한 봅 밀러Bob Miller는 그중에서도 대안이 가장 중요하다고 강조했다.

열심히 노력하겠다고 다짐하면서 한편으로는 실패할 경우를 대비해 다른 가능성을 열어둔다. 대안을 모색한다고 해서 '지금 하는 일에 열의가 식은 것'은 아니다. 문제를 해결하고 목표에 도달하기 위해 여러 가지 방법이 필요한 것처럼 살아가는 데 있어서도 다양한 사람들이 필요하다. '사람들'에 대한 선택권은 나중에 다룰 것이다.

계약은
또다른 보호장치이다

법적, 사회적, 경제적 시스템에 따른 계약은 상호적인 기대를 진술한 것이다. 결혼과 양육, 우정에 대한 계약에는 개인적 책임 또한 필요하다. 계약은 개인적 관계에 적용하기에는 딱딱한 듯하지만 더 나은 단어를 찾기도 어렵다. 십대인 하이디는 어느 날 '자동 속박' 상태라는 계약이란 말을 전혀 좋아하지 않는다고 말했다. 당시 그 아이에게 있어 계약이란 일방적인 것인 듯했고 아마 그 말이 맞을 것이다. 어린아이 입장에서 계약은 부모의 요구가 무거운 부담을 주는 것이다. 부모는 궁극적으로 법적·재정적 책임을 지고 자식은 현실적으로 부모에게 의존해야 하기 때문이다. 그렇더라도 다음의 요건을 갖춘다면 계약이란 좋은 개념이다.

1. 계약은 일방적이 아니다. 쌍방은 상호 기대를 분명히 표현함으로써 양쪽 모두에게 이롭다는 이해에 동의함을 토대로 삼아야 한다.

2. 계약에는 쌍방의 아이자아를 위한 것이 포함된다. 함께 일한다는 동의는 눈에 보이는 보상이 있을 때만 지속된다. 집안일이 가족 구성원에게 공정하게 분배되면 그 보상은 정갈함과 질서, 그리고 규칙을 위반해 듣게 되는 끝없는 잔소리를 듣지 않게 되는 것이다. 아이들을 위한 보상은 엄마 아빠가 즐거워져 자신들을 더 이상 괴롭히지 않게 되는 것이다. 잘한 일에 대한 어루만짐도 보상이다.

3. 계약은 어른자아와 어른자아 사이에 이루어진다. 감정적일 때 즉 아이자아 대 아이자아 사이에서는 계약이 잘 이루어지지 않는다. 아이자아는 충동적이고 결과를 염두에 두지 않고 늘 현실로 존재하는 부모자아에 대해 특별히 관심을 두지 않는다. 부모자아를 이해하는 것과 그것을 지워버리는 것은 다르다. 부모자아가 촉발되면 사후에 부모자아는 우리를 무자비하게 후려칠 수 있다.

이러한 점에서 사람들이 싸워야만 하는 4가지 부모자아가 있다. (1) 당신의 부모자아. 모든 일이 끝난 후 월요일 아침 당신의 양심은 어떠할까? 당신은 이에 대비했는가? (2) 그 또는 그녀의 부모자아. 월요일 아침 당신의 정부(情婦)는 당신에 대해 어떻게 생각할까? 그 또는 그녀는 당신을 쉽게 보고 부도덕하다고 여길까, 아니면 싸구려라고 여길까, 당신을 밀어냈을까? (3) 일반 사람들의 부모자아. 즉 사회의 부모자아. 동료, 이웃, 친구들, 또는 정부의 배우자. (4) 미래의 부모자아. 당신이 혹시 상원의원에 출마하면 비난자들이 거리로 쏟아져 나올 것이며, 결국 모든 일이 들통날 것이다. 아이자아는 이러한 질문들에 그닥 관심을 기울이지 않는다. 그러므로 아이자아의 충동적 행동을 가장 잘 보호하는 것은 분명하게 생각하는 어른자아이다. 어른자아는 우리 자신과 타인의 부모자아, 어른자아, 아이자아 전체를 고려한다. 어른자아는 또한 어떤 것이 도덕적으로 옳은지 고려한다. 부모자아로부터 벗어난다는 것은 윤리적 요구를 멀리하는 게 아니다. 부모가 도덕적이라고 믿는 것은 우리가 수용하든 거부하든, 우리 책임이 아니다. 결국 우리가 '배워야 할' 것은 어른자아의 일이지 부모에게 맹목적으로 순응하는 게 아니다.[24]

4. 계약은 대등한 것이다. 서로 이득이 되면 계약이 유지되고 서로 손해를 보면 계약은 유지되지 않는다. 동의한 것을 어기게 되면 손실을 감수할 수밖에 없다는 사실을 이해하는 것은 책임 있게 참여할 수 있는 강력한 동기가 된다. 좋은 예로 많은 가정에서 중요하게 여기는 돈 관리 문제를 들 수 있다. 가족 내에서 한 사람이 혼자 책임을 지고 회계를 맡고 있다면, 돈에 대한 이야기는 다른 가족들에게 뭔가를 박탈하는 소리로 들릴 것이다. 예를 들어 "유행이 지났다면서 새 코트를 사달라는 말이니? 그건 안 돼. 내가 네 나이였을 때는……" 같은 말이다.

거절하고 비난하는 말 뒤에는 두려움이 깔려 있다. 만일 아버지가 돈을 관리하고 혼자 걱정을 떠안고 있다면 자동차보험이 끝나가고 돈이 바닥이 나고 있는 걸 알고 있는 사람은 아버지 혼자뿐이다. 주택 대출을

갚지 못해 집을 팔아야 하는 지경이라면 그 걱정으로 위경련이 온다. 자신이 위경련 환자라는 사실도 자신만 알고 있다. 누가 그에게 경고음을 울려대고 있을까? 그의 부모자아일까? "남자는 돈을 벌어야 하고 가정을 책임져야 한다. 여자는 돈을 펑펑 써서는 안 된다. 아이들도 인생이 만만치 않다는 걸 배워야 한다."

그는 각박해지고 싶지 않을지도 모른다. 침묵 속에서 절규하면서 얼마나 힘든지 가족들이 이해해주기를 바란다. 실업률이 높아지면 아동 학대 사건이 증가한다. 지치고 걱정에 싸여 있고 직장에서 밀려난 집안의 가장은 아이들을 학대함으로써 자신의 고통을 분출하곤 한다. 그러나 다른 방법도 있다.

아이들은 문제 해결사이다. 5~7세 정도의 아이들은 가정 경제에 대해 설명해주면 이해한다. 지출 목록을 볼 수 있게 하고 아이들이 받은 용돈을 모아 원하던 물건을 들여놓는다면 우리 것이라는 느낌을 더 강하게 가질 수 있다. "5년 후에 집을 사기 위해서는 지금 절약해야 해. 집이 생기면 너도 너만의 방을 갖게 될 거야."

이렇게 함으로써 아이는 일상생활이 어떻게 돌아가는지 배울 뿐만 아니라 자신의 욕망을 극복하는 데서 오는 좋은 감정도 나눌 수 있다. "올해는 여유가 없단다"라고 말하면 아이들은 자신을 진지한 의논 상대로 대해주었다는 데서 자부심을 갖게 된다.

인생의 중요한 문제에 자신도 속해 있다는 게 어떤 영향을 주는지 루스 스태퍼드 필은 〈아이들을 강하게 만드는 6가지 은혜〉라는 글에서 다루었다.

아이들이 열중하는 모습을 보는 것은 즐거운 일이다. 그러나 그 모습을 보고 어른이 웃어버리면 아이는 기가 꺾인다. 2차대전 중에 어떤 사람이 아들 존에게 전쟁 후원 우표 수집 책을 주었다. 어느 날 아이는 기쁨에 차 우표를 침을 발라 붙이고 있었다. "뭐 하고 있니?" 하고 묻자 아이는 "전쟁에서 이기는 거예요"라고 말했다. 우리는 웃지 않았다. 뭔가 하려고 애쓰는 태도가 소중했기 때문이다.[25]

5 계약은 단순하다. 그러나 너무 단순하면 안 된다. 계약은 한 가지 문제에 대해서만 해야 하고 여러 가지 기대를 한꺼번에 걸어서는 안 된다. 만일 차 사용에 대해 가족 간에 합의하려 했다면, 차고 청소, 숙제, 머리 자르기 등 너무 여러 가지 단서를 붙이면 안 된다. 너무 많은 조건이 붙으면 '구속'이 된다.

나는 냉장고 문에 길고 자세히 적은 부엌 사용 설명서를 써 붙여 놓곤 했다. 심지어는 체크표와 별점표도 넣었다. 그런데 식구들이 읽어보지도 않아 실망만 했다. 내가 효과를 본 것은 간단하게 바꾸고 난 뒤였다. 그것은 (1) 치울 것, (2) 닦을 것, (3) 당장 할 것 이 세 가지만 자주색의 굵은 글씨로 적어놓은 것이었다.

6. 계약 파기는 결과에 따르는 것이지 처벌이 아니다. 이렇게 하기 위해서는 가족 구성원이 전체적인 상황을 알아야 한다. 아이들은 자비를 경험함으로써 자비로워진다. 만일 누군가가 당신이 다이어트에 느슨해질 때마다 방에 가둔다면 어떤 기분이겠는가? 아이들은 자신에게 이로운 것이 계약에 포함되어 있다는 것을 이해하면 계약을 위반했을 때에는 이롭지 않은 것이 오리라는 것을 이해한다. 수영장을 청소하지 않으면 수영장에

서 놀 수 없고, 딸기를 다 따지 않으면 산에서 내려올 수 없는 것이다.

7. 계약서는 문서로 작성한다. 계약에는 심사숙고할 필요가 있는 것도 있다. 기록을 남김으로써 과거를 보존하고 정신적 에너지를 절약할 수 있다. 필요하다면 서명도 한다. 최근에 우리는 고등학생들과 그들의 부모 사이에 작성된 계약서를 읽었다. 음주운전을 하지 않겠다는 서약이었다. 그 서약서는 서류로 인쇄되어 있고 부모와 학생이 증인을 앞에 두고 서명한 것이었다. 좀 더 진지한 동의서들도 있었다. "아들 또는 딸이여, 너의 생명을 구하라. 그리고 우리들, 엄마와 아빠의 생명도"라고 쓴 엄숙한 동의서는 생명과 서로에 대한 사랑의 소중함의 중요성이 담겨 있어 액자에 담아 걸어둘 만하다.

8. 계약은 재조정한다. 사람들은 바뀐다. 가족도 변화가 필요하다. 상황도 변한다. 우리는 '모든 것을 가졌어'라고 생각할 때 놀랄 만한 일이 발생한다. 심지어 환멸스런 일도 벌어진다. 예컨대 인플레이션은 어른에게뿐 아니라 아이들에게도 영향을 끼친다. 동의한 용돈은 실제로 적절한가? 작업량의 분배는 공정한가? 만일 계약이 잘 이행되지 않는다면, 변화가 필요한 것이다. 이는 누구의 잘못이 아니라 사실들이 달라졌기 때문이다.

공을 떨어뜨리면 어떻게 되나, 그것으로 끝인가? 협상에서 내 몫을 완수하지 못했을 때는? 가족은 생산성 지수나 막대그래프에 의해 운영되는 회사가 아니다. 가정은 살아 숨 쉬는 유기체이다. 가정은 또한 가족 구성원이 서로 이해하고 용서하는 안식처이다. 가정이 사랑과 용서로 묶여 있을 때, 우리는 수용되고 실수가 허용되고 새로운 출발을 할 수 있다. 변화해야 수용되는 것이 아니라 수용되어야 변화가 따르는 것이다. 보호의 한 형태로서 계약의 가장 유익한 면은 오해를 줄이고 일상적인 삶에서 합리적이고 효율적이며 우호적인 방식으로 성취를 이룰 수 있다는 것이다.

7장

부모자아를 멈추는
12가지 방법

다른 날보다 기분이 더 나쁜 날이 있다. 부정적 감정을 처리하는 어른자아의 업무가 밀려 있고 갑자기 누적된 일들이 우리를 압도한다. 그럴 때 우리는 쓸모없고, 무력하고, 희망도 없고, 공허하다고 느낀다. 만일 우리 자신을 심하게 채찍질하면 어른자아의 문은 닫히고 감정추적을 할 생각조차 못하게 된다. 교류분석, 어른자아의 보호, 통찰, 지혜, 예지력 등도 마찬가지다. 코너에 몰린 권투선수처럼, 모든 공격적 전략은 사라지고 우리의 팔은 머리를 보호하면서 눈 위에 흘러내리는 피를 닦기에 바쁘고 자존심은 멍이 든다. 가끔 이런 일이 일어날 때 우리는 어떻게 할 수 있을까?

권투선수는 방어전략을 배우고 훈련하는데, 이러한 방어전략은 의식하지 못하는 순간에도 자동적으로 작동한다. 우리가 어른자아를 잃었을 때에도 의식을 잃어버리게 된다. 내면의 대화가 꺼지지 않을 때 이런 현상이 나타난다. 간단한 리스트를 가지고 배우고 연습하면 내적인 채찍질로부터 우리를 보호할 수 있다. 이 응급조치는 우리를 어른자아의 영역인 현재로 되돌려놓기 때문에 부모자아 멈추기라고 부른다. 어른자아의 기능을 수행함으로써 우리는 순간적으로 과거를 끄고 기록된 비난이 돌아가는 것을 멈출 수 있다.

이것은 분석도 철저한 생각도 아니다. 생각이 시작될 때까지 할 일들이다. 우리는 가끔 과거의 엉킨 실타래를 풀려고 하다 지쳐버린다. 우리는 알고 있다, 알고 있다, 알고 있다. "나는 아는 것이 힘겹다"고 《마지막 부족The Lost Tribe》에 나오는 마오리 여인은 말했다. 때로 우리가 알고 있는 것은 우리가 지쳐 쓰러져가고 있다는 사실이다.

난타당하는 아이자아를 구하기 위한 기초적인 훈련법이 있다. 이것은 장기적인 해결책은 아니지만 내적인 학대로부터 일시적인 휴식을 줄 수 있다. 부모자아는 끄고, 관찰자로서 어른자아를 개입시키고 아이자아를 즐겁게 하는 것이다.

부모자아를 멈추는 12가지 방법

1. **경직된 신체를 푼다.** 칼 로저스Carl Rogers(미국의 심리상담가로서 대담자 중심 치료의 창시자-옮긴이)는 우리의 감정과 생각, 신체(근육조직, 자세, 얼굴 표정)가 일치를 이루는 경향이 있다고 믿었다. 예를 들어 화가 나면, 우리는 화만 느끼는 게 아니라 화나는 일을 생각하고, 주먹을 꽉 쥐고

입을 악물고 근육을 긴장시키며 몸은 싸울 태세를 취한다. 감정이나 생각을 의지로 바꿀 수 없을지도 모르지만, 그러나 몸에 대해서 알아차린다면 몸을 바꾸는 일은 할 수 있다. 꽉 쥔 주먹을 풀고, 어깨는 내려뜨리고 깊이 숨을 쉬고, 턱을 이완시키며 긴장을 푼다. 이렇게 하고 나면 우리의 생각과 감정도 가라앉는다. 도대체 무엇 때문에 화가 났지? 뭘 말하려고 했지? 누구에게 화가 났지?

2. 지금 여기에 존재한다. 방을 둘러본다. 보이는 것을 큰 소리로 말해본다. 갈색 책상 하나, 흰 커튼, 벽에 걸려 있는 상장, 두 개의 크리스털 꽃병, 종이 집게, 멈춰 있는 괘종시계, 신고 있는 파란색 구두, 검은색 공책 한 권, 오렌지 하나, 저금통 하나. 이러한 항목들을 읊는 동안 현재의 알아차림에 어른자아가 참여하게 된다. 과거의 필름은 돌아갈 수 없다. 축복받은 순간 속에서 고요해진 것이다. 시도해보라. 당신이 보고 있는 것을 말하라. 큰 소리로 말하라. 삶에서 사소한 것들도 고유한 가치를 가지고 있다.

3. 문제를 부풀려본다. 자동차가 사고로 찌그러졌다. 제기랄, 바보, 멍청이, 부주의하게도. 큰돈이 나가겠군. 이런 자책이 쏟아진다. 그러나 차가 완전히 부서졌을 수도 있고 사고로 다리가 부러지거나 엉덩이에 금이 가거나 사람을 치였을 수도 있다. 그런데 이런 일은 일어나지 않았고 차만 겨우 조금 찌그러졌을 뿐이다.

4. 몸을 움직인다. 어떤 움직임이든 신진대사를 증진시킨다. 피곤한

가? 그럼 산책을 해라. '삶을 위한 산책'은 우울증 환자에게 주는 처방이다. 한 번에 한 쪽씩 한 발을 다른 발 앞에 놓는다. 쉽게 할 수 있는 일이다. 불꽃놀이가 펼쳐지는 것처럼 뇌에 산소가 퍼진다고 생각하라. 놀랍지 않은가. 계속 걸어라. 편안하게 일정한 걸음으로 걸어라. 당신의 동맥에 붉은 피가 흐른다고 생각하라. 조화를 이루어 아름답게 힘있게 움직이는 큰 근육을 생각하라. 당신은 더 이상 약하지도 무기력하지도 않다. 당신은 대단하다!

5. **나만의 천국을 가져본다.** 나만의 장소를 찾아 나무 그늘에 앉아 책을 읽어도 좋고 퍼즐 맞추기 놀이를 해도 좋다. 취미를 가져라. 일상의 복잡한 관념들에서 벗어나 손에 닿는 구체적인 것들을 찾아서 해보라. 또는 교외로 드라이브를 나가도 좋다. 하늘과 구름과 신들의 경이로움을 바라볼 수 있고 깊이 몰입될 수 있는 전망을 가진 장소, 당신 자신만 아는 장소로 가서 휴식하라.

6. **음악에 빠져본다.** 잠이 안 올 때는 헨델의 〈워터뮤직Water Music〉, 사이먼&가펑클, 비제의 카르멘, 아바, 이자크 펄먼에 의해 연주되는 차이코프스키의 바이얼린협주곡 D장조, 제롬 컨과 래리 킹을 들어라. 음악을 듣는 순간에는 모든 사소한 일에 대한 책임감, 즉 수도꼭지를 수리하는 일이나 청구서 등에 대한 생각들은 떠오르지 않을 것이다.

7. **관심사를 전환한다.** 어느 날 나는 전날 저녁 모임에서 말을 너무 많이 했다는 생각이 들어 조금 힘들었다. "왜 너는 한순간도 입을 다물

지 못하니?" 하는 부모자아의 말이 들려왔고 내 아이자아는 거기에 동의하면서 위축되었다. 이 불편함은 하루 종일 계속되었고 마침내 나는 탈진해버렸다. 침대에 누워 눈에 보이는 것들을 읊어대기 시작했다. 보이는 것마다 좀 더 즐거운 다른 일들을 기억나게 했다. 냉풍구를 보자 어린 시절 친구 베티의 집이 생각났다. 그애의 집은 중앙냉방이 되었는데 우리 집은 그렇지 않았다. 더운 여름날에 냉풍구 앞에 앉아 있으면 천국이 따로 없었다. 그애의 집에서는 늘 마루의 왁스 냄새, 라일락 향기, 계피 냄새, 삼목 향이 풍겨 나왔다. 그 집에 가는 일은 재미있었다. 그리고 지금은 우리도 집 전체가 냉방이 되는 집에서 살고 있다. 그것을 그려보았다!

다음에 내 시선은 화장대 위에 있는 크리스털 램프에 머물렀고 힐마 앤더슨의 아름다운 연분홍빛 침실이 기억났다. 그 침실은 시원했고 집에서 키우는 라벤더 향이 났으며, 크리스털과 향수와 은제 머리빗으로 넘쳤다. 힐마 앤더슨은 어머니 친구였는데, 나는 어렸을 때 아름답고 쾌활한 그분을 좋아했다.

그 다음에는 거울이 달린 옷장 문을 보았고, 내가 처음 갖게 된 큰 벽장이 달린 방이 기억났다. 아버지는 옹이가 많은 소나무 판자로 벽을 막아 벽장을 만들어주었다. 벽장 안에는 레이스 커튼이 달린 창문이 있어 창문 밖에 있는 거대한 단풍나무 잎사귀들이 미풍에 일렁거리면 같이 춤을 추었다. 그 나무들은 내 친구들이었다. 나뭇가지에 올라가 앉아 있기도 하고 걸터앉아 다리를 흔들거리며 줄기 꼭대기에 사랑의 하트를 새겨놓기도 했던 곳, 숨어 있고 계획을 짜고 공상에 빠지곤 했던 나만의 비밀스런 장소.

그러고는 문 밖을 내다보니 일렬로 질서정연하고 반짝거리는 계단들 위로 흰 난간이 보였다. 그걸 보니 우리가 이층집에서 살고 있다는 게 기억났다. 나는 이층집이야말로 진짜 집이라고 늘 생각했다. 내가 어렸을 때 살았던 집은 이층집이 아니었다.

그리고 세계 각지의 시간을 알려주는 피코 시계를 살펴보았다. 문득 스웨덴의 조카가 그 순간 뭘 하는지 궁금해졌다. 아마 가지가 늘어진 자작나무 아래서 커피타임을 갖고 있겠지. 나는 방 안 전체를 한 번 둘러보았다. 방이 아름답다는 생각이 들었다. 전체가 에메랄드그린과 흰색과 분홍, 그리고 초록 이파리와 분홍빛 꽃이 그려진 동양적인 벽지였다. 그것은 내가 자란 워싱턴 주 중부 셀라의 작은 마을에서 사과꽃이 피던 계절을 떠올리게 했다. 마을길을 따라 운전해 가다 보면 마치 큰 향수병을 쏟아놓은 것처럼 계곡 전체에서 사과꽃 향기가 풍풍 솟아나왔다. 나무들 가득 꿀벌이 잉잉대는 소리를 들을 수 있었다. 수백 수천 개의 나무들과 수백만 마리쯤 되는 듯한 벌들이 꽃가루받이를 하는 중이었다.

그렇게 나의 몽상은 계속되면서 전 세계를 누비며 몇 년에 걸쳐 시간여행을 했다. 나는 다른 곳에 가 있었다. 내가 걱정하던 것이 무엇이었더라? 이 글을 쓰는 지금 나는 20,089일을 살고 있다. 왜 어느 날 하루 저녁에 일어난 일로 모든 것을 지워버려야 하는가? 거대한 파도를 타듯이 급전환하여 파도타기를 하라. 그것이 훌륭한 부모자아 멈추는 방법이다.

8. 다른 사람과 이야기한다. 거리로 나가 이웃과 대화한다. 이것은 내적인 대화를 멈추고 지금 여기에 머무는 또 하나의 행동이다. 여기서 생길 수 있는 문제는 자신의 감정을 다른 사람에게 쏟아붓고 "정말 끔찍

해", "나는 정말 불쌍해" 하는 우울한 게임으로 끝나는 것이다. 이렇게 대화를 마치고 나면 정말 끔찍하고 불쌍해진다.

9. 다른 사람의 경우가 되어본다. 당신이 세상에서 바보짓을 하는 유일한 사람인가? 당신이 다른 사람에게 공감을 표할 수 있다면 왜 당신 자신에게는 안 되는가? 실수가 당신을 죽이지는 않는다. 비참함이 당신을 죽인다. 다른 사람들은 계속 살아가는데, 당신이라고 왜 안 되겠는가?

10. 거울 앞에서 표정을 짓는다. 바보 같은 표정을 지어보라. '서로 마주 보고 표정 짓기'는 어느 부부를 위한 처방이었다. 이 부부는 하루를 끝내고 집에 오면 그날 일어났던 화나는 일을 곱씹으면서 서로 괴롭혔다. 사람들에게 시달리다 집에 오면 서로에 대해 부모자아-아이자아의 비난과 방어를 퍼붓곤 한 것이다. 저녁식사 시간은 늘 두려운 시간이었다. 어린아이들이 하는 방식인 바보, 멍청이 같은 표정 짓기는 그들이 이제까지 반복한 패턴을 깨게 했고, 결국 웃음으로 끝나게 만들었다.

11. 낮잠을 잔다. 때로 자기 비난은 우리를 지치게 한다. "잠으로 인생을 보내면 안 된다"는 부모자아의 경고에도 불구하고 우리에게는 휴식이 필요하다. 아마 다른 권위자의 말이 도움이 될 것이다. 셰익스피어는 말했다. "복잡하게 뒤엉킨 돌봄의 짜깁기가 잠. 매일의 삶에서 죽음의 부분, 노동으로 지친 몸을 씻어주고, 상처 입은 마음에 위로, 위대한 자연의 제2의 과정, 삶이라는 향연의 중요한 자양분을 주는 잠".(맥베스)

12. **기도한다.** 많은 사람들에게 기도는 '주에게 짐을 대신 지게 하고 우리는 거기서 벗어나는' 멋진 방법이다. 나는 요한복음 제1장을 가장 좋아한다. "비록 우리의 마음이 우리를 속일지라도, 하느님은 우리의 마음보다 더 위대하며 모든 것을 아신다." 나는 불완전하고 용서받고 어쨌든 사랑받아야 하는 인간일 뿐이다. 놀랄 만큼 안심되는 말이다. 신은 부모와는 다르다.

위에서 다룬 부모자아 멈추기는 고통에서 일시적으로 해방시키는 방법이고 궁극적인 해결책이 아니다. 전부는 아니더라도 많은 부분 우리는 스스로 비참함을 불러왔고, 바꿀 필요가 있는 사람은 바로 우리이다. 사실 멈추기를 극단적으로 사용하면 우리는 하루 종일 잠에 빠져 보내고, 꿈속에서 살고, 하루 종일 전화통에 매달려 있거나 죽을 때까지 조깅을 해야 할 수도 있다. 그렇지만 위에 언급한 응급조치들은 효과가 있다. 휴식하고 다시 기운이 나면, 우리는 어른자아에 시동을 걸고 변화 작업을 할 수 있다. 행동의 변화는 궁극적으로 우리의 감정에 변화를 가져올 것이다.

8장

—

어루만짐

어루만짐Stroking은 누군가 당신을 다정하게 바라보는 것이며, 이웃집 사람이 "안녕" 하고 건네는 인사, 큰일이 벌어졌을 때 당장 누군가에게 거는 전화, 노트에 하는 메모, 교실에서의 호명, 성적표 밑에 적는 사적인 의견, 어깨를 토닥이는 손길, 다른 사람에게 자신의 이야기를 하고 대화를 주고받는 것 등이다. 어루만짐은 다른 사람의 의식에 들어가는 일이다. 어루만짐은 아이자아가 느끼는 그 무엇이다. 대부분의 어루만짐은 좋은 감정이다. 어루만짐은 기운을 나게 하고 우리를 살아 있게 한다.

길고 힘든 여정을 겪고 태어날 때 어루만짐은 우리에게 바깥세상이 다 잘 돌아갈 거라는 삶에 대한 자신감을 준다. 그 순간 어루만짐은 살아갈 힘을 주는 것이었다. 그리고 지금도 그렇다. 욕구의 5단계를 이야기한 심리학자 에이브러햄 매슬로는 어루만짐을 최적의 자극이라고 불렀다.

우리는 때로 긍정적 어루만짐과 부정적 어루만짐을 구분한다. 긍정적 어루만짐은 좋은 느낌을 주고, 부정적 어루만짐은 나쁜 느낌을 준다. 잔인하거나 강요된 게 아니라면 어떤 관심이라도 관심이 없는 것보다는 낫다. 그러나 보통 어루만짐은 긍정적인 의미를 띠며, 이 책에서도 그런 방식으로 사용될 것이다.

안전지대

모든 사람들이 똑같은 정도의 어루만짐을 필요로 하는 것은 아니다. 어루만짐에 목말라 하는 정도는 어린 시절의 습관과 관련 있는 듯하다. 각자의 안전지대에 머물러 있는 한 우리는 잘 지낼 수 있다.(그림 6)

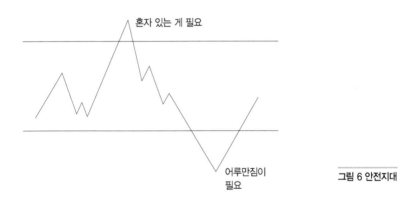

혼자 있는 게 필요

어루만짐이
필요

그림 6 안전지대

지나치게 사람들이 많다거나, 지나치게 소란스럽다거나, 지나치게 전화가 많이 온다거나, 지나치게 요구받는 게 많다거나, 때로는 지나치게 칭찬을 많이 들어도 수용체계가 마비되며 우리는 벗어나고 싶어진다. 그래서 책을 읽거나, 정원을 가꾸거나, 피아노를 치거나, 산책을 하거나, 하루 일을 쉬거나 문을 걸어놓고 혼자 있는다. 질식할 듯할 때 침묵은 우리를 숨 쉬게 해준다. 때로는 침묵하고 지낼 수 있는 조용한 곳을 찾아가 다른 사람에서 반응하지 않으면서 함께 있는 걸 즐길 수도 있다. 우리는 잠시 물러나 생각과 사색, 명상에 잠겨 자신을 돌아보며 삶의 감각을 찾는다. 우리가 평온한 마음으로 이렇게 할 수 있는 것은 원하기만 하면 언제나 돌아갈 곳이 있다는 것을 알기 때문이다. 곧 돌아가고 싶어질 것이며 대부분의 사람들은 고독한 상태로 오래 머물지 못한다.

안전지대 밑으로 떨어진 사람들은 우울해진다. 우리는 몸이 칼로리를 필요로 하는 것과 같이 어루만짐을 얻어야 하는 존재이다. 기아 상태의 사람들은 생명을 유지하기에 충분한 신진대사 수준의 열량 소모를 계속한다. 음식으로 열량을 섭취하지 못하면 지방 조직을 태우고 그 다음에는 근육 조직이 쓰인다. 칼로리 공급이 심각한 수준으로 떨어졌을 때 몸은 위험을 감지하고 지방이나 허약한 조직을 가리지 않고 소모시킨다. 기아의 마지막 단계에서는 생명을 유지하기 위한 마지막 노력으로 생체기관마저 소모된다. 결국 사람은 죽지만 몸은 몸속에 저장된 어떤 연료든 이용해 생명을 유지하기 위한 모든 노력을 다한다. 신체적인 면, 심리적인 면 모두에서 어루만짐에 대한 욕구는 중요하게 요구된다. 우리가 안전지대의 너무 깊은 바닥으로 떨어지면, 고민에 빠진 행동이 나타나고, 우울감과 무기력증에 휩싸이며, 종종 신체적 질병이 걸린다. 만일 당신이 안 좋은 행동을 하는 걸 보고 있다가 "이대로 있으면 안 됩니다" 하는 충고에 따라 상담가를 찾아가도 어루만짐을 경험하게 된다. 대부분의 사람들에게 살려는 의지는 심지어 최악으로 상태가 악화되었을 때조차도 우리의 욕구와 연결시킨다. 만일 그런 의지가 없다면 칼로리가 고갈되면 육체가 죽는 것처럼 심리적으로 죽음에 이른다.

안전지대로 되돌아가기 위한 어루만짐을 얻는 가장 일반적인 방법은 게임이다. 이는 번의 저서인 《심리게임Games People Play》에 자세하게 묘사되어 있고 《자기긍정 타인긍정》에도 나와 있다. 게임은 명확하고 결과가 예측되며 대가가 있는, 마음속에서 이루어지는 상호보완적인 교류의 과정이다. 게임은 어루만짐에 목말라 하는 사람에게서 시작되며, 칼로리를 얻으려는 것처럼 어루만짐을 얻으려는 목적에서 하게 된다. 어루만짐을 얻으려는 노력이 자기파괴적일지라도, 게임이 기본적으로 부정직하며 사람들을 갈라놓는다 하더라도, 사람들은 일시적이나마 높이 고양된 대면의 순간과 어루만짐을 경험하게 된다. 모든 참여자들은 게임에서 뭔가를 얻고, 그럼으로써 힘이 유지된다. 게임은 드라마이다. 게임의 시나리오에 대해서는 11장에서 설명할 것이다.

어루만짐은
사람들로부터 온다

긍정적 사고의 힘은 진실이지만, 그러나 우리의 첫 긍정적 사고는 종종 다른 사람들을 불러내는 것이다.

우리는 스스로를 재충전할 수 없는 듯 보인다. 고요한 명상 중에도 우리의 생각은 사람들과 함께한 과거의 영광, 우리와 접촉했던 오래전에 죽고 사라져버린 사람들에 대한 회상 등 다른 사람에 대한 기억으로 빠르게 달려간다. '좋았던 옛날'은 보통 '좋았던 옛 사람들'로 채워진다. 엄마, 아빠. 친구 조이, 옆집 소녀, 특별했던 고등학교 때 선생님, 늘 우리와 함께 지냈던 친절한 숙모 등. 우리가 신과 홀로 대면할 때조차도 신에 대한 이해는 일반적으로 우리에게 신에 대해 처음 알게 해준 사람들을 기억함으로써이다.

어루만짐은
과거에서 온다

어루만짐의 원천 중 하나는 과거의 어루만짐을 되살려내는 것이다. 비판적인 부모자아만이 아니라 양육적인 부모자아도 우리의 기억에 저장된다. 가끔 부모자아의 칭찬을 '들을' 때 어린 시절의 행복감을 다시 경험한다. 어린 시절의 모든 소비적인 좋은 감정은 어린 시절 부모의 칭찬으로부터 유래하며 우리가 무슨 일을 할 때마다 강력한 동기로서 지속된다. 그것은 마치 원래의 어루만짐을 평생 찾아 헤매는 것과 같으며, 만일 찾지 못하면 우리의 기억 속에서 다시 불러낸다.

나는 우리 집 장미정원을 보거나 테이블이 잘 정돈되어 있을 때 큰 행복감에 사로잡히는데, 엄마가 살아 계셔서 이걸 보신다면 당신의 작은 딸이 얼마나 잘했는지 칭찬할 걸 알기 때문이다. 전에 여러 차례 엄마가 말했던 방식 그대로 충실히 기록된 엄마의 말을 들을 수 있다. 나는 아버지의 외침도 들을 수 있다. "정말 훌륭한걸!" 아이였을 때 새로 배운 어려운 단어를 정확하게 사용하면 아버지는 나를 칭찬했다. 아버지는 내가 틀리게 말할 때도 나를 칭찬하면서 사전을 가지고 와서 "함께 배워보자"라고 했다. 우리는 일반적으로 칭찬을 받으려는 행동을 멈추지 못한다. 이것은 우리가 어떤 칭찬을 받았는지에 달려 있기는 하지만, 은혜이고 축복이다. 만일 어린아이가 가족을 위해서 식품 가게에서 물건을 훔친 일을 칭찬받는다면, 그는 세상에서 가장 뛰어난 도둑이 될지도 모를 일이다. 엄마는 나를 사랑했는데, 왜 당신은 아니겠어?

우리의 취미는 과거의 행복을 반영한다. 톰은 최근 큰 방에 정교한 게이지의 기차 철로를 만들고 있다. 공학적으로 놀랄 정도로 정교한 스케일에 음향도 완비했다. 산맥, 호수들, 둥근 집들, 주유소, 교차로, 교각 들이 거대한 기관차와 객차 화물차들에 배치될 것이다. 그는 평생 동안 이러한 것들을 만들어왔다. 그는 종종 그곳에서 혼자만의 시간을 보냈지만 그는 실제로는 혼자가 아니었다. 왜냐하면 기관차 엔지니어였던 아버지에 대한 풍부한 기억을 재생하고 있었기 때문이다. 그는 어린 소년 시절 저녁이면 아버지의 무릎에 앉아 기관차가 '제 시간에 도착할 수 있도록' 철마를 전속력으로 달렸던 흥미진진한 이야기를 듣던 때를 회상하는 것이다.

어루만짐은
늘 새롭게
공급되어야 한다

과거를 현재의 삶 속에 되살리는 것은 많은 사람들에게 개인적으로 깊은 의미가 있지만 그것으로 충분하지는 않다. 어루만짐은 천국의 양식처럼 하루 동안 지속된다. 어루만짐은 늘 새롭게 공급될 필요가 있는데, 왜냐하면 과거의 행복은 어제의 신문처럼 낡아버렸기 때문이다. 과거의 영광이 무엇이든, 우리가 얻은 트로피가 얼마나 많든, 우리의 스크랩북과 사진첩이 얼마나 두껍든, 우리는 깨어나면서 생각한다. 오늘은 뭘 해야 하지? 하고. 오늘 아침에는 뭘 해야 하지? 말 그대로 우리는 서둘러 아침을 시작해야 한다.

사람들이 있는 방에 들어갈 때나 미팅에 참석할 때, 대화할 때 누구나 하는 질문이 있다. "여기서 어루만짐을 얻게 될까? 하는 기초적인 질문이다. 이 질문은 어머니의 가슴처럼 근본적이다.

어루만짐은
관계로 이루어져 있다

누구나 신뢰할 만한 어루만짐을 주는 것은 아니다. 그래서 우리는 관계를 맺는다. 어루만짐에 있어 관계란 빵에게 있어 곡물창고처럼 공급을 보증하는 것이다. 한 사람은 그 사람이 맺고 있는 관계의 총량으로 정의된다. 만일 당신이 자신이 누군지 알고 싶으면, 맺고 있는 관계를 살펴보라. 아는 모든 '사람들'의 목록을 만들어보는 것도 좋은 연습이다. 여자는 아내, 어머니, 아주머니, 자매, 시민, 선생님, 친구, 이웃, 학생, 교회 멤버, 투자자, 철학자, 박애주의자, 교량 건축가일 수 있다. 당신도 목록을 만들어보라. 남자는 위에서 언급한 것 중에 아내, 어머니, 아주머니, 자매를 제외한 모든 것이 될 수 있다. 각 역할로 대표되는 사람은 특별한 관계에서 타인과 얽혀 있다. 당신은 배우자에게는 이웃 사람과는 다른 사람이며, 친구들에게는 또 다른 사람이다. 관계의 세계를 그린 다이어그램이 도움이 될 것이다.(그림 7) 자신을 가운데 원 안에 두고 둘레에 원을 그려 그 속에 자신의 삶과 연관 있는 사람들을 적어 넣는다. 각 사람들은 당신과 연결되어 있다.

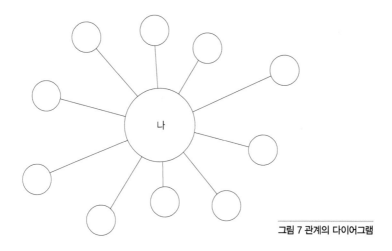

그림 7 관계의 다이어그램

관계의 본질은 당신에 대한 요구를 허락하는 것이며 더 구체적으로는 당신의 시간에 대한 요구를 허락하는 것이다. 그래서 관계는 전철 안이나 슈퍼마켓에서 잠깐 스치는 일시적 만남과는 다르다. 잠깐 스치는 만남이라도 응급 상황일 때는 도움을 구할 수 있는 권리가 있다고 우리는 생각한다. 우리가 같은 인간이라고 보기 때문이다. 그러나 개인적인 관계는 우선권을 갖는다. 만일 당신이 관계에서 요구를 거절하고 "미안하지만 이제 더는 당신과 시간을 함께할 수 없어요"라고 잘라 말하면, 관계는 더 이상 지속되지 않는다. 그렇게 잘린 사람이 여전히 주변을 서성대도, 당신은 그 사람의 존재를 느끼지 않을 것이다. 그러고 나면 외로워지는 것은 바로 당신이다.

해방의 1960년대와 탐색의 1970년대를 거치면서 많은 사람들이 '모든 것을 떠나 자신을 찾기로' 마음먹었다. 그들은 사막이나 티베트의 산중으로 떠나거나 중국으로 가는 보트에 몸을 실었다. 많은 사람들이 배우자, 자녀, 사업 등 삶의 모든 것을 버리고 떠났다. 그러나 그들은 자신을 발견하지 못했다. 그들은 아무것도 발견하지 못했고 옛 속담에 나오듯 "네가 세상 어디를 가든 그곳에는 네가 있을 것이다"라는 사실만 발견했다. 그들은 어느 때보다 더 많은 것을 잃은 걸 발견할 뿐인데 그들을 정의했던 관계를 잘라버렸기 때문이다. 자신을 발견하기는커녕 그들은 아무것도 발견하지 못했다. 우리는 우리의 한 조각을 가지도록, 우리 시간의 한 조각을 가지도록 다른 사람들에게 허락할 때만 그들의 존재를 느낀다.

관계가 생기면, 우리는 곧 경쟁적인 요구들이 생긴다는 걸 깨닫는다. 우리는 다른 사람과 모든 시간에 모든 걸 함께할 수는 없다. 우리는 관심을 보일 수 있는 사람들이 어느 정도인지 생각해봐야 한다. 우리는 또한 우선권을 설정해야만 한다. 어떤 관계의 창고를 지을 것인가? 가족들, 친구들, 교회나 절, 봉사 단체 같은 공통의 목적을 가진 공동체. 65세 때 볼링 팀은 어디에 있을 것인가? 사업 동료들은? 지금 당장 답할 문제는 아니지만 중요한 물음이다. 우리가 관계에서 잔돈을 분배한다면, 정서적 수입도 틀림없이 비슷할 것이다. 사회적으로 지나치게 많은 일에 참가하는 어떤 여성의 슬픈 말이 떠오른다. "아이들이 어릴 때는 다 클 때까지 견딜 수 없다고 생각했어요. 그리고 이제 아이들이 자라고 나니 그들이 나를 견딜 수 없어 한다는 걸 알게 됐어요." 우리의 삶 속에 사람들이 너무 많을 수도 있다.

이와는 반대되는 잘못으로 너무 적은 수의 사람들과 관계 맺기를 하는 것이 있다. 관계에 절망적으로 매달림으로써 사람들을 잃는 경우이다. 11장 '사람들과 관계 맺기'에서 이것을 좀 더 다룰 것이다.

어루만짐을 준다는 것

누군가를 어루만진다는 것은 그 사람이 원하는 것을 주는 것이다. 누구나 똑같은 어루만짐을 원하는 것은 아니다. 어루만짐의 가장 기본적인 형태는 누군가의 의식 안으로 들어가는 것이다. 그것은 알아차림이다. 당신이 나를 본다. 당신은 내가 방으로 들어가는 걸 알아차린다. 당신은 "안녕" 하고 말한다. 나도 "안녕" 하고 인사한다. 서로 기분 좋음을 느낀다. 이 기초적인 알아차림이 없다면 우리는 무시당했다고 느낀다. 내게 관심이 없구나. 저들은 내가 여기 있는 걸 바라지 않는구나. 내가 오지 말았어야 했구나 하고.

알아차림은 자신의 내면의 대화를 이해해야만 가능하다. 그래야 어른자아가 자유로운 상태로 다른 사람을 볼 수 있다. 전체를 봄은 다른 사람의 부모자아, 어른자아, 아이자아를 모두 본다는 걸 의미한다. 우리는 사람들이 필요로 하는 것을 알아챌 수 있다. 그들의 존재를 슬쩍 보기만 해도 가끔은 그들이 혼자 있고 싶어 하는지 알 수 있다. 어루만짐은 말 그대로 신체적인 행동을 연상시킨다. 이해를 돕기 위해 극단적인 비유를 하면, 어루만짐을 의식하는 사람들을 모아보면 만화가 될 것이다. 사람마다 돌아가며 손을 잡고 흔들고, 등을 두드리고, 포옹하고, 늘 웃고 있고, 말에는 늘 에너지가 실려 있어, 예민한 사람은 도망가고 싶게 만들 것이다. 오랜 친구인 에드슨 캘드웰 교수는 "다른 사람에게 은혜를 베푸는 가장 큰 선물은 아무런 요구 없이 있어주는 것이다"라고 했다.

우리의 필요 때문에 다른 사람들에게 어루만짐을 주는 것은 '마시멜로 던지기' 같은 것이다. 처음에는 달콤하지만, 한 봉지를 다 먹고 나면 끈끈하고 단맛에 질려버린다. 다른 사람을 어루만져주기는 우리의 의제일 수는 있지만 다른 사람들이 원하는 것은 아닐 수 있다. 불안해하는 부모가 과장되게 아이를 흔들며 어를 때 아기의 얼굴에 나타난 질린 표정을 본 적이 있는가? 물론 아이는 울음을 멈춘다. 숨을 거의 쉴 수 없으니까.

우리가 다른 사람에게 줄 수 있는 가장 큰 긍정은 무엇보다 알아차림이다. 그런 다음 그들이 하는 말이나 행동을 보고 반응을 보여주는 것이지 우리의 부모자아나 아이자아가 떠들어대는 것을 주는 게 아니다. 사랑은 다른 사람의 아이자아를 보는 것에서 시작한다. 그리고 그것은 감정추적을 통해 우리 자신의 의제를 조정할 수 있을 때만 가능하다. 우리의 전체 의식을 다른 사람에게 초점을 맞추어 분명하게 보게 될 때, 필요로 하는 것이 무엇인지 알게 될 것이다. 어깨를 두드릴지 말지, 묵묵히 바라볼 것인지 질문을 던질 것인지, 도움을 주겠다고 말할지 도움을 요청할 것인지. 우리의 주겠다는 욕구는 다른 사람들 또한 주겠다는 욕구가 있다는 사실을 잊게 만든다. 그래서 감사히 받지 못한다. 우리는 또한 주는 것에 인색할 수도 있다. "사랑해"라는 말을 너무 약하게 말해 그 말을 듣는 사람이 전혀 '사랑받는' 느낌을 받지 못할 수도 있다.

우리가 다른 사람에게 어루만짐을 주고 싶을 때 스스로에게 질문해볼 필요가 있다. "나는 왜 이걸 하려는 거지?" 내가 그걸 반드시 해야만 하기 때문인가? 일종의 거래인가? 만일 주는 것이 받는 걸 보장한다고 생각한다면 그것은 수학 공식일 뿐이다. 이런 이기적인 본성은 곧 드러날 것이다. 과거에 사람들은 크리스마스에 가난한 사람들을 위해 음식을 바구니에 담아 나누어주는 형식적인 자선을 베풀고는 그 침울한 곳에서 도망치는 것으로 자신들의 의무를 다했다고 생각했다. 음식은 배고픈 위를 채워주었겠지만 가난한 그들의 가슴의 허기도 채워졌을까? 받는 사람이 받기 전보다 더 빈곤감을 느끼게 하는 후원 방식이 있다. 조심해야 할 규칙은 다른 사람의 아이자아, 그들의 감정과 자존감을 보호하는 것이다.

사람들은 보통 특히 슬픔에 빠져 있을 때 당신의 충고가 필요한 게 아니라 위로만큼이나 당신이 옆에 있어주는 게 필요하다. 같이 있어주는 것은 종종 큰 선물이 된다. 귀를 열고 듣는 것은 말을 많이 하는 것보다 환영받는다. 같이 눈물을 흘려주는 것은 입술을 꾹 다물고 있는 것보다 더 큰 선물이다. 바이런은 이렇게 썼다. "우리는 망원경을 통하는 것보다 눈물을 통해 더 멀리 볼 수 있다." 감정은 사실보다 더 소중할 때가 많다. 다시 한 번 말하지만 다른 사람을 알아차리는 것이 열쇠이다. 약한 사람이 항상 강한 사람을 필요로 하는 것은 아니다. 때로는 우리의 실패를 나누는 것도 도움이 된다.

〈40세의 실패〉라는 글에서 에드워드 케트챔Edward Ketcham은 이렇게 썼다. "나를 놀라게 한 것은 내가 실패라고 여겼던 것이 내 동료들과의 관계를 활짝 열도록 했다는 사실이다. 나는 어떤 삶의 영역에서 실패한 적이 있는 모든 사람은 다른 상처받은 영혼에 자신을 맡길 수 있다는 것을 잊고 있었다."[26] 당신이 울고 싶을 때 누군가와 함께 우는 것은 그의 고통 치유에 동참하는 것이며, 깊은 느낌과 함께 감사의 어루만짐이 일어난다.

어루만짐의 형태

만일 우리가 다른 사람들과 함께 공동체 속에서 살고 싶다고 알아차리고 정직하게 살기로 가정한다면, 훈련을 시작할 수 있는 어루만짐의 형태는 무엇일까?

1. **눈맞춤.** 내가 당신을 보고 당신이 나를 본다는 것은 두 개의 영혼이 만나는 것과 같다. 눈맞춤은 오래 본다거나 뚫어지게 본다거나 노

려보는 게 아니다. 뉴욕 관광 안내국의 책임자인 찰스 질레트는 말했다. "많은 사람들이 눈길을 어디에 둘지 모를 때 악수를 한다. 당신은 생각한다. '다행히 주의를 끌 시간이 몇 초 되는군, 그러면 이 만남도 끝나겠지.'" 한 여성이 질문을 받았다. "무엇이 남자를 섹시하게 만들까?" 그녀가 대답했다. "그의 눈이죠. 만일 그들이 날 본다면요." 그러니 당신 자신을 위해 보라!

본다는 것은 중요하다. 그래서 시력이 안 좋을 때는 안경을 착용해 사람들을 잘 알아볼 수 있도록 하라. 볼 수 없다면 어루만짐을 줄 수 없다. 남의 시선을 의식해 안경을 쓰지 않는 것은 '남이 어떻게 보이는가' 하는 것보다 '내가 남에게 어떻게 보일까' 하는 점에 집착하는 것이다. '내가 어떻게 하면 좋은 사람으로 보일까' 하는 것처럼 역효과를 불러올 수 있다. 어루만짐을 받는 것도 마찬가지다. 상대방이 내게 어떤 신호를 주는지 알아야 어루만짐을 알아챌 수 있는 것이다.

2. 경청. 가장 큰 어루만짐은 다른 사람이 하는 말을 들어주는 것이다. 다른 사람들이 말을 마칠 때까지 기다려라. 그런 다음 당신의 시간을 가지고 또 상대방의 말을 들어주어라. 긴장을 풀고 여유를 가져라. 재촉하는 행동, 예를 들어 빨리 말하라는 뜻으로 고개를 끄덕이는 것, "서둘러, 하루 종일 시간을 낼 수는 없어"라며 말을 중단시키는 행동들은 피한다. 만일 진짜로 시간이 없다면, "더 있고 싶지만 10시에 약속이 있어 가봐야만 합니다"라고 솔직하게 말한다. 다른 사람의 아이자아를 보호하면서 정중하게 말하는 방법은 여러 가지가 있다.

듣는 데 곤란을 느낀다면 보청기를 사용하기를 권한다. 톰은 심한 난청이었다. 보청기를 끼고도 말하는 사람의 입 움직임에 의존한다. 그를 배려하는 행동은 말하는 동안 한자리에 머물러 있고 걷는 동안 말을 걸지 않는 것이다. 장애를 가진 사람을 어루만지는 방법은 장애에 대해 물어보고 그들을 편안하게 해주는 것이다.

3. **질문.** 무엇을 묻고 어떻게 물을까 하는 것은 알아차림에 기반을 두어야 한다. 남의 사생활을 캐묻지 말아야 한다고 배웠지만, 실제로는 대부분의 사람들이 다른 사람들을 탐색하기를 좋아한다. 모두가 그런 것은 아니지만 많은 사람들이 그렇다. 다양한 스펙을 가진 사람들을 소개받을 때가 있다. 그들이 가진 자격증이 천장 높이일지도 모르고, 그들은 당신에게 자신의 삶에 대해 말하고 싶어 할 수도 있다. 그들은 "제가 지구 궤도를 비행하고, 영국 해협을 헤엄쳐 건너고, 노벨상을 두 번은 받은 최초의 여성이라는 걸 알고 있나요?"라고 질문하지는 않을 테니 그런 사람을 만나면 유머 있게 대처하는 게 도움이 된다. "당신은 유망하고 보수가 좋은 직업을 갖고 있군요." 이렇게 말하면 일반적으로 상대방은 즐거운 반응을 보인다. 사기꾼과 대화하고 있는 게 아니라면 말이다. 그리고 나서 "당신이 어떻게 그곳에 들어갔는지 알고 싶군요"라고 말한다면 대화는 계속 풍부하게 이어질 것이다.

4. **이름 불러주기.** 이름이 불린다는 것은 얼마나 멋진 일인가. 다른 사람의 이름이 불리어진다거나 헤이, 저기요, 이봐요 하고 불린다면 얼마나 실망스러운 일인가. 태어나서 죽을 때까지 당신의 이름은 바로 당신이다. 85세 때 나의 아버지는 힘든 수술을 받고 나서 요양병원에 입원해

계셨다. 아버지는 몸이 약해져서 겨우 속삭일 수 있을 정도였지만 화가 담긴 목소리로 말씀하셨다. "간호사들이 이 고통을 어떻게 알겠어? 그들은 나를 허니라고 부른다니까. 그들이 내 이름이나 알까?" 나는 병원장에게 환자들의 이름을 크게 적어 프린트한 뒤 침대 발치에 붙여놓고 간호사들이 병실에 들어갈 때마다 볼 수 있게 하자고 제안했다. 나는 이름을 불러주는 것이 투약 스케줄만큼이나 치료에 효과가 있을 것이라고 느꼈다. 병원장은 동의했고 성가셔하는 사람들도 있으니 환자들의 허락 하에 이름표를 붙이는 것에 대해 조사해보겠다고 했다.

다시 한 번 말하지만, 알아차림은 이름 사용에 있어 열쇠이다. 미국인은 등을 치거나 악수를 하면서 아주 쉽게 이름을 부른다. 스웨덴에 오랫동안 살면서 나는 그들의 호칭 사용에 대해 받아들이게 되었다. 그곳에서는 거의 모든 사람이 호칭을 가지고 있고 소개될 때도 호칭을 사용한다. 철도 역장은 소개될 때 역장이라는 정보와 함께 소개된다. 나는 그곳에서 언론인으로 소개되었다. 사람들은 간호사, 교사, 목사, 과학자, 엔지니어, 편집자, 심리학자, 정신과 의사, 회계원, 상점주인, 비서 등으로 구분된다. 그래서 서로 소개받을 때 이미 많은 것들을 아는 상태로 대화를 진행할 수 있다.

스웨덴의 칼 구스타프Karl Gustaf 국왕은 샌프란시스코 방문 중 한 기자가 어떻게 불러야 좋으냐고 묻자 "왕이라고 부르시오"라고 대답했다. 분명하고 확실한 의사표현이다.

미국에서 일반적으로 쓰이는 호칭은 박사와 종교인, 정치인의 변주된 형태들뿐이다. 그러다 보니 정보들을 잘 알 수 없게 되어 게임이 시작된다. "이분은 조 스미스 씨입니다"라고 소개받으면 "안녕, 조" 하고 상냥하게 인사한다. 만약에 "이분은 스미스 교수입니다"라고 소개받았다면 어 땠을까? 아마 그랬더라면 당신의 대화는 흥미로운 대화로 빨리 옮겨갔을 것이다. 우리는 자신이 뭘 할지 곧장 갈 수 없을 때 차, 옷, 보석 등의 상징들을 내보인다거나 점잖게 냄새를 풍긴다거나 신비주의 언어를 쓴다거나 침묵하는 것으로 시작한다.

당신이 사람들을 어떻게 부르든 의사소통에서 필수적인 것은 타인긍정You're OK을 고려해야 한다는 것이다. 샌프란시스코 심포니 지휘자인 피에르 몬테는 뉴잉글랜드에 방문했을 때 모텔에서 쫓겨난 적이 있다. 피에르 몬테 가족은 개를 데리고 모텔에 투숙하려 했는데 모텔 주인이 개를 보더니 방이 다 찼다며 내보냈다. 뒤늦게 몬테라는 것을 알고 뒤따라 나와 "손님이 그렇게 대단한 사람인 줄 몰랐습니다"라고 사과하며 다시 불러들였지만 몬테는 "모든 사람은 다 대단한 존재들입니다" 하고 대답했다.

5. 자신을 알리기. 자신의 이름을 밝히는 것이 시작이다. 누군가 당신을 기억하지 못하면 기억하게 만드는 것은 쉬운 일이다. 그 사람에게 다가가 "저는 수전 윌리엄입니다. 전에 학부모 모임에서 만난 적이 있죠. 저는 밥의 엄마예요"라고 말한다. 만일 상대방이 이름을 말해주지 않으면 "죄송합니다. 이름을 기억해야 하는데 잘 생각이 나지 않네요"라고 물어도 죄가 되지 않는다. 위험을 감수하라.

6. 보상을 주는 사람 되기. 아무리 바빠도 메일에 답장을 하거나 전화를 거는 데는 잠깐만 시간을 내면 된다. 규칙은 이렇다. 지금 당장 하라.

그러면 바빠서 못했다느니 하는 등의 사과나 평계를 대지 않아도 된다.

7. 메일 쓰기. 현대 생활에서 한 가지 나쁜 점은 공항, 체크아웃 대기, 버스 정류장, 병원 대기실에서의 기다림이다. 따분한 기다림의 시간에 친구에게 메일을 써본다. 지루한 짜투리 시간을 소중한 사람들을 위해 쓰면 의미 있고 귀중한 어루만짐을 나누는 시간이 될 것이다.

8. 계획. 어떤 사람들에게 행복이란 뜻하지 않은 일들이 마술같이 일어나는 것이다. 만일 사람들이 마냥 앉아서 기다리기만 해도 파랑새가 창가에 앉을 것이라고 생각한다. 훌륭한 새 사육사는 모이로 유인한다. 우리 모임에서 파티에 대해 의논한 적이 있는데, 한 여성이 "나는 즉흥적인 일이 더 재미있을 것 같아요"라고 말했다. 동의한다. 돌발적인 일은 재미있다. 하지만 계획을 세웠을 때 돌발적인 일이 더 생긴다는 것이 분명해졌다.

파티를 할 때 문제는 너무 공을 들이는 것이다. 타이르는 목소리가 말한다. "너는 친구들에게 그것을 대접할 수 없어." 만일 그것이 먹는 것이라면 할 수 있다. 완벽주의는 노력할 의지를 막는다. 완벽하지 않으면 어떤가. 그게 더 재미있을 수 있다.

9. 무시를 용납하지 않기. 무시無視의 반대말은 바라봄─視이다. 만일 당신이 누군가에게 "안녕하세요"라고 말했는데 그 사람이 당신이 하는 인사를 알아차리지 못했다면 계속 반복해라. "안녕하세요!" 하고. 그러면 그는 그 소리를 들을 것이다. 그가 못 들은 체하는 것일 수도 있다. 그 사

람이 계속 당신을 무시한다면 그것은 그의 문제이다. 당신은 일을 다 했을 뿐이다. '들을 수 있게 하는 것'은 교류분석 집단치료법 중 하나이다. 당신이 이끌고 있는 집단에서 만일 어떤 사람이 의견을 낸다면 그가 들을 수 있게 "감사합니다" 또는 "거기에는 동의하지 않지만 의견 주신 것에 감사합니다"라고 들을 수 있게 말한다. 그런 말이 전달되지 않을 때 집단 참가자들은 무시당했다고 느끼고 바보 같은 의견을 냈다고 느낄 수 있으며 앞으로 아무 말도 안 하겠다고 맹세할지도 모른다.

10. 긴장 풀기. 유머는 삶의 비타민이다. 유머는 다른 사람의 아이자 아를 부드럽게 하는 효과가 있다. 또한 웃음은 무거운 의무감, 책임, 염려, 수고를 가볍게 한다. 언젠가 그레첸이 어렸을 때 나는 부모로서 잔소리를 아이에게 쏟아붓고 있었는데, 말 마지막에 "너한테 대체 어떻게 해야겠니?"라고 했다. 그러자 그레첸은 "뽀뽀해주세요"라고 가벼운 표정으로 말했다. 나는 지금 그때의 문제는 잊었지만 그 뽀뽀는 기억한다.

11. 실행하고 노력하기. 의도한 대로 근육을 움직이고 행동을 취하지 않으면 새로운 일은 아무것도 일어나지 않는다. 실천하지 않는 사람에게 필요한 가장 확실한 해결책은 노력이라는 단어이다. 나는 사람들을 더 많이 알도록 노력할 거야, 나는 내 인생을 책임지도록 노력할 거야, 나는 좀 더 친절해지도록 노력할 거야. 의지를 노력으로 대체하라. 그러면 좋은 결과가 나올 것이다. 의지를 행동으로 대체하라. 그러면 이루어질 것이다.

새로운 감정은 행동으로부터 오지, 행동에 대한 생각으로부터 오는 것이 아니다. 편지를 써야겠다고 마음먹는 것은 해야 할 일이 된다. 편지를 쓰는 행동이야말로 기분을 좋게 하는 일인 것이다.

12. 쉬운 일부터 실천하기. 만일 당신이 오늘 위에 제시한 어루만짐을 위한 제안 중 하나를 실천에 옮긴다면, 당신은 행동하지 않았던―당신이 그동안 행동을 해오지 않았다면―오래된 주문을 드디어 깨뜨리는 것이다. 올해 안에 55명의 사람에게 전화를 걸겠다며 명단을 작성하는 것보다 한 명에게라도 전화하는 것이 더 나은 일이다.

9장

우리는 무엇을 원하는가?

한 여성이 그녀가 다니는 교회의 장기 계획 위원회에서 봉사했던 일을 보고했다. 저녁에 열린 첫 모임에서 위원회 의장은 칠판에 이렇게 적었다. 목표들: 즉시 할 것과 장기적인 것.

위원회 멤버들의 얼굴에는 피로감이 나타났다. 그들 전부가 하루 종일 이미 많은 일을 했기 때문이다. **목표들**이라니! 그 말 속에는 휴식이 끼어들 틈이 없었다. 그 단어는 해야만 한다는 의무감의 다른 표현일 뿐이었다. 무거운 분위기를 느낀 그 여성이 의장에게 그가 쓴 단어를 수정할 수 있는지 물었다. 그는 흔쾌히 그 요청을 수락했다. 그녀는 목표들이라는 단어를 지우고 다시 적었다. 원하는 것들: 즉시 할 것과 장기적인 것. 그런 다음 그 밑에 나는 원한다. 1, 2, 3. 4…….

사람들의 얼굴 표정이 호기심으로 바뀌었다. 세 사람은 긴장을 풀었고, 둘은 의자 앞으로 당겨 앉았다. 한 사람은 연필을 내려놓았고, 또 한 사람은 장난스럽게 "무슨 생각을 하고 계세요?" 하고 말했다. 그 자리에 아이자아가 등장했고 모두가 웃음을 터트렸다.

　그녀는 자신의 변화를 설명했다. 목표는 부모자아, 원하는 것은 아이자아였던 듯하다. 교회에 간다든지, 학교 프로그램이든지, 가족 휴가든지, 아이자아를 제외시키면 계획은 실패하기 쉽다. 우리는 일반적으로 원하지 않는 목표는 이루지 못한다. 위원회가 원하는 것을 말하기 시작했을 때 개인적으로 원하는 것들이 생겼고, 광범위한 것들은 구체적이 되었다. 한 멤버가 가족의 어려움에 대해 토로했고, 교회에 정규적인 집단 상담 프로그램을 개설했으면 좋겠다고 했다. 다른 멤버는 청년 프로그램이 시대에 뒤떨어져 청년의 밤에 더 이상 오고 싶어 하지 않는다며 십대 아들을 염려했다. 한 여성은 외롭다고 말했다. 그녀는 자신의 집에서 함께 살 사람을 찾는 데 도움을 주면 감사하겠다고 했다. 남편이 세상을 떠난 후 집이 너무 넓고 텅 빈 것 같다는 것이다. 위원회 멤버들은 자신의 최종적인 관심사에 대해 말했는데, 거기에는 아이자아의 공포, 욕구 그리고 원하는 것들이 포함되어 있었다. 교회 프로그램과 관련해서 개인적으로 원하는 것들의 목록을 만든 후 멤버들은 해답을 찾는 단계를 시작했다.

　아이자아가 참여하지 않는 전형적인 목표들에는 새해에 하는 결심들이 있다.

　1. 금주(어떤 것을 금주?) 2. 과식(얼마큼 먹어야 적당할까?) 3. 정리(책상 정리? 계획 세우기? 아니면 다른 무엇?) 4. 매일 5시에 일어나 10킬로미터 조깅하기(조깅이 내 건강관리에 맞는다는 검사는 했던가?) 5. 텔레비전 시청 시간 줄이기(어떤 프로그램?) 6. 뭘 하든 늘 즐겁게 보내기(웨이터가 등에 커피를 엎질러도?). 아이자아는 영리하다. 만일 아이자아가 위에 열거한 것

들을 원한다면, 결심은 구체적이 될 것이다. 막연함은 정치가의 약속처럼 현재 상황을 지속하게 할 뿐이다.

새해 결심을 세우고 나면 우리는 자신이 변화될 거라는 착각에 사로잡힌다. 그러나 작심 3일 만에 추진력은 사라지고 결심은 감자튀김 앞에 무너지며 잠자리에 들 늦은 시간까지 심야쇼 재방송을 본다.

프리드먼과 로젠먼은 《A형 행동과 당신의 심장Type A Behavior and Your Heart》에서 이렇게 썼다. "만일 아름다운 인생을 살고 싶으면, 먼저 아름다운 하루를 사는 것부터 시작해야 한다." 우리는 얼마나 아름다운 하루하루를 보내고 있나? 그들은 다음과 같이 제시한다. "아름다운 날들을 살기 위해서는, 아름다운 사물들과 사건들에 대해 또한 생각해야 한다. 이러한 사물들과 사건들이 바보처럼 보일지라도……"[27]

원하는 것은 구체적이어야 실현된다

우리는 하루하루를 쉽게 다룰 수 있는 단위로 쪼갤 필요가 있다. 또한 눈에 보이는 아름다움을 고려해야 한다. 아름다움에 대한 경험은 살아가는 삶의 맥락 안에서 이루어진다. 만일 추하고 비참한 경험을 바꾸고 싶다면, 우리는 구체적인 직면에서 시작해야 한다. 원하는 것 목록부터 만드는 것이 시작이다. 원하는 것이 이기적이거나 쾌락적이거나 어리석다고 생각하는 사람들에게 있어 원하는 것에 대한 분석은 그것이 사실인지 아닌지 밝혀내는 데 도움이 될 것이다. 그러나 구체적인 단어들에서 시작하지 않는 한 아무것도 분석할 수 없다. 여기에 시작하는 방법이 있다.

종이 한 장을 꺼내 머릿속에 떠오르는 대로 적기 시작한다. 꾸미지 말고 떠오르는 대로 적는다. 그것의 당신의 삶의 목록이다. 분석할 때까지는 다른 사람과 공유하지 마라. 만일 행글라이딩을 하고 싶다는 욕구가 떠오르면, 당신이 하려는 분석의 일부로서 결과가 나올 때까지 배우자에게 목록을 보여주지 마라. 만일 행글라이딩하고 싶다는 말이 배우자를 짜증나게 하면, 반대되는 결정을 할 수도 있기 때문이다. 은둔자가 되기로 하지 않는 한 관계를 포함하여 우리 삶의 많은 부분들은 더불어 가야 한다. 그렇지만 우리가 원하는 모든 것이 반드시 만장일치의 승인을 받아야 한다는 뜻은 아니다. 그렇더라도 반대의 결과를 이해할 필요는 있다. 그런 다음 우리는 내가 원하는 것과 네가 원하는 것이 충돌했을 때 어떻게 해야 할지 그려보아야만 한다.

첫 번째로, 마음속에 떠오르는 것이면 무엇이든 원하는 것의 목록을 만들어라. 바로 할 것이든 장기적인 것이든, 어리석은 것이든, 재미있는 것이든 건전한 것이든 상관없다. 여기 목록이 하나 있다.

1. 빨간색 스포츠 카
2. 인라인 스케이트
3. 햇빛에 그을린 가무잡잡한 피부
4. 백만 달러
5. 친구
6. 12명의 아이들

7. 크로스 펜

8. 하버드 클래식 시리즈

9. 강아지

10. 대통령 되기

11. 새 컴퓨터 구입

12. 학부모회 회장 되기

13. 버켄스탁 신발

14. 희고 반짝이는 이

15. 콘택트렌즈

16. 식스팩

17. 현관 앞에 제라늄 화분 놓기

18. 노란 머리로 염색하기

19. 소울메이트

20. 물침대

21. 내 이름이 각광받는 것

22. 산속의 통나무집

23. 아이들을 위한 음식

24. 디너파티

25. 바벨

26. 안에는 크림이 가득하고 겉은 초콜릿으로 입혀진 사탕 한 상자

27. 모터사이클(길지 않나? 계속 써내려가라. 꿈을 크게 꾼다고 해서 돈이 더 드는 것은 아니니)

28. 영예로운 명분

29. 상호간의 군축

30. 오리털 이불

31. 피아노 치기

32. 나만의 사무실

33. 전화 대신 받아주는 사람

34. 매일 아침의 평화롭고 조용한 2시간

35. 존경

36. 정확한 맞춤법 쓰기

37. 다른 사람과 친해지기

38. 카리브 해에서 크리스마스 보내기

39. 만족하게 인생을 즐기기

40. 샤워

41. 멋지고 부자인 결혼 상대 찾기

42. 젊음

43. 커트하기

44. 아침에 행복하게 일어나기

45. 레몬머랭파이 한 조각

46. 책 쓰기

47. 박사학위

48. 멀리 떨어져 있는 옛 친구에게 전화하기

49. 입양하기

50. 두통에서 벗어나기

51. 파티

52. 프랑스어 배우기

53. 전국 여행하기

54. 장미정원 가꾸기

55. 합창단에서 노래 부르기

56. 책상 정리

57. 직장에서 승진하기

58. 이혼

59. 공동체에서 살아보기

60. 장수하기

61. 대통령 만나보기

62. 국회의원 출마

63. 도미노 게임

64. 웃기

65. 산책

66. 멋진 옷 구입하기

67. 기도회에 가입하기

68 사장에게 호통치기

69. 셰익스피어 암기하기

70. 프렌치 호른 배우기

71. 감자 심기

72. 운동기계 들여놓기

73. 우편함 페인트칠하기

74. 정수기 설치

75. 바나나

위 목록의 가치는 구체적이고 자발적인 데 있다. 이러한 것들은 우리의 일상생활에서 매일 의식에 떠오르는 것들이다. 이것은 다른 이들이 원하는 것들을 고려해보는 데도 도움이 된다. 그들이 원하는 것도 우리와 마찬가지로 구체적이고 기이하기까지 하다. 사람들은 때로 그들의 환상을 공식화하며, 차 범퍼에 "나는 날고 싶어", 스노클링, 항해, 사랑하자라는 스티커를 붙여 환상을 공유하면서 원하는 것들에 대한 안전을 추구한다.

미소 짓거나 웃기 같은 일은 즉시 할 수 있다. 노먼 커즌스는 심각한 병에 걸렸을 때 웃음에 치료 효과가 있다고 믿었고, 그는 그것이 사실임을 증명했다.[28] 그는 재미있는 영화를 예매해서 보았고 간호사에게 재미있는 책을 읽어달라고 했다. 그에게 있어 웃음은 계획적인 것이었다. 크로스펜을 사는 것은 가게에 가서 돈만 지불하면 된다. 산책은 언제든 나갈 수 있고 돈이 한 푼도 들지 않는다. 원하는 것을 살펴보는 방법으로 (1) 혼자서도 할 수 있고 돈이 전혀 들지 않는 것, (2) 혼자서 할 수 있고 약간의 돈이 드는 것, (3) 다른 사람과 할 수 있고 돈이 들지 않는 것, (4) 다른 사람들과 할 수 있고 약간의 돈이 드는 것으로 나누어보는 것도 한 방법이다. 이렇게 범주화하면 "돈이 충분치 않아" "친구가 없어"라는 변명을 완화시키는 데 도움이 된다.

우리는 막연하게 원하는 것들을 다룰 수 있는 조각들로 나눠야 한다. 가능성은 구체적인 것들 속에 있다. 우리가 궁극적으로 세상의 평화를 원한다 하더라도 이 희망은 일반적으로 조간신문을 읽거나, 지구 문제를 토론하는 중에 우리의 의식 안에 들어오고, 군대에 가거나 〈지구 최후의 날The Day After〉 영화를 보아야 비로소 구체적인 것이 된다. 우리 사무실에는 다음과 같은 글이 써 붙어 있다. "당신에게 일어나지 않은 일은 영원히 일어나지 않은 일이다." 실제로 맞는 말이다. 경험에 비추어 봤을 때 그렇다. 위에 나열한 원하는 것들의 목록들 중 몇 가지는 당신에게 사소해 보일 수도 있을 것이다. 이제 원하는 것들의 분석의 다음 단계로 넘어가보자.

우리의 어떤 부분이 원하고 있나?

원하는 것들을 정한 후에는 당신의 어떤 부분이 그것을 원하는지 결정하라. 부모자아인가, 어른자아인가, 아이자아인가, 아니면 이 세 자아가 조합된 것인가. 이것은 다른 분석과 마찬가지로 시간과 생각이 드는 일이다. 만일 아이자아가 그것을 원하지 않는다면, 우리는 아마도 그 일을 성취하지 못할 것이다. 왜냐하면 아이자아가 '원하는 것'이 동기가 되기 때문이다. 만일 아이자아만 그걸 원한다면, 우리를 위해 좋지 않을지도 모른다. 왜냐하면 아이자아는 결과와 다른 현실을 고려하지 않기 때문이다. 만일 부모자아가 그걸 원한다면 무거운 중압감을 느낄 것이다. 그리고 아이자아 안의 공포가 동기를 제공할지도 모른다. 하지만 공포는 그것이 삶을 보존하는 데 뿌리를 두고 있다 하더라도 삶을 향상시키지 않는다. 또한 어른자아도 '원하는 것'에 개입되어야 하는데, 어른자아가 '방법'을 제공하기 때문이다. 부모자아는 만족시키지 못하더라도 어른자아와 아이자아가 협력하면 때로 성공을 이룰 수 있다. 부모자아, 어른자아, 아이자아가 협력하면 일반적으로 우리가 원하는 것을 얻을 수 있다. 부모자아를 기쁘게 하려는 욕망은 결코 우리를 떠나지 않는다. 부모자아의 인정은 언제나 기분 좋은 내면의 박수갈채이며 영원한 기록이다. 따라서 과거에 그랬듯이 부모자아에 순응하려는 노력을 멈추지 않는다. 우리의 순응이 우리 자신의 특별한 자기주장적 수정을 거친 표시가 있을지라도 말이다. 예를 들어, 정치가의 아들은 정치가가 되지 않겠다고 맹세한다. 그러나 국회 보도 기자가 되어 정치에는 개입하지 않으면서 정치가와 그의 부모자아를 비판하는 일을 맡게 될지도 모른다.

원하는 것을 얻기 위한 선택

만일 당신이 100만 달러를 원하면 은행털이를 포함해 수많은 방법이 있다. 이밖에 학위 따기, 물질 중심으로 살기, 부자와 결혼하기, 바다에 침몰한 보물 찾기, 절약하기 등의 여러 가지 길이 있다. 새뮤얼 존슨의 다음과 같은 충고를 따르고 싶을지도 모른다. "부자가 되겠다고 늘 맹세하라. 그리고 적게 써라." 또는 '쉽게 부자가 되는 법'의 내용을 담은 책을 볼 수도 있다. 정보를 모으고 꼼꼼히 검토하는 것은 우리가 원하는 것을 얻는 데 필수적이며, 또한 우리가 전혀 원치 않는 것에 대해서 확신을 주는 효과가 있다.

사람들이 절대 고려하지 않는 한 가지 옵션이 있다. 바로 원하는 것을 직접 요청하는 것이다. 우리가 더 구체적일수록, 기회는 많아진다. 당신은 친구의 집에서 휴가를 보내고 있다. 한낮에 갑자기 바나나가 먹고 싶어졌다. 다음 문장 중 바나나를 얻을 수 있는 기회는?

1. "오늘 밤 너를 저녁 식사에 초대하고 싶어.(아마 거기 가면 바나나가 있겠지.)"(시간은 흘러가고 당신은 **지금** 바나나를 원한다.)

2. "캘리포니아에서 자라는 과일나무가 얼마나 많은지 재미있군. 너한테는 무슨 나무가 있어?"(원예학에 대한 긴 대화가 이어질지도 모른다. 당신의 위장은 여전히 바나나를 갈망하고 있는데.)

3. "내가 여기 온 후로 과일광이 되었어. 사실 지금도 좀 먹고 싶은데." ("좋은 생각이야" 하고 초청한 친구가 말한다. "굉장히 신선한 복숭아가 있는데 좀 갖다 줄까?" 아주 좋다, 그러나 복숭아는 바나나가 아닌걸.)

4. "지금 별안간 바나나가 먹고 싶어졌어. 집에 바나나가 있을까?"(당신은 원하는 것을 얻을 기회를 가질 것이다. 집주인이 집에 바나나가 있으니 잠깐 기다리라고 하거나, 당신이 과일 가게에 가서 몇 개 살 수도 있고, 그것도 아니면 아이스크림 가게에 가서 친구와 바나나 아이스크림을 나눠 먹을 수도 있다.)

당신의 바나나에 대한 욕구에서 적절한 시간, 정중함, 식사 후 얼마나 지났는지 등도 고려해볼 수 있다. 이러한 조건들이 맞는다면, 원하는 것을 정확히 얻을 수 있을 것이다. 당신이 그것을 요청했기 때문이다. 그러나 요청하기 전에는 결과에 대해 생각하라.

선택에
따른 결과

우리가 원하는 것을 얻는 것에
대해 각 선택사항들에 따른 결과를 고려하는 것은 어른자아의 일이다.
은행 강도는 짧은 시간 안에 백만 달러를 손에 넣을 수 있다. 그러나 감
옥행으로 종지부를 찍기 십상이다. 부자와 결혼하는 것은 이기적인 사람
과 결혼하는 것을 의미할지도 모른다. 사람에 따라 그렇지 않을 수도 있
지만 말이다. 이혼하고 나면 잔디가 늘 푸른 것은 아니라는 것을 발견할
수도 있다.

해변에서 갓 돌아온 듯 검게 태닝한 결과 피부암에 걸릴 수도 있다. 명
성을 날린다는 것은 사생활이 없어진다는 뜻일 수도 있다. 사장에게 호
통친다면 승진에 대해서는 잊어야 할지도 모른다. 크림이 가득 들어 있
고 초콜릿으로 덮인 사탕 5파운드를 먹는 것은 8,898칼로리를 몸속에
붓는 것이다. 140킬로미터를 시간당 4.8킬로미터의 속도로 걸어야 그 열
량을 소비할 수 있다. 자신에게 "사탕을 먹으면 안 돼"라고 말하는 것보
다 "140킬로미터를 걷고 싶으면 사탕을 먹어도 돼, 또는 8,989칼로리를
다이어트하려면 몇 주가 넘게 걸릴 거야"라고 말하는 것이 동기부여하기
가 더 좋다. 결과를 객관적으로 바라보는 것은 어른자아의 기능이다. 부
모자아는 '토론'을 거들 것이다. "사탕을 박스째로 먹으면 살이 찐다"는
말을 하면서 말이다. '얼마나 많이 먹어야' '얼마큼 살이 찌는지' 정확히
아는 것이 더 확신을 준다. 부모자아의 '안 돼' 메시지는 박탈감을 준다.
어른자아의 결론들은 우리 자신이 선택할 수 있는 자유를 주며 우리의

행동에 대해 책임을 지도록 한다. 다행히도 부모자아 안에 좋은 양육적 메시지가 기록되어 있다면, 좋은 식습관이 강화되고, 어른자아 또한 동의할 것이다.

영화 〈사운드 오브 뮤직Sound of Music〉을 보고 나면 12명의 자녀에 대한 환상이 생길지도 모른다. 또는 넓은 잔디밭에서 12명의 아이들과 축구 시합을 하는 즐거운 상상에 빠질 수도 있다. 그러나 우리의 환경은 그렇지 않다. 12명의 아이들을 기르기 위해서는 경제력과 체력이 요구된다. 한 아이, 두 아이도 마찬가지다. 대가족을 이루고 싶다는 소망에 부모자아와 아이자아는 동의할지도 모른다. 그런데 어른자아가 원하지 않으면 이런 큰 위험부담을 안는 선택은 무시된다.

버켄스탁 신발은 부모자아의 눈살을 찌푸리게 할 수도 있다. 그러나 아이자아는 좋아하고 어른자아는 발에 잘 맞고, 개성이 있다는 등의 이유를 열거하면서 찬성할지도 모른다. 여성 구두는 부모자아에게 호소하고, '가격이 어떻든 매력적인' 것을 원하는 아이자아를 향해 마케팅한다. 그러나 건강, 자세, 편안함 등을 고려하는 어른자아는 무시된다. 딸들이 어렸을 때 우리는 잘 맞는 신발을 신게 했다. 막 청소년기에 접어들 무렵 늘 가던 가게로 정장 구두를 사러 갔다. 판매원은 유행하는 하이힐 구두를 꺼내 왔다. 그 구두는 볼도 좁고 맞지도 않았다. 가게에는 적당한 사이즈가 없었다. 내가 그 구두에 대해 반대하자 판매원이 말했다. "요즘 어린 숙녀들은 모두 이 구두를 신는답니다." 소녀들이 중학교에 가면 신기 편한 신발을 권하는 판매원들로부터 사회적으로 프로그램된 부모자아의 설교를 듣게 된다. 누가 당신의 구두를 사는가? 부모자아인가, 어른자아인가, 아이자아인가?

원하는 것이
상충될 때

우리에게 모든 것을 할 시간은 없다. 우리는 '원하는 것' 목록을 현실성 있고, 실현 가능하면서 아이자아가 포함되고 어른자아가 승인하며 부모자아가 격려하는 욕망들로 줄여야 할 수도 있다. 그런 다음에도 조금 더 줄여야만 한다. 이런 환상에는 특히 젊었을 때에는 영원히 살 것 같다는 것이 있다. 원하는 것은 많지만 시간은 제한되어 있기 때문에 우선 해야 할 것을 정해야 한다.

정치적으로 성공하고 국회의원이 되고 싶어 하는 20세의 여성은 제한되어 있는 시간을 가치 있게 쓰기 위해 아이 가지는 것을 포기할 수도 있다. 아니면 아이가 클 때까지 꿈을 연기할 수도 있다. 멋진 몸매를 원하는 사람은 달달한 파이나 초콜릿을 포기해야 한다. 두통 없이 상쾌한 아침을 맞이하고 싶다면 밤늦게까지 이어지는 모임은 피해야 할 것이다. 연예인 같은 스타도 멋있어 보이지만 많은 일에 시달리며 피곤한 삶을 살아야 한다.

인생 초기에 '원하는 것' 목록을 작성하는 게 좋지만 사실상 그런 경우는 드물다. 자신에 대해 잘 알고 있다면 현실적으로 다룰 수 있는 이상을 계획해서는 안 된다. "아니오"라는 말을 못해 "예"라고 답하게 되면 열정이 생기지 않고 끝까지 마무리하기가 쉽지 않다.

자신이 원하는 바를 알면, 인생에서 우리가 생각하는 것보다 훨씬 많은 것을 얻게 될 것이다. 적어도 결정할 수 없는 일을 포기하면 에너지를 낭비하지 않게 된다. 목표에 대한 방향성을 상실하면 두 배의 노력이 들면서도 불안감과 싸우게 된다. 결국 목표에 도달하지 못하고 몸은 지치고 열정도 사그라든다.

원하는 것에 대해 검토해보면, 도덕적 신념과 상충하는 걸 발견하게 될지도 모른다. 도덕적 신념의 대부분은 어린 시절 배운 바에 뿌리를 두고 있으나 그것이 반드시 부모자아는 아니다. 자기긍정-타인긍정을 충족시키려면 반드시 어른자아가 해야 할 바가 있다.[29] 다른 사람이 원하는 것을 얻도록 도우면서 내가 원하는 것을 할 시간이 남을까? 내 행복이 다른 사람의 행복이라는 대가를 치러야 하는 것인가? 나를 행복하게 해줄 것을 얻게 될까? 무엇이 나를 행복하게 할까?

아이자아가 원래 원하는 것은?

일시적이거나 영구적인 '원하는 것' 목록을 작성함으로써 얻는 이득 중 한 가지는 현실과 대면하게 된다는 것이다. 현실은 가장 중요한 치료적 도구이다. 현실을 말할 수 없다면, 그것을 알 수도 없을 것이다. 한번 글로 쓰여진 욕망은 그 자체로 생명력을 갖는다. 우리는 그것들을 연구하고, 재조직하고, 삭제하고 수정할 수 있다. 우리는 표출되지 못하고 결핍으로만 경험되었던 내적인 갈망에서 필요한 명세표를 작성했다. "백지수표를 받는다면 얼마나 행복할까?" 내 소유의 집, 차, 아름다운 몸매, 행복한 잠. 이러한 것들이 나를 행복하게 할까?

원하는 것은 아이자아이기 때문에 "아이가 원래 원하는 것은 무엇일까?"라고 묻는 것이 유용하다. 원초적 바람want은 세 가지였다. 안전, 새로움, 의미이다.

1. 안전. 세상 밖으로 나오기 전 어둡고 따뜻한 자궁 안에서 태아는 군건한 안전을 느낀다. 출생 때 거칠게 세상에 내쫓기기는 하지만, 안전은 엄마의 품에서 다시 찾아진다. 달이 가면서 신생아는 분리된 인격체라는 자각을 가지며 성장하지만 안전에 대한 욕구는 항상 가지고 있다. 어린아이는 이것은 나의 침대, 나의 방, 나의 자리, 나의 담요, 나의 엄마, 나의 아빠라는 확신을 고집하게 되며 낯선 사람을 두려워한다. 엄마가 외투를 입으면 외출하는 줄 알고 아이는 울음을 터트린다. 그러나 성장하고 학습하는 과정에서 아이의 내면에서는 호기심이 싹트기 시작한다. 아이는 외부세계의 새로움과 부딪히면서 자신의 안전을 평가하기 시작한다. 이제 안전만으로는 충분하지 않다.

2. 새로움. 어린 시절은 인생의 어느 때보다 호기심에 이끌려 새로움을 탐구하는 시기이다. 인간의 지식과 기술의 50퍼센트는 생후 4년 동안에 얻어진다.[30] 단어, 문장, 색깔 이름, 상징들에 대한 학습의 복잡성을 생각해보라. 고지식한 젊은 엄마는 아이들에게 말한다. "고양이가 양탄자 위에 올라갔네, 몇 번일까. 너도 알지 2 더하기 2, 너도 그 뜻을 알지?"

호기심 때문에 아이는 낯선 사람에 대한 공포를 극복하고 어른의 수염을 만져보거나 엄마 친구의 차 열쇠에 손을 대거나 새끼고양이의 흰

털을 만진다. 역설적으로 아이는 안전감을 느낄수록 대담하게 새로움에 대한 탐색에 나설 수 있다. 말을 할 줄 알게 되면서 아이의 안전감은 더욱 커진다. 아이는 성장해가면서 사태를 예측하게 되고 그럼으로써 점차 불안감도 줄어든다.

한 친구가 4살 된 딸 폴리에 대해서 이야기해주었다. 폴리의 엄마는 폴리에게 늘 앞으로 일어날 일에 대해 미리 알려주었다. 집에 누가 방문하기로 한 어느 날이었다.

엄마는 "폴리, 2시에 브라운 아줌마가 엄마를 보러 올 거야. 그분은 엄마가 등록하기로 한 통신교육 프로그램에 대해 말해주기로 했단다. 1시간쯤 여기 계실 거야. 그동안 너는 조용히 앉아 듣고 있거나 네 방에서 너 하고 싶은 일을 해." 그러면서 엄마는 "차가 도착하면 알려줄 테니 네가 문을 열어드리렴. 그분의 이름은 브라운이야" 하고 덧붙였다.

엄마의 말을 듣고 난 폴리는 시간이 되자 현관문을 열고, "안녕하세요, 브라운 아줌마. 들어오세요. 코트를 걸어드릴까요?"라고 말했다.

어린아이의 이런 환대를 받은 브라운 부인은 따뜻한 반응과 환한 미소를 보였다. 이것은 사실상 엄마로부터의 인정이었다. 다음에 브라운 부인은 '필요한 방'을 사용해도 되는지 물었다. 폴리는 우리 집에는 '필요한 방'은 없는 것 같다고 대답했다. 화장실을 가끔 그런 이름으로 부르기도 한다는 말을 듣고 나서야 폴리는 화장실이 있다고 말했다.

엄마는 "폴리, 브라운 아줌마에게 화장실을 안내해드리렴" 하고 말했다. 폴리는 안내를 마친 후 복도에서 "다 마치시면 절 부르세요"라고 공손히 인사한 후 자기 방으로 들어갔다.

영특하고 조숙한 아이들은 어떤 일이 일어날 거라는 말을 들으면 자신들이 할 일에 대해서 안다. 예견되는 일들에 대해 들려준 다음에는 '할 방법'에 대해 설명한다. 정보는 아이들이 새로운 상황을 안전하게 받아들이게 한다. 약간의 위험은 있더라도 최소화되는 것이다.

슬프게도, 대부분의 사람들에게 안전과 새로움은 폴리의 경우처럼 매끄럽지 못하다. 이 둘은 다음 그림처럼 스펙트럼의 정반대편인 양 극에 위치한다. 이런 모습은 평생 동안 계속된다. 우리들 대다수는 중앙 어디쯤에서 살고 있으며 양쪽 끝에 대해 다소간 불편함을 안고 있다. 성인이 된 사람들 중에는 안전을 유지하는 데 모든 에너지를 쏟아 붓고 모든 행위에서 최우선 순위로 삼는 경우도 있다. 그들은 집과 자아 주위에 높은 성벽을 쌓고 비 오는 날을 대비에 돈을 저축하며, 마지막 순간까지 결과를 저울질한다. 그러나 그들을 보호하는 장벽은 또한 그들을 고립시킨다. 안전할지는 모르지만 죽은 것이나 다름없는 삶을 사는 것이다.

안전   새로움

그림 8. 안전-새로움의 스펙트럼

스펙트럼의 반대 끝에 사는 사람들도 있다. 그들은 조심성은 바람에 던져버리고 순간을 산다. 조금 더 자극적이고 특이한 걸 찾아 늘 새로운 경험을 추구한다. 마약을 복용하거나 러시안 룰렛 게임을 하는 극단적 모험주의자들처럼 그들은 몸이 망가지든 죽음을 만나든 앞으로 벌어질 일을 두려워하지 않는다.

무엇이 이들을 무절제하게 살게 했을까? 역설적으로 부모자아에게 복종하면서 느꼈던 안전감이 이러한 대담하고 거칠고 찰나적인 삶으로 이끌기도 한다. 또는 "고속도로에 나가 놀아라"라는 부모자아의 파괴적 메시지를 받아들였는지도 모른다. 자식을 위험한 모험으로 안내할 때 조심성 있는 부모는 안전 또한 가르친다. 그러므로 새로움과 안전을 조화롭게 섞는 신중함에 대해서 자신감을 갖게 한다. 약간의 위험한 활동들은 모험과 숙달로 이끌기도 한다. 위험은 '안전하게 낙하할 낙하산'을 챙겼다면 재미있는 일이 될 수 있다.

3. 의미. 이게 전부일까? 안전과 새로움? 두 가지가 다 충족되었지만 행복하지 않은 사람들이 있다. 안전 면에서 빌라와 고급 아파트, 배와 비행기, 하인들, 명품 물건들 아쉬울 것 없이 모든 걸 소유하고 있고, 새로움 면에서 선상 여행 사냥 여행을 비롯해 온갖 모험을 다 해도 모두 따분하다. 돈은 태워도 좋을 정도로 많고 아무것에도 호기심도 없다. 적어도 그들은 그렇게 느낀다.

그들에게 부족한 것은 무엇일까? 그것은 바로 의미이다. 인생에서 중요한 것은 뭘까? 내 인생에서 뭘 할 때의 불쾌한 소음과 아무것도 하지 않을 때의 두려움 중에서 중요한 것은 무엇일까? 우주를 둘러싸고 있는 관계와 함께 의미는 개인적인 중요성을 가진다고 확실히 말할 수 있다. 의미는 또한 어린아이의 욕망이기도 하다. 어린아이가 "나는 어디에서 왔어요?"라고 물을 때, 거기에는 워즈워스의 "불멸성의 암시"만큼이나 심오함이 담겨 있다. 인생이란 무엇인가? 죽음은 또 무엇인가? 나는 왜 태어났을까? 나의 가치는 어떤 것일까? 이 궁극적인 갈망에 많은 사람들이 동의할 것이다.

어린 시절 나는 늘 이런 의문에 휩싸여 있었다. 특별한 현충일이 기억난다. 우리 가족은 모란꽃을 한 다발 들고 공동묘지를 찾았다. 거기서 나는 친척과 친구들이 돌아간 '안식처'인 무덤 앞 깡통에 꽃 꽂는 걸 도왔다. 돌보는 이 없는 무덤에도 늘 꽃을 남겨놓았다. 현충일은 죽음에 대해 알 수 있는 기회였다. 어린 소녀 시절 나는 비석 사이를 돌아다니면서 오랫동안 이상한 생각에 잠기곤 했다. 조각된 양을 쓰다듬으면서, 돌 천사의 비어 있는 눈을 바라보면서, 내 발 아래 있는 시체는 지금은 어떻게 되었을지 궁금해했다.

그러므로 우리는 우리의 전 생애에 걸쳐 남아 있는 아이의 갈망에 세 번째 차원을 추가한다.(그림 9) 안전, 새로움, 의미라는. 그리고 이 가운데 가장 중요한 것은 의미이다. 세상의 영웅들은 그들의 삶이 의미 있었기에 안전과 새로움을 포기할 수 있었다. 우리는 그들의 지혜의 상속인이고 아직도 그들에게서 배우고 있다.

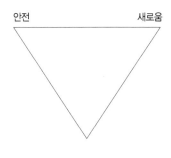

그림 9. 아이자아의 바람

변화를 위한 요구

'원하는 것' 목록을 작성한 후에
는 무엇을 해야 할까? 원한다는 것만으로도 절반은 성취된 것이다. 나머
지 절반은 변화이다. 무엇을 누가 변화할 것인가? 변화는 우리 주변에 있
지만 대부분이 더 나빠지고 있는 듯하다. 전 세계를 통해 경제는 어려워
지고 정치는 늘 긴장 상태다. 국가 부채가 늘고, 빵값은 오르며, 인구는
늘고 자원은 줄어들고 있다. 이러한 종류의 변화를 개선시키는 데 있어
개인적 기여는 제한되어 있다. 그러나 황야에서 울부짖는 개인의 목소리
가 들려오고 세상을 조금씩 바꾸고 있다는 증거들도 있다.

우리가 사는 소도시인 작은 세상은 어떠한가? 그곳을 어떻게 해야 바
꿀까? 다른 사람을 바꾸려고 아무리 애써도 우리는 사실상 다른 사람
을 변화시킬 수 없다. 우리는 영향을 주고 도움을 줄 수 있을 뿐이다. 그
러나 그 사람들이 "아니오No"라고 말하면 너와 나 우리만 남게 된다. 우
리는 우리 자신만 변화시킬 수 있다. 우리가 변화할 때 다른 사람이 변

화하도록 영향을 끼칠 수도 있다. 그러나 출발은 우리 자신으로부터 시작해야 한다.

원하는 것이
첫 번째다

우리가 변화를 원하기 전까지는 달라질 일은 발생하지 않을 것이다. 사람들은 우리가 해야 하는 일이나 우리의 '희생'에 대해 말할지도 모른다. 우리도 이미 모두 알고 있는 사실이다. 그러나 우리가 삶을 달라지게 하겠다고 결심하지 않는 한 아는 것만으로는 동기부여가 되지 않는다.

다음 세 가지가 사람들이 변화를 원하게 만든다. 고통, 지루함, 그리고 각성이다. 오랫동안 단단한 장벽에 부딪혀 머리가 피투성이가 되거나, 슬롯머신에 여러 해 돈을 투자하고도 한 번도 따지 못해 깊이 상처받았을 때, 신체적으로 정서적으로 끝장을 보았을 때 더는 지탱할 수 없는 순간이 온다. 더 이상은 못해! 그들은 변화할 준비를 하고 의지를 가진다.

지루함은 변화를 원하게 만든다. "그래서 뭐야?"라는 말을 하면서 인생을 살아가다가 마침내 그들은 "그래서 뭐지?"라는 큰 질문과 마주하게 된다. "이보다 인생에는 분명 뭐가 더 있을 거야" 주장하면서.

사람들을 변화시키는 세 번째 사항은 그들의 가능성에 대한 발견이다. 이것은 교류분석의 효과로서 관찰되어왔다. 특별한 욕망이 없는 많은 사람들이 강의나 독서를 통해 교류분석을 배우고 나서 예전에는 전혀 꿈

꿰보지 않은 새로운 가능성에 대한 흥미가 생긴다.《자기긍정 타인긍정》을 읽은 수천 명의 독자들이 변화에 대해 보고했다. 뉴델리의 정부 관리는 이렇게 썼다. "아무런 코칭도 받지 않고, 나는 당신의 편지를 읽고 또 읽으면서 스스로 훈련을 시작했습니다. 나의 뿌리 깊은 공포와 스트레스, 긴장과 조급함이 없어졌습니다. 나는 변화에 빠져들었고, 가족, 친구들과도 이 기쁨을 나누었습니다. 뉴햄프셔에 사는 남성은 이렇게 썼다. "당신의 책《자기긍정 타인긍정》은 저의 암울했던 시기에 하나의 행운이고 축복이었습니다. 그 책은 저를 생각하도록 이끌었고, 저는 몇 가지 놀랄만한 변화를 보게 되었습니다. 그리고 그 책을 다시 읽으며 더 많은 변화를 희망하고 있습니다." 뉴욕에 사는 남성은 "저의 결혼 생활은 끔찍한 문제들로 파경 지경에 있었습니다. 당신의 책은 결혼을 구해야겠다고 마음먹게 했습니다. 깊이 감사드립니다."

긍정은
힘이 세다

우리는 주로 제거해야 할 것들에 대해 계획을 세우면서 변화를 꾀한다. 어수선함, 분주함, 비만, 공포, 청구서들, 때로는 사람들까지. 하지 말아야 할 것들은 박탈의 의미가 있으며, 작심삼일로 끝나는 새해 결심이 실패하는 이유를 설명해준다. 무언가를 제거하기 전에 그것을 대체할 수 있는 계획을 세워야 한다. 그렇지 않으면 더 나쁘게 끝날 수도 있다. 반면 '하라'는 흥분시킨다. '하라'가 없다면,

진심에서는 바라지 않은 성관계처럼 공허감으로 끝맺음할지도 모른다.

우리의 동기는 긍정적일까, 부정적일까? 만일 우리가 우리를 통제하는 부모자아의 프로그램을 좋아하지 않는다면, 그것을 자유롭게 조작하고 머릿속에 담아두려 하지 않을 것이다. 이러한 반동적 반응은 흔히 사춘기에서 관찰되는데 사춘기의 아이들은 교육받은 것과는 정반대되는 행동을 한다. 얼핏 변화된 것처럼 보이지만 이들은 여전히 오래된 프로그램에 지배되고 있다. 정반대의 행동만 해야 한다는. 그들은 자유롭지 않다. 왜냐하면 그들은 조정하는 자가 원하는 것과 정반대로 해야 한다고 말하는 조정에 지배를 받고 있기 때문이다. '보여주기 위해' 고안된 변화는 결국에는 만족스럽지 않다. 자유란 당신 부모가 원하는 것일지라도 당신에게 또한 좋은 것을 하는 것이다. 부모자아는 앞에서 기술한 대로 문제가 되는 메시지와 함께 방대한 지혜를 저장하고 있다. 검토하지 않고 맹목적으로 부모자아를 따르는 것이 나쁠 뿐이다. 라벨이 없는 약병에서 약을 꺼내 복용하는 것처럼 그것은 비타민이 될 수도 있고 독극물이 될 수도 있다. 내용물을 아는 것이 차이를 만든다.

우리는 자신을 위해서 변화하는 것일까, 또는 다른 사람을 위해서 변화하려는 것일까? 훌륭한 체중감량 프로그램은 미용적 측면이 아니라 코치들이 건강에 대해 강조했을 때 효과를 발휘한다. 그들은 당신과 당신의 건강을 위한다. 그들은 당신이 건강하게 오래 살기를 바라며, 당신을 사랑한다. 그들은 당신이 해왔던 방식을 싫어하는 티를 내지 않는다. 당신을 보다 나은 사람으로 만들기 위한 것이 아니라 있는 그대로 당신을 더 잘 돌보기 위해서이다.

반면에 하지 마라 프로그램은 박탈감을 주고, 하자 프로그램은 즐거움을 준다. "하루에 평소에 말을 나누어보지 않은 10명의 사람에게 인사를 하자"는 어루만짐과 재미와 놀라움을 선사할 것이다. "하루 종일 집 안에 앉아 있으면서 자신에게 미안함을 느끼지 마라"라는 말은 하루 종일 집 안에 앉아 자신에게 미안함을 느끼게 만들 것이다. 긍정적 프로그램은 원하는 것 목록을 작성하는 것으로부터 시작한다.

눈에 보이는 보상이 중요하다

앞에서 말한 것처럼, 변화나 재결심은 아이자아의 참여를 요구한다. 아이자아는 어루만짐을 얻고 생동감 있게 살아가기 위한 초기 결정에 깊이 관련되어 있다. 어른자아하고만 관련지어진 지적인 훈련만으로는 변화는 작동하지 않는다. 아이자아를 위한 것이 있어야만 한다. '행복하고 생산적인 삶' 같은 몇 년 후에 얻게 되는 크고 모호한 보상만이 아니라 작은 보상들이 있어야 한다. 행복한 매일매일은 어떤가? 결혼, 이혼, 재혼, 이사, 판매, 구매, 사퇴 등의 변화를 고려할 때 던지는 중요한 질문은 이 변화 때문에 내일 더 나은 느낌을 가질까?이다. 지금부터 일주일? 지금부터 5년? 이 변화로 내 삶이 개선될 수 있을까?

우리 가족은 해마다 캘리포니아 나파밸리에 있는 헬레나 건강센터로 휴가를 갔다. 그곳의 피트니스 프로그램은 전국에서 최고 수준이다. 2주 동안 충분한 휴식과 레크리에이션, 강의가 이루어진다. 그날의 가장 즐거운 행사는 아침 6시에 상쾌한 공기를 마시면서 계곡에 있는 포도밭을 내려다보며 안개 낀 언덕길을 걷는 일이다. 산책로에는 꽃과 딸기들, 신기한 작은 벌레들과 고목들이 줄지어 있었다. 길들 중 하나는 농장 사이로 향하고 있었다. 톰은 아침마다 이 길로 산책을 했다. 마구간에는 흰 말이 하나 있었다. 그 말은 매일 아침 담장 쪽의 반들거리는 길을 통해 건강을 찾아 도회지에서 온 사람들에게 충실히 인사를 했다. 사람들은 보통 말의 코를 비비고 다정한 대화를 나누었다. 하루는 톰이 말에게 주려고 사과를 가져갔다. 다음 날도 톰은 사과를 가져갔다. 하지만 길을 따라 간 게 아니라 풀밭 코너에서 말을 불렀다. 그는 휘파람을 불고 말이 볼 수 있도록 사과를 들어올렸다. 말은 평상시처럼 길 위로 달리기 시작했지만 반쯤 왔을 때 방향을 바꿔 톰이 서서 기다리는 코너로 곧장 달려왔다. 다음 날은 길은 사용하지도 않고 코너로 곧장 왔다. 그 다음 날은 말이 코너에서 톰을 기다리고 있었다. 보상이 눈에 보이자 말은 오래된 습관을 재빨리 바꾸고 새로운 길을 찾았다. 그 길은 말이 최대한 빨리 원했던 바를 성취할 수 있는 길이었다.

우리 삶은 대부분 습관에 지배받는다. 생각 없이 우리는 같은 길을 걷는다. 날이 가고 해가 가도. 보상을 경험하고 이것이 반복되면 가장 고질적인 습관조차 변화할 수 있는 이유가 생긴다. 우리가 절대로 바꿀 수 없다고 생각하는 것들, 나는 그렇게 생겨먹었어, 그게 나라는 사람의 방식인걸 하는 것들을 변화시킬 수 있다.

습관의 힘

습관은 몸이 에너지를 절약하기 위해 사용되는 것이며 그러므로 가치 있다. 우리가 하는 행동의 대부분은 습관적이다. 매일 아침 샤워하는 법을 배워야 한다면 한낮은 되어야 샤워가 끝날 것이다. 이 닦기, 옷 입기, 빗질하기 등 매일 일어나서 하는 의례들은 대부분 자동적인 활동이다. 달걀을 프라이하고, 그것을 먹고, 차에 시동 걸고 빨간 불에서 멈추는 등의 행동들은 정시에 일하는 곳으로 우리를 데려다 준다. 습관의 경제성은 우아하고, 새로 일을 배우는 데 드는 에너지를 절약하며, 문제를 해결해주고, 창조적인 생각과 반성, 상상을 하게 만든다.

우리가 생각하는 습관은 흔히 부정적이다. 깨야 하는 나쁜 습관들, 예를 들면 성냄, 담배, 과식, 구부정한 자세. 과속, 미루기, 충동구매, 늘 "예"라고 말하기, 또는 "아니오"라고 말하기, 결론짓기 등. 습관은 좋든 나쁘든 자동적으로 주요 뇌 회로에 프로그램되어 저항이 가장 적은 경로로 행동을 만들어낸다. 의도하고 반복적으로 새로운 행동 경로를 만드는 데 에너지가 투여되지 않는 한 우리는 옛날과 같은 방식으로 똑같은 일을 반복할 것이다.

변화의 뇌생리학

우리는 말뿐인 변화를 쉽게 이야기한다. "나는 마음을 바꿨어" 하고 누가 가볍게 말한다. "나는 내 인생을 책임지기로 했어" 하고 다른 사람이 말한다. 우리는 '새로운 전환', '새 출발', '새로운 나' 되기에 대해 말한다. 우리는 우리의 의도와 확신에 대해 즉흥적으로 말한다. 우리가 말할 때 뇌에서는 믿을 수 없을 만큼 복잡한 작용이 일어나는데 우리는 이러한 것을 전혀 자각하지 못한다.

일상생활에서 우리는 어린 시절에 가졌던 경이감을 잃어버렸다. 하이디가 3살 때 철조망에 넘어져 배 부분에 긁힌 상처가 났다. "엄마, 나 다쳤어요" 하고 하이디는 말했다. 하이디에게 있어 '무슨 일이 일어났다'는 것은 호기심을 느끼는 신선하고 경이로운 사건이었다. 그 일로 하이디는 자신의 몸에 대해 관심을 가지게 되었다. 동맥을 통해 흐르는 피를 의식하며 사는 순간이 우리에게 얼마나 되는가? 1분에 70번 연동 운동을 하는 심장의 고동을 느끼는가? 우리는 자신이 얼마나 경이로운 존재인지 잊고 있다.

그러나 '몸에 일어난 사소한' 사건 중에 어느 것도 우리 뇌에서 매 초 매 초 일어나는 믿어지지 않는 사건이 아닌 것이 없다. 지금 이 글을 쓰고 있는 순간 내 뇌는 감각 수용기로부터 초당 수백만의 다른 메시지들을 가로채고 있다. 균형, 열, 추위, 빛, 색깔, 촉감, 새소리, 에어컨이 돌아가는 소리, 아직 오전이라는 사실을 아는 것, 목마름, 적당한 단어 찾기, 오늘이 목요일이라는 것 등.

뇌에서 일어나는 이러한 사건들은 실제로도 일어나고 있는 일이다. 만일 우리가 충분한 지식을 가지고 있으면, 생각을 관장하는 극미極微한 소인국Lilliputian(《걸리버 여행기》에 나오는 소인국-옮긴이)의 통로까지도 발견할 수 있을 것이다. 이 순간에도 뇌세포들은 1초에 수천 개씩 방출되고 있다. 어디에서 어떻게 그렇게 될까?

우리들 중 대부분은 이러한 극미極微한 것들에 대해 생각할 수 없다. 동생과 했던 게임이 생각난다. 어렸을 때 나는 동생과 '절반만 가기Half Way'라고 부르는 아이들 놀이를 즐겨 했다. 우리는 방의 한 지점에 서 있는다. 그런 다음 벽을 향해 절반까지 간다. 거기에서 또 절반만큼 간다. 이렇게 계속 진행되는 게임이다. 절대 정확하게 절반만큼만 갈 수는 없었고 그러면 이론적으로 절대 벽에 도달할 수 없었지만 우리는 늘 벽에 도달했다. 발이 벽에 닿으면 좌절했고 우리는 서로 짓궂게 괴롭혔다. 우리의 놀이는 이론을 실제와 접목시키는 문제에 대한 최초의 배움이었다. 우리는 이론은 논리적이었다고 믿었다. 하지만 그렇게 될 수 없는 '잘못된 점이 우리에게 있었다.' 우리의 발이 너무 큰 게 문제였다.

뇌생리학과 관련한 '너무 큰 발의 문제'는 전자현미경의 발명으로 해결되었다. 전자현미경과 컴퓨터를 연결하여 '눈에 보이지 않는' 현실을 그림으로 나타낼 수 있게 되었다. 어림잡아 인간의 뇌 속에는 100억 개 이상의 뉴런이 존재한다. 뇌는 7세가 되면 무게나 크기 면에서 거의 성인과 비슷한 크기로 성장한다. 그러므로 복잡성은 뇌의 세포 수에 있는 게 아니라 세포들 간의 연결에서 기인하는 것이다. 세포들의 이런 연결은 10조에서 100조 개에 이른다.

각 뉴런은 전기발생기에 비유될 수 있다. 어떤 뉴런은 지속적으로 전달되는 반면 몇몇 뉴런은 다른 뉴런의 메시지를 받아 간헐적으로 점화된다. 각 신경세포는 2mv의 에너지를 생산한다. 정보는 자극의 빈도에 따라 입력된다. 뇌전도EEG의 기록에서 알 수 있듯이 이것은 전기이다.

뉴런에는 세 부분이 있다. (1) 세포체, 이것은 세포핵을 포함한다. (2) 수지상돌기, 다른 뉴런들로부터 메시지를 받는 '수용기'의 가지이다. (3) 축색 또는 '전도기'가 있다. 이것은 세포핵에 의해서 평가된 후에 전달되어지는 정보를 말한다.

한 세포의 축색은 다른 세포들의 수용기에 부착하지 못한다. 이것들은 약 254만분의 1센티미터 간격으로 위치한다('벽까지 절반만 가기'보다는 좁은 거리이다). 메시지는 시냅스라고 부르는 이 틈을 '건너뛰어야' 한다. 다음 세포도 같은 과정을 반복한다. 뇌 메시지는 이러한 '도약'을 초당 500~1,000번 정도 수행한다. 하지만 평균 점화의 속도와 빈도는 초당 100회 정도이다.

하나의 뉴런과 그 다음 뉴런 사이의 전기 흐름에서 실제 전기적 연결은 없고 경로도 없다. 작은 단백질 주머니 세포 말단의 송신선을 시냅스 버튼이라고 부른다. 시냅스를 가로지르는 메시지의 실제 전달은 화학적 반응이다. 시냅스 버튼에 의해 일어나는 화학적 반응은 정보를 교차하게 된다. 어떤 행위가 반복될 때 잦은 간격으로 세포들이 자극받으면서 시냅스 버튼의 크기와 수가 증가한다. 이렇게 됨으로써 정보의 전달이 용이해진다. 시냅스 버튼이 많아질수록 행위를 발생하는 데 에너지가 덜 요구되고 결국 습관이 형성된다. 우리가 행위를 자주 하면 할수록 습관 형성은 더욱 공고해진다. 하나의 뉴런 가장자리에서 8만 개 이상의 시냅스 버튼이 발견된다. 습관의 경로를 따라 메시지를 전달하는 시냅스 버튼들은 영구적이라 생각된다. 기억흔적engram은 습관이나 기억 고리에 있

어서 뉴런의 특정한 조직망을 말하는데, 그것은 자극과 연상에 의해 같은 영상을 재연한다.(그림 10)

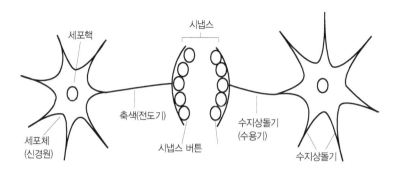

그림 10. 뇌세포 전달

새로운 시냅스 연결을 만들 수 있다

당신의 습관을 생각해보라. 그런 다음 당신의 시냅스 버튼을 생각해본다. 어떤 버튼을 제거하면 습관을 바꿀 수 있을까? 시냅스 버튼은 수년 동안 자극-반응 메시지를 경제적으로 전달해온 믿을 만한 전달자이다. "잘 지내세요?" 하고 인사하면 자동적으로 "잘 지내요, 당신은요?"라고 반응이 나온다. 배스킨라빈스를 보면 자동적으로 더블데커코코넛 아이스크림을 산다. 담배 냄새를 맡으면 자동적으로 담뱃불을 붙인다. 전화기가 울리면 받는다. 사장이 들어오면 자동적으로 긴장한다. 금을 밟지 않고 길 가장자리로 걷는다. 앰불런스를 보면 속도를 줄인다. 우리의 과거 습관은 신체에 다양한 시스템으로 확고하게 부호화되어 있다. 우리는 그것을 바꿀 수 있을까?

오래된 버튼들을 없앨 수는 없지만 새로운 시냅스 버튼을 생성시키고 오래된 것들 주위로 새로운 신경회로를 만들 수 있다. 그리고 새로운 습관을 만드는 가장 중요한 요소는 시간이 아니라 에너지이다.

에너지는 새로운
습관 경로를
만든다

푸른 초원에 새 길을 만들고 싶다면, 열심히 쉬지 않고 땅을 파는 게 빠른 길일 것이다. 전심을 기울여야 에너지가 최대화된다. 몸에서 느껴지는 에너지의 종류는 중요하지 않다. 정서 에너지든, 육체 에너지든 성 에너지든 전부가 새로운 습관을 만드는 데 쓰일 수 있다.

네 집단이 무의미 철자를 학습하는 연습에 참가했다. 누워서 하는 집단이 가장 오래 걸렸고, 앉아서 하는 집단이 그 다음, 서서 한 집단이 좀 더 나았다. 가장 빨리 배운 집단은 빨리 걸으면서 큰 소리로 철자들을 외운 집단이었다. 긍정적인 정서적 에너지—기쁨, 열광, 기대감, 영광에 대한 전망, 어루만짐—는 가장 강력한 잠재적 에너지이다.

오래된 습관을 깨고 새로운 습관을 만들려 할 때, 헛기침을 하거나 우물쭈물하는 일들로 에너지를 고갈시키곤 한다. 우리는 다이어트 중이다. 독일제 초콜릿 케이크 한 조각을 받았다. 우리는 반응을 처분하는 데 드는 열 개의 에너지를 가지고 있다. 만일 우리가 그 열 개를 정중하지만 진심을 담아서 "감사하지만……"이라고 말하는 데 쓴다면 "감사합니다만, 저는 보시다시피 날씬합니다. 그리고 저는 그렇게 보이는 걸 좋아합니다"는 기억흔적에 시냅스 버튼을 형성하게 될 것이다. 그보다도 흔히 일어나는 일이 양가적인 태도로 에너지 10이 그대로 낭비되고 만다.

주인: 제가 오늘 아침 구운 초콜릿 케이크 한 조각 드시겠어요?

과체중 손님: 초콜릿 케이크 한 조각 먹을까요? 푸른 바다색인가요?(1개의 에너지 사용)

주인: 여기 있습니다. 한 조각 잘라드리죠.

과체중 손님: 아, 정말 그럴 수 없어요. 다이어트 중이거든요. (유혹당한다: 먹을까, 말까에 2개의 에너지를 더 사용)

주인: 하지만 오늘은 제 생일이랍니다. 같이 축하해주세요. 한 개 정도는 해롭지 않아요.

과체중 손님: 그럼, 딱 한 조각만. (정중함에 2개의 에너지 사용)

주인: (큰 케이크를 조각으로 자르면서) 아이스크림을 같이 먹으면 어때요?

과체중 손님: 아, 안 돼요! 그럼 아주 조금이라면. (굴복하고 만다. 3개의 에너지 사용)

주인: (케이크와 아이스크림을 대접한다.)

과체중 손님: (죄책감을 가지고 먹는다. 박탈감을 느끼면서 가장 맛있는 크림 부분은 남겨놓는다. 남아 있는 2개의 에너지 사용)

과체중의 손님은 '감사하지만'이라는 반응을 보임으로써 새로운 습관 경로를 만드는 데 쓰일 10개의 에너지 전부를 사용했다. 10개의 에너지를 낭비해버림으로써 시냅스는 점화될 에너지를 갖지 못했고 죄책감을 비롯한 오래된 습관은 강화되었다. 유혹의 장난은 에너지를 고갈시킨다. 헬레나 건강센터의 강사 중 한 분은 다음과 같이 충고했다. "만일 당신이 포르노 영화를 끊고 싶다면, 극장 천막을 보지 않는 게 좋다."

변화에는 에너지가 필요하다는 증거는 워싱턴 의과대학의 토머스 홈즈와 라헤 박사가 개발한 '생활 환경 변화'에 따르는 스트레스 정도에서 나타난다. 결혼이나 출산, 승진 같은 즐거운 변화에도 스트레스가 따른다. 나쁜 변화들은 스트레스 정도가 더 심하다. 배우자의 죽음은 스트레스 정도에서 최상위를 차지한다. 많은 스트레스가 일시에 발생했을 때 스트레스는 과도한 수준으로 증가하여 육체적 질병을 가져오기도 한다. 홈즈는 중요한 결정을 내릴 때는 충분한 시간을 가지고 가능하면 한꺼번에 너무 많은 변화는 피하는 게 좋다고 제안한다.[31]

그러므로 이사, 다이어트, 또는 행동 변화를 시도할 때는 시기를 고려해보는 것이 중요하다. 시기가 나쁘면 우리의 노력이 수포로 돌아가고 잘못된 가정만 강화할 뿐이다. 즉 (1) 행복은 다른 사람들을 위한 거구나, (2) 나를 행복하게 하는 것은 아무것도 없어, (3) 봐, 내 말이 맞지!

변화는
사람들로부터 온다

에너지는 어루만짐으로부터 오며
어루만짐은 사람들로부터 온다. 우리는 자신의 노력만으로는 변화하기 어렵다. 그러므로 변화하려는 의도를 다른 사람들에게 알리는 게 필요하다. 다른 사람의 도움을 구하라. 그들이 우리를 사랑한다면 초콜릿 케이크를 주지 않을 것이다. 집단치료가 효과적인 이유가 여기에 있다. 열심히 노력해 목적을 달성했을 때 쳐주는 박수는 흰 말과 사과 이야기처럼 새로운 길을 가는 보상이 된다. 새로운 프로그램의 강점은 아이자아를 위해 보상을 함으로써 좋은 감정을 강화하는 데 있다. 이런 좋은 감정들은 다른 사람들과의 경험에서만 만들어질 수 있다. 공동체 속에서 살아라. 가족에게 도움을 구하고 단체에 가입하고 당신 자신을 충분히 나누어라.

새로운
내면 모델을 만들어라

처음에 우리는 부모님을 관찰하면서 행동 모델을 형성한다. 콩 심은 데 콩 나고 팥 심은 데 팥 나듯 아이들은 부모를 닮는다. 행복하고 외향적인 부모를 둔 아이들은 일반적으로 행복하고 외향적이다. 불안한 부모는 불안한 아이들을 두게 된다. 문을 쾅 닫는 부모의 아이들은 문을 쾅 닫는다. 평화로운 부모는 평화로운 아이들을 두게 된다. 만일 부모가 아이들을 보지도 듣지도 않는 사람들이라면 아이들은 다른 사람-친척, 선생님, 연예인-을 모델로 삼을 수도 있다. 사춘기에는 친구 모델이 중요하지만 과거 부모자아의 모델이 없어지지는 않는다. 내적인 모델을 알아차리지 못하더라도 우리의 내면화된 모델은 부모자아에서 찾아볼 수 있다.

내면화된 '사람들'은 지적인 개념들보다 동기요인의 가능성을 더 많이 가지고 있다. 어른자아가 효과적인 변화 개념들에 사용될 수 있을지라도 그렇다. 변화를 원하는 것은 아이자아여야만 한다. 아이자아를 흥분시키는 종류의 모델이 실제로 사람들에게 활력을 불어넣는다. 부모가 건강하고 매력적인 모델이 되어줄 수 없다면 우리는 어디로 갈 수 있을까? 다른 사람의 전기는 모델의 풍부한 저장소이다. 친구나 사업 파트너가 모델이 될지도 모른다. 텔레비전 또한 모델을 제공한다.

새로운 내면 모델을 원한다면 당신이 원하는 사람에 대해 생각해본다. 당신에게 힘을 주는 사람, 생동감을 주는 사람, 희망을 주는 사람을 알아내어 행동을 따라 해본다. 그리고 감정이 달라졌는지 살펴본다. 다른 사람들을 변하게 만들었는지 효과도 경험해본다.

우리는
조금씩 변화한다

뇌 습관의 경로가 변화하는 데는
시간이 걸린다. 우리는 하룻밤 새 완전히 달라지지는 않는다. 사실 180

도 달라졌다는 말은 미심쩍다.

지속적인 작은 변화가 '새로운 나'의 극적인 출현보다 삶의 교류에서 달라지는 결과를 만든다는 것은 확실하다. 비행기가 5도만 방향을 바꾸어 날아도 전체 여정에서는 완전히 다른 결과가 생길 것이다. 생각의 변화가 행동의 변화보다 앞설지라도 그 결과 나타나는 것은 행동의 변화이다. 생각에만 머물지 않고 행동하면 새로운 기록이 생성되고, 시냅스 버튼이 자라나 변화된 패턴으로 대체된다.

행동 변화를 계획하는 데 사용되는 도표가 있다.(그림 11) 이 도표는 4부분으로 구성되어 있다.

1. 내가 원하는 변화	2. 얼마나 변화하고 싶은가?	3. 얻는 것과 잃는 것	4. 이제까지와는 어떻게 다르게 행동할까?

그림 11. 행동 변화 차트

한 젊은 청년은 수줍음을 극복하기 위해 다음과 같은 방식으로 이 차트를 사용했다.

1. 좀 더 개방적인 모습

2. 인사할 때 좀 더 개방적으로

3. 얻는 것: 어루만짐, 사람들을 알게 되는 것, 외로움 극복, 살아 있는 느낌. 잃는 것: 수줍음 많은 사람일 때의 보호받는 느낌, 소중함, 연약함: 누가 수줍어하는 소년을 비판하겠는가?

4. 이름을 사용하기: "하이"라고 말하거나 손을 흔드는 대신, 그는 "하이, 빌", "안녕, 수전"이라고 말하기 시작했다. 또한 목소리를 크게 말하기 시작했는데, 힘이 들기는 했지만 다른 사람들은 환영하는 반응을 보였다.

변화하면 얻는 것도 있지만 잃는 것도 있다

우리는 우리의 방식에 대해 대가를 치렀다. "만일 …… 하면 나는 OK가 될 수 있어"라는 초기의 결정은 어떻게 자라게 되었을까? 수줍음이 어린아이가 부모에게 OK가 되는 방식이었다면, 수줍음은 성인이 되어서의 관계에서도 유지될 것이다. 그게 결점이 되어도 말이다. 수줍음을 포기하거나 행동을 수정하는 것은 동시에 보호를 잃는 것을 의미한다. 대부분의 행동 변화는 얻는 것뿐만 아니라 잃는 것도 있다. 만일 상실을 예상하지 않았다면, 결과가 편안하지 않고, 바꾼 결정이 잘못되었다고 느껴질 수도 있다.

자신의 감정과 생각을 억제하지 않고 주장하겠다는 결정이 다른 사람들을 불편하게 만들 수도 있다. 몸무게를 줄이겠다고 하면 사람들이 "예전이 더 좋았어” “괜찮아, 너 날씬한데!”라는 반응을 볼 수도 있다. 자신의 변화가 다른 사람들에게는 성가신 일이 될 수도 있다. 그래서 사랑하는 사람들에게 우리의 의도를 알리는 일이 중요하다. 그렇게 함으로써 우리의 변화가 그들을 위협하지 않게 된다.

몇 가지 변화는 독립으로 한 걸음 가까이 가는 것이다. 독립은 홀로 살아간다는 의미가 아니다. 우리가 지원을 요청할 사람들이 많아진다는 의미이다. 직계가족이나 한 사람 또는 두 사람에게 의지하던 것을 그만두고 어루만짐의 원천이 친구 공동체로 확장되는 것이다. 오래된 편안함을 잃는 경험을 할 수도 있다. 그러나 궁극적으로 자존감이 높아지고 계란을 한 바구니에 담지 않음으로써 두려움이 감소할 것이다. 우리는 얻는 것을 생각하기 전에 잃는 것에 대해 생각할 때가 많다. 그러므로 목표를 주시함으로써 자신감이 순간적으로 하강해 프로그램 전체를 망치게 해서는 안 된다.

모든 것에는 비용이 따른다. 우리가 자유를 더 많이 원하면 책임감 또한 더 많이 받아들여야 할 각오를 해야 한다.(그림 12) 우리가 자유를 10개 원하면 거기에 따르는 책임 또한 10개를 받아들여야 할 것이다. 어렸을 때 길거리 신호와 식료품 리스트를 읽고 돈을 셀 수 있으면 우리는 자유롭게 가게에 갈 수 있었다. 집세와 공과금을 낼 능력이 있으면 아파트를 빌릴 수 있다. 우리가 책임을 거부한다면 그 즉시 자유를 잃게 될지도 모른다. 교통 법규를 어기고 멋대로 역주행을 한 사람은 몸을 제대로 쓰지 못하게 되거나 감옥행으로 마감할 것이다.

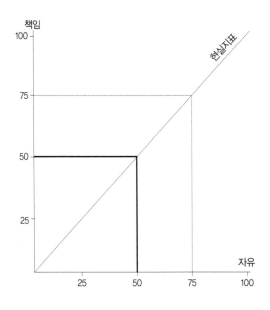

그림 12. 자유 – 책임 그래프

　반대로 자유가 주어지지 않으면 책임을 효과적으로 연습할 수 없다. 예컨대, 큰 회사의 인사 담당자가 회사 구조 설계와 업무에 대한 요약과 직업윤리 고취 업무를 맡았다. 그런데 그에게는 해고나 고용의 자유가 주어지지 않았다. 그 결과 그의 노력을 수포로 돌아가게 하고 일을 지연시키고 사람들을 공격하는 부하직원과 함께 생활해야 했다. 문제가 되는 장본인을 직면하지도 해고하지도 못하는 처지가 되면 사기를 북돋워줄 수도 없게 된다.

　자유-책임 도표는 변화를 계획할 때 유용하다. 당신은 책임이 현실성 있다고 느끼는가? 모든 사람에게 책임을 느끼는가? 자신을 자유롭게 허용하는가? 살아가면서 수정 보완하고 있는가? 변화에 추가만 하고 있고 줄여야 할 것은 고려하지 않는가? 어떤 변화를 계획하든 기억해야 할 사실은 하루는 24시간뿐이라는 것이다.

변화의 진전을 기록하라

아이자아는 진전되는 것을 보기 좋아한다. 우리 인생에서 중요한 변화에 대한 기록은 우리가 무엇을 했는지 보여줄 뿐만 아니라 할 수 있다는 증거가 됨으로써 우리를 자극한다. 지금 원하는 것 목록을 가까이 두라. 인생의 계획을 떠올릴 때 늘 참고할 수 있도록 수첩에 끼워 가지고 다녀라. 그것은 여행을 떠났을 때, 낯선 상황에 처했을 때, 나쁜 상황에 직면했을 때 당신을 도와줄 것이다. 지도 없이 국토 횡단을 할 수 있는가? 당신의 개인적인 안내 책자는 길을 잃지 않게 지켜줄 것이다. 원하는 것 목록에서 5번이나 12번 아이템을 성취했을 때 별표를 하라. 스스로 상을 줄 만하다. 그리고 다른 원하는 것들을 그 자리에 추가하라. 언제든지 당신의 목록 중에서 최소한 10개의 특별한 소망을 가져라. 일기를 써라. 창조성이라는 것은 끊어지기 쉬운 실에 매달려 있다. 진실의 순간 멋진 생각이 떠오를 때 기록하라. 1년 후 그것을 읽었을 때 자신을 축하할 수 있도록. 나는 얼마나 현명한가! 모든 멋진 글이 반드시 다른 사람들이 쓰는 것이 아니다.

대안도
필요하다

모든 것이 계획대로 되는 것은 아니다. 외부적인 요인이 계획을 방해하고 중단시키기도 한다. 원하는 것을 갖기 위한 대안이 없으면 실패로 침몰할 수도 있다. 직업을 잃으면 어떻게 될까? 배우자를 잃는다면? 건강은? 이러한 것들 중 어느 것도 행복한 전망이 아니지만 우리에게 일어날 수 있는 일이다. 우리에게 B, C, D의 계획이 있는가? 어려울 때 서로 나눌 수 있는 친구들은 많은가? 친구가 한 사람이라면 그를 잃을 때 무슨 일이 발생할까? 아이들이 자라는 동안 그들이 둥지를 떠날 때 무엇을 할 것인가 신중히 생각하는 시간을 가져야 한다. 시간을 유익하게 사용하고 있는가? 은퇴 후의 계획은?

'원하는 것' 목록 옆에 대안을 적어둔다. "언제 시작할 것인가?" "만일 실패하면 언제 그만둘 것인가?" 잘못된 계획에 대한 집착은 한갓 고집일 뿐이다. 유연해져라. 역경에 부딪혔다 해서 자기신뢰를 파괴할 필요는 없다. 에머슨은 우리에게 기회는 한 번뿐이 아니라 수없이 많다고 믿으며 계속해서 새롭게 출발할 것을 격려했다.

만일 젊은이가 첫 번째 시도에서 실패한다면 그들은 용기를 잃을 것이다. 젊은 상인이 실패한다면, 사람들은 그가 망했다고 말한다. 만일 대학에서 공부한 뛰어난 천재가 1년 안에 보스턴이나 뉴욕에 있는 회사에 들어가지 못하면, 친구들이나 그 자신은 그가 실망스런 존재에다 나머지 인생을 불평한 권리가 있다고 여길 것이다. 뉴햄프셔나 버몬트의 억센 젊은이는 발

등에 불이 떨어진 것처럼 부지런하게 농사도 짓고 행상도 하고, 학교도 다니고, 신문도 편집하고, 의회에도 진출하고, 마을을 사들이는 등 모든 직업을 두루 거쳐왔다. 이 청년이야말로 도시의 인형들보다 백배나 더 가치 있다. [32]

주변에 도움을 청하라

대부분의 사람들은 다양한 도움이 필요하다. 그러므로 도움에 관한 우리의 가정을 이해하는 것이 중요하다. 하나의 가정은 우리가 제대로 된 사람, 배우자, 치료자만 만난다면, 그 사람이 마법적인 답변을 가지고 우리의 문제를 풀어줄 거라는 가정이다. "의사 선생님이 좋다고 생각하는 것이라면 무엇이든"은 문제를 없애줄 마법과 마법사를 찾아다니는 사람들이 늘 하는 말이다. 만일 단계적인 조언이 없다면, 그런 사람은 치료사를 바꿀 것이다. 다른 가정은 치료사가 실제 사람이 아니거나 우리보다 '나은' 사람이라는 가정이다.

세상에 마법사는 존재하지 않는다. 우리는 마술 지팡이를 휘두르거나 우리보다 나은 인간이 꼭 필요하기 때문이 아니라 통찰력과 기술, 우리에게 필요한 정보를 가지고 있기 때문에 전문가가 필요한 것이다. 근본적 동등함의 가치인 '자기긍정-타인긍정'의 자세는 모든 건강한 관계에 필수적이다. 치료적 관계에서도 마찬가지다. 프리다 프롬-라히만Freida Fromme-Reichmann 박사는 이렇게 썼다.

자기를 존중하는 정신의학자는 환자와 비교하여 특별한 훈련이나 경험에서만 더 나은 범주에 있고 다른 면에서까지 그렇지 않다는 것을 명심할 것이다. 사람이 살아가면서 겪는 정서적 어려움을 극복하는 데 의학적 도움이 필요하다는 사실이 열등함을 의미하지는 않는다. 이 사실을 깨닫고 있는 정신의학자만이 환자의 말을 경청하여 정신치료에 성공을 거둘 수 있다.[33]

도움 받기는 마법 찾기를 그만두고 치료자를 도움으로써 우리 자신의 문제 해결에 완전히 참여했을 때만 효과를 발휘한다. 좋은 치료자는 무엇을 보아야 할지, 어디를 보아야 할지, 무엇을 해야 할지 이야기하지 않고 가능성에 대해서 이야기한다. 궁극적인 선택은 우리에게 달려 있다.

11장

사람들과 관계 맺기

변화의 결과로서 나타나는 현상의 하나는 다른 사람들에게 영향을 끼친다는 것이다. 다른 사람들은 우리의 행동을 예측하고 우리가 '여전히 달콤한' 상태로 머물 거라는 가정하에 행동한다. 언제나 그들은 자신들의 생각을 따르며 늘 앞장선다.

변화가 만일 사람들을 밀어낸다면 우리의 삶은 향상되지 않는다. 왜냐하면 우리의 삶에 활기를 주는 어루만짐은 사람들로부터 오기 때문이다. 때로는 변화한 사람들이 그들의 바뀐 열망 안으로 우리를 초대하기보다 그저 떠나버리기도 한다. 도로시에게 일어난 일이 바로 그런 경우였다. 집단치료 계약서를 작성할 차례가 되었을 때, 45세의 도로시는 깔끔하게 단장한 채 오랫동안 아무 말도 하지 않고 그 자세 그대로 앉아 있었다. 마침내 그녀가 말했다. "내가 원하는 게 뭔지 모르겠어요."

집단의 리더가 말했다. "당신은 왜 여기 있어요?"

"난 별로 행복하지 않아요"라고 도로시가 말했다. 그녀는 10개월 전에 집을 떠난 남편과 그다지 친밀하지 않았다. 남편이 떠나자마자 20대 초반의 두 아이도 아파트로 이사를 나가버렸다. 여러 명의 치료사들을 찾았지만 '별로 좋아진 게' 없다. 같이 일했던 "진짜 친구가 한 명 있었지만, 나한테 전화를 끊었어요"라고 도로시는 말했다. 직장에서는 1년 전에 일시해고를 당했다. "그들은 내게 인원 감축을 해야 하는 경제상의 이유에 대해 말했어요. 하지만 내 진짜 문제는 내가 아니에요, 내 남편이죠. 우리는 결혼해 25년이나 같이 살았는데 그는 집을 나가버렸어요. 그냥 가버렸어요."

"그가 불행하다거나 떠날 생각을 할 만한 낌새라도 있었나요?"라는 질문이 나왔다.

"아뇨. 전혀 없어요. 모든 게 완벽했어요"라고 그녀는 푸른색 저지 스커트의 보푸라기를 집어 올리며 말했다.

그녀는 잘 짜여진 각본을 따라 노래 부르듯 이야기를 이어나갔다. 그녀의 얼굴 근육은 미세하게 움직였고 누구하고도 눈을 마주치지 않았다. 7명의 다른 멤버들이 지루해하는 게 역력했다.

리더가 이젤 위의 계약서를 향해 걸어가면서 말했다. "저는 당신이 문제를 어떤 방향으로 해결할지에 대해 계약서를 작성했으면 합니다. 이 경험에서 당신이 원하는 걸 말할 수 있습니까? 이 그룹이나 저한테서요?"

"좋아요. 저는 당신에게 제 문제에 대해 말했어요. 그밖에 뭘 해야 하나요?"

그룹의 한 남자 멤버가 말했다. "당신을 위한 계약이요, 도로시. '사람들과 관계 유지하기'가 될 것 같은데요. 당신에게는 그게 문제인 듯합니다."

"사람들과 관계 유지하기라고요?" 도로시가 쏘아붙였다. "내 남편 존이 내가 지키고 싶은 유일한 사람이에요. 남편 문제만 아니라면 아무 문제도 없었을 거예요."

"당신은 방금 남편, 아이들, 직업, 친구들, 그리고 여러 명의 치료사들을 잃었다고 말했어요." 그 남자가 말했다. "저한테는 당신이 주변 사람을 지킬 수 없다는 소리로 들리는데요."

"내가 원하는 것은 좋은 남편과 좋은 결혼생활이 전부였고 잘하고 있었다고요."

"당신은 나를 잃어버렸군요." 그 남자가 어깨를 으쓱하며 말했다.

"그럼 잃으라지요." 그녀는 그에게 화를 냈고 샐쭉해져서 대화에서 빠져나갔다.

리더는 다음 그룹 멤버에게 가면서 말했다. "나중에 계약서를 쓰러 다시 와야겠네요, 도로시."

커다란 종이에 계약서들을 작성한 후 모두가 볼 수 있게 벽에 붙인 후 리더가 말했다. "이제 됐나요? 더 원하는 게 있나요? 작업을 시작하기 전에 계약서를 바꾸고 싶은 사람 있나요?"

도로시는 말없이 노트를 만지작거리고 있었다.

"이제 됐나요? 도로시, 당신 계약서는 어떤가요? 지금 작성할 수 있어요?"

"저는 행복해지고 싶어요." 도로시가 심각하게 말했다.

"어떻게 하면 행복해질까요?"

"모르겠어요. 그게 제가 여기 온 이유예요."

"여기서 누가 당신을 도울 거라고 생각하나요?"

"당신이요! 당신이 전문가잖아요."

"다른 그룹 사람들은요?"

"그들이 뭘 안다고요? 그들도 문제가 있어 여기에 온 거잖아요."

"그룹에 합류하세요."

"농담하지 마세요."

"당신은 여기에 있는 사람들에게 관심이 있습니까?"

"물론이죠."

"그들에게 기대하는 게 있나요?"

"전혀요."

"당신은 이미 사람들과 관계 유지하기에 대해 좋은 제안을 받았어요."

"나는 사람들과 관계 유지하기를 원치 않아요. 내가 원하는 것은 존과의 관계라고요."

한 사람만 원하면 외로워진다

사람이 모든 정서적 욕구를 한 사람이 채워주기를 바라며 의지하는 것은 실패의 시작이다. '사랑하는 당신과 나'라는 처음의 뜨거운 열기는 외로운 마귀할멈의 방망이보다 더 빨리 식는다. 이것은 두 사람 다 똑같이 열정적이었다 해도 진실이다. 사람의 삶에서 다른 누구도 없는 상호 의존은 서로를 속박하게 된다. 사랑은 점차 정서적 만족의 원천인 상대방을 잃어버리는 것에 대한 두려움으로 변한다. 초기의 밀착은 주의를 요하는 긴장으로 탈바꿈한다. 만일 당신이 나의 전부라면 감히 당신을 불쾌하게 하지 못할 것이다. 다른 사람과 당신이 필요한 그만큼이 되기란 현실적으로 어렵다. 놀랄 만큼 빠른 속도로 관계는 A형으로 변한다. A형 관계는 서로 의지하지만, 가까운 것은 아니다. 권태도 또한 자리잡는다. 곧 그들은 상대방의 농담, 일화, 개인 역사에 대해 속속들이 알게 되고 점차 짜증나기에 이른다. "당신은 나를 이제 사랑한다고 말하지 않네요." 한 사람이 비난조로 말한다. "내가 당신 사랑하는 거 알잖아" 하고 약간 짜증 섞인 대답이 나온다.

건강한 관계는 **공동체**를 요구한다. 즉 친구들, 친척들, 동료, 사회에서 만난 사람들이 참여해, 또는 가족 멤버 개개인이 다른 사람과 관심과 필요를 나누는 집단이 참여해 전체 가족을 이룬다. 만일 당신의 삶이 '하나만 오직one and only' 위에 세워져 있다면, 아무도 없이 홀로none and lonely를 준비하는 것이다. 우상숭배는 그 또는 그녀가 우리를 영원히 사랑할 거라고 경배를 드리는 환상 위에 세워진다. 현실은 이렇다. 때로 사람들은 우리를 실망시킨다. 특별히 그들이 우상이 아니라 진짜 사람이 되기를 준비할 때 그렇다. 이것이 도로시에게 일어난 일이다. 그녀는 마침내 사람들과 관계 유지하기 계약서를 작성하는 데 동의했다. 여기에 구성원들이 도로시에게 했던 제안들이 있다.

원하되
필요로 삼지는 마라

"스펀지가 물을 빨아들이듯 다른

사람을 마셔버리는 사랑을 사랑이라 할 수 있을까?" 18세기의 시인 윌리엄 블레이크는 이렇게 썼다. 분명 우리는 여러 가지 다양한 이유로 다른 사람들을 필요로 한다. 우리는 우리 자신처럼 다른 사람들도 우리와 같은 욕구를 가지고 있다고 또한 볼 수 있을까? 또 우리는 타인들을 우리의 필요조건이 아니라 독특한 개성을 가진 사람으로서 받아들일 수 있을까? 우리는 사람을 '사랑'해서 좋아하는 것일까? 누군가 다음과 같이 말한 적이 있다. "아마 신은 사람들을 있는 그대로 창조한 것 같다." 과연 우리는 좋고 자연스런 감정에 따라 있는 그대로 사람을 사랑할 수 있을까? 아니면 사람들이 우리를 돕고 지원하는지, 열망에 이득이 되는지 조심스럽게 계산하여 관계를 맺어야 할까? "그녀는 그에게 좋은 사람이 될 거야" 하고 누군가 조심스럽게 말한다. 그러면 그 또한 그녀에게 좋은 사람이 된다고 말할 수 있을까? 서로의 목적을 채워주고 있는가? 공정하게 주고받는가, 아니면 에너지가 한 방향으로만 흐르는가?

다양한 어루만짐의
원천을 가져라

정서적 수입을 다른 사람에게 50 퍼센트 이상 의존하는 관계는 문제를 일으키기 쉽다. 정서적 수입은 어떻게 측정할까? 함께 보내는 시간으로? 교류를 주고받는 것으로? 다른 사람의 마음이 되어보는 것으로? 관계는 모두 저마다의 특성이 있다. 결혼도 많은 관계 중 하나이며 신뢰에 기초하고 있다. 그러나 다른 관계가 존재할 수 없다는 의미는 아니다. 많은 결혼 계약은 처음 만났을 때 상대에게 느꼈던 인간적인 매력을 비극적으로 벗겨버린다.

헬렌과 할은 사랑에 빠져 결혼했다. 헬렌은 오페라를 사랑한다. 할은 오페라를 '황소가 울부짖는 소리'로 생각한다. 그래서 헬렌은 오페라를 포기했다. '남편 없이 오페라에 가면 사람들이 뭐라고 하겠는가?' 할에게는 조라는 친구가 있었는데, 헬렌을 그를 싫어했다. 그는 "게다가 상스럽고 시끄럽고 멍청했다." 할은 조를 포기했다. 이런 상호교환을 통해 헬렌은 '오페라 감상'의 즐거움을 잃었고, 할은 편안한 친구를 잃었다. 그들은 이미 조금 달라져 있었다. 헬렌은 일요일에 부모님을 방문하고 싶어 했지만, 할은 이 주례 행사에 지쳐서 가지 않게 되었다. 헬렌은 남편 없이는 움직이지 않았으므로 그녀도 발길을 끊었고, 결과적으로 확실한 어루만짐의 기회와 단절되었다. 일요일이면 그녀는 화가 나서 말했다. "이번 일요일에는 뭘 할 거야?" 할은 "피곤해"라고 대꾸하고, 텔레비전 채널을 풋볼에 맞춰놓고 맥주 캔을 딴다. 이제 헬렌은 세 시간이 흘러가기를 기다리며(할의 관심 밖으로 저만큼 멀어져서) 한쪽 구석에 앉아 엄마와 아빠에게 편지를 썼다. 두 사람 다 분명치 않은 사실을 가정하고 서로의 감정에 대해 말하기를 두려워한다. '배우자 없이는 어느 곳에도 갈 수 없다'는 게 한 가지 가정이다. 또 다른 가정은 '우리는 똑같은 걸 좋아해야만 한다'는 것과 '남자들은 풋볼을 알고, 여자들은 모른다'이다. 헬렌과 할은 '오페라, 조, 풋볼, 일요일과 엄마 아빠, 여자와 남자'에 대해 나름대로 가정하고 있다. 그들에게 필요한 것은 이런 가정들을 열린 마음으로 검토해보고 "여기에서 중요한 게 뭘까?" 하고 묻는 것이다. 우리는 집에서 했던 방식을 결혼생활에서 재현하려는 경향이 있다. 다음은 마릴린 가족의 방식이다. 마릴린의 아버지는 일을 마치고 집에 돌아오면 아이들을 둥글게 모아놓고 마루에서 레슬링을 하고, 아이들에게서 하루 동안 있었던 일을 들었다. 집에 도착한 후 한 시간은 가족들에게 헌신하는 시간이었다. 마릴린에 따르면 가족이라면 그래야 하는 일이다.

그녀의 남편인 빌의 집은 달랐다. 아버지는 퇴근하면 한 시간 동안 의자에 앉아 신문을 읽고 음료수를 마시고, 아이들은 죽은 듯이 조용히 있어야 했다. 빌에 따르면 가족이라면 그래야 하는 일이다.

마릴린은 남편이 그녀와 아이들을 사랑하지 않는다고 느끼기 시작했다. "아이들에게는 아버지가 필요해요"라고 마릴린은 빌에게 불평했다. 빌은 아내가 바가지를 긁는다고 느꼈지만 입밖으로 말하는 것은 두려웠다. 그는 그녀를 사랑했다. 그런데 왜 마릴린이 아이들을 다루지 못하는지 짜증이 났다.

일이 끝나면 직장의 독신 동료들과 술집에서 한잔하는 일이 늘어났다. "늦게까지 일해야 한다"는 핑계가 일주일에 한 번으로, 두 번으로 늘어났다.

"요즘 늦게까지 일하는 날이 많나 보네요" 하고 어느 날 밤 마릴린은 캐묻기에 이르렀다. 추측과 무반성, 회피를 거쳐 캐묻기에 이른 것이다. '이 일을 완전히 끝내고 말겠어.' 마릴린은 전날 밤 뜬눈으로 밤을 새우고 빌이 출근하기 전 오전에 최후통첩을 할 계획을 짰다.

그들에게 필요한 것은 가족관계가 지금 어떤지, 과거에 어땠는지 그리고 어떻게 되기를 원하는지 의논하는 것이다.

함께 즐거움을 나누어라

당신은 누구와 있을 때 재미있는 가? 집에 오면 즐거운가? 사람들은 인생의 의무로부터 달콤한 안도와 웃음을 끌어낸다. 장난스런 아이자아를 자유롭게 하면 그리고 다른 사람들의 장난스런 아이자아를 찾을 수 있으면 당신은 재밌는 일을 만들 수 있다.

일상의 즐거움은 사람들과 관계를 유지하는 데 좋은 처방이다. 그것은 또한 건강에도 좋다. 한 소아과의사는 특별히 돌보지 않는데도 병이 없는 몇몇 가족들에 주목했다. 그 의사가 발견한 것은 바로 행복이었다. 우리가 아는 총명한 한 청년은 이렇게 말했다. "건강한 사람들은 건강한 사람들을 만든다." 즐거움은 전염된다.

다른 사람들을 관찰함으로써 우리는 그들이 즐거움을 어떻게 생각하는지 알 수 있었다. 친밀함을 나누는 가장 즐거운 형태의 하나는 환상을 공유하는 것이다. 만일 당신이 이렇다면……, 당신에게 100만 달러가 있다면……, 신문사 사장이라면……, 직장에서 벗어나 1년간 휴가가 생긴다면……, 산속에 오두막을 짓는다면……? 그런데 문제가 늘 맨 앞줄을 차지하면 가족은 우울해진다. 나쁜 성적표, 바닥 난 예금 잔고 등. 문제에 주의를 기울여야 하지만, 우선 휴식을 취한다면 해결은 더 쉽게 찾아질 수 있다. 얼마나 오랫동안 우리는 바보스럽게 살아왔던가! 무작정 자동차에 올라타 어디든 가기를 바라본다거나, 친구에게 재밌는 선물을 사주고, 누군가에게 만화를 그려 메일을 보내고, 이유 없이 결근을 해보는 '비생산적인 행동'을 하는 것은 어떨까? 늘 심각한 사람과 관계 맺는 걸

고려하고 있는가? 당신에게 함께하는 삶이 이래야 하는가? 한 번 더 생각해보라. 즐거움은 건강한 것이다. 즐거움은 즐거운 일!

다른 사람의 부모자아를 알아차려라

당신이 친구에게 '참을 수 없는' 점이 무엇인가? 대부분의 사람들에게는 부모자아가 짜놓은 신성불가침의 영역이 있다. 우리는 보고 듣고 말해봄으로써 침범할 수 없는 영역이 있음을 알게 된다. 어느 날 이 영역으로 초대받을 수도 있지만 그때까지는 밖에 머물러 있는 게 좋다. 정치, 종교, 돈, 떠도는 소문 등이 피해야 할 주제이다. 가까이 할 수 없는 사항들이 너무 많다면, 그런 사람과 굳이 사귈 필요는 없을 것이다. 부모자아의 영역에 접근하기 쉬운 한 가지 방법은 당신의 취약점을 털어놓는 것이다. 두 사람 다 TA에 대해서 알고 있다면 서로 탐색해봐도 좋을 것이다. 그러나 부모자아는 지워지지 않는다. 그러니 꼭 그래야 하는 일이 아니라면 잠자는 거인을 깨울 필요가 없다.

자신에게 문제는 없는가

당신과 대화 도중 사람들이 잠

에 빠진 적이 있는가? 또는 하품을 하는가? 안절부절못하는가? 지루해 하는가? 화가 나 있나? 이런 것들을 느낀다면 상대방이 아니라 당신 자신에게 문제가 있는 것은 아닌지 돌아볼 필요가 있다. 혹시 당신만 너무 많은 말을 하고 상대방의 말을 안 듣고 있지 않은지, 또는 상대방의 이야기에 귀를 기울이지 않고 건성으로 고개만 끄덕이고 있지는 않은지. 상대방이 하고 있는 이야기에 관심을 기울이고 무엇을 말하고자 하는지 신경을 쓰고 당신이 말할 때 자신이 무엇을 말하는지 알아차리도록 노력하라.

화내지 마라

화를 느낀다는 것은 하나의 사실이다. 화를 내면 소란이 일어난다. 화를 가장 잘 다룰 수 있는 방법은 감정추적이다. 화는 사람들을 밀어낸다. 누구도 늘 화를 폭발시킬 태세인 사람들 곁에 있고 싶어 하지 않는다. 폭력은 또 다른 폭력을 부른다. 상대를 건드려 잠들어 있는 화를 자극하지 마라. "내가 당신에게 얼마나 화가 났는지 알려주고 싶어요"라는 말은 분명 친근감의 표시는 아니다. "화를 제거하는 것이 좋다", "정직해져라", "솔직하게 화를 표현하라"는 말이 인기를 끌고 있다. 그러나 다른 사람의 분노를 자극하는 방법으로는 화를 효과적으로 제거할 수 없다. 만일 소란스런 게임을 좋아하고 함께 즐길 사람을 찾는 게 아니라면 화는 일반적으로 사람들을 밀어낸다.

계약을 지킨다

당신은 말과 행동의 일치를 보이는가? 무엇을 하겠다고 약속하면, 거기에 무게를 두고 실행에 옮기는가? 계약을 쉽게 어기거나 약속을 하고 나서 상대방을 실망시키지는 않나? 그럴 경우 상대방에게 사정 이야기를 하고 사과하나? 사과는 관계 유지에 좋은 활력소이다. 그러나 이해받기 어려운 사과도 있다. 그러다 보면 당신을 이해하기에 지친 사람들은 결국 떠나게 된다.

우리는 우리 자신만 통제할 수 있다

타인들을 통제할 수 있다고 생각하는 사람들이 있다. 모든 사람들을 통제하려는 노력은 5개의 농구공을 한꺼번에 수영장 밑으로 가라앉히려는 것과 같다. 이런 노력은 지치고 위태로우며 불가능하다. 한 사람을 통제하는 것도 어려울 것이다. 튀어오르는 농구공처럼 사람들은 떠오르려고 하는 경향이 있다.

통제의 교류적 메커니즘을 이해하는 데는 샌프란시스코의 정신과 의사인 스티븐 카프만Stephen Karpman이 고안한 카프만 드라마 삼각형 Karpman Drama Triangle이 유용하다. 그는 게임에 포함된 여러 요소들이 그리스 드라마와 같다는 점을 관찰하고 박해자, 희생자, 구원자의 삼각형 구도로 나눈 배역을 통해 설명한다.(그림 13) '통제 게임' 또는 '행위'

는 참가자들이 역할을 바꾸는 식으로 진행된다.

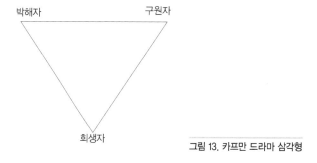

그림 13. 카프만 드라마 삼각형

박해자, 희생자, 구원자는 맞서는 자, 상처를 받는 자, 도움을 받는 자와는 다르다. 배역이 바뀌기 때문이다. 갈등 상황에서 다른 사람을 힘들게 한 사람은 상대가 역반응을 보이지 않는 한 게임적인 의미에서 박해자는 아니다. 이럴 경우 맞서는 자가 오히려 자신을 피해자라고 느낄 수도 있다.

그러므로 어른자아의 책임 아래 있지 않을 때는 맞서지 않는 게 좋다. "너는 낭비가 심해"라는 말은 박해이며, 게임으로의 초대이다. "통장 잔고가 마이너스이고 빚 때문에 파산할지도 몰라 걱정돼"라는 말은 맞서는 것이면서 협조적인 노력으로의 초대이다.

돕는다는 것은 만일 당신이 도움을 요청받거나 돕겠다는 말을 하는 것뿐이라면 구원이 될 수 없다. "불쌍한 것, 이런 구질구질한 집에서 살고 저런 칠칠치 못한 남편과 결혼하다니! 너랑 나랑 일주일 안에 집 페인트칠을 끝내자"라는 말은 게임에서 구원자로부터 멀찌감치 떨어뜨려

놓는다. 도움을 요청받을 때 "토요일에 페인트칠을 도와줄 수 있어요"라는 말이 돕는 것이다. 만일 페인트칠을 도와준 후에 새로 산 청바지를 망친다면, 또는 하루뿐인 휴식을 포기해야 했다면, 그리고 친구가 "고마워요"라는 말도 하지 않았다면, 당신은 희생자가 되기를 선택한다. 당신은 삼각형에서 박해자 쪽으로 이동한다. "다시는 도와주지 않을 거야." 그리고 전화를 걸어 친구에게 그렇게 말한다.

상처받는 것이 드라마 삼각형에서 희생자 역할은 아니다. 사람들은 인간이기 때문에 늘 서로 상처를 주고받으며 산다. 때때로 실망하면서. 우리는 벌어질 상황을 미리 예측함으로써 우리 자신을 보호하는 법을 배울 수 있다. 그러나 상처받은 것에 대해 복수를 계획한다면, 역할은 다시 박해자로 옮겨가게 된다.

박해자에서 구원자로 옮겨가는 경우도 있다. 마릴린은 아침식사 자리에서 남편 빌의 무능을 지적한다. 그는 아내와 외출도 하지 않았다. 다른 사람들은 재미있게 사는데 말이다. 그는 아이들을 사랑하지 않는다. 사장한테 급료를 인상해달라는 말도 못해 돈도 적게 받는다. 급기야 마릴린은 "야근이라도 해서 돈을 벌어와요!" 하고 소리친다. 남편은 차를 타고 출근하면서도 아내의 잔소리를 떨쳐버리지 못하고 분을 삭이지 못한다.

아침나절이 되자 아내는 다른 생각이 들었다. 왜 그렇게 화를 냈을까? 빌도 같은 생각을 한다. 점심이 되자 그는 전화기를 들어 밝은 목소리로 말한다. "오늘 멋진 식당에 저녁식사 예약을 해놓았어."

"정말이에요? 그런데 여보, 지금 내가 뭘 하고 있는지 알아맞춰봐요." "글쎄- 뭘까?" "집에서 저녁 먹어요. 우리 둘만요. 밖에 나갈 게 뭐 있어요. 저녁 메뉴가 뭔지 알아맞혀봐요. 당신한테만 잘못했다고 말한 거 미안해요." 빌이 아내를 기쁘게 해주려고 했던 시도는 진심이었고, 마릴린 역시 마찬가지였다. 아내가 박해자 역할을 한 후 구원자로 나섬으로써 빌은 희생자에서 벗어났다.

삼각형 구도에서 벗어나라

박해자-희생자-구원자 게임을 멈추는 유일한 방법은 삼각형 구도에서 벗어나는 것이다. 이때 요구되는 것은 어루만짐의 원천을 다른 곳에서 찾는 것이다. 만일 어루만짐의 근원이 오직 하나라면 바꾸기 어렵겠지만 말이다. 또 하나 요구되는 것은 어떤 일이 있어도 내 인생을 살겠다는 결정이다. 이러한 것들은 자기이해, 대안을 계획해두기, 잘 짜인 원하는 것 목록, 어른자아의 보호, 그리고 용기를 요구한다. "행복은 일종의 용기이다"라고 홀브루크 잭슨Holbrook Jackson은 말했다. 대부분의 분명한 진실은 파괴적인 게임을 포기하는 속에서 찾아진다. 용기는 박해에 어떻게 반응할 것인가를 두고 어린 시절에 내린 결정들을 다시 생각해봄으로써 동반된다. 그러나 맹목적인 허세는 그렇게 할 수 없다. 아이는 엄마를 떠날 수 없다. 그러나 성인은 가능하다. 또한 성인은 가치 있는 관계들에서 게임의 패턴을 깨부술 행동을 실험할 수 있다.

B, C, D의 계획을 대안으로 가지는 것은 게임의 움직임을 자각하기 시작하는 데 필수적이다. 낚싯밥을 물었거나 바늘에 낚였다면, 그것을 끝

낼 게임을 펼쳐야 한다. 그러므로 낚싯바늘을 잘 보고 물지 않는 것이 필수적이다.

낚싯바늘의 날카로운 고리는 낚싯밥 속에 감춰져 있다. 알아차릴 수 있는 단서들은 이렇다. "당신은 이런 일을 잘하지요?"(구원자를 초대하는 희생자) 또는 "당신한테 솔직하게 드리는 말씀입니다."(박해자의 유혹하는 말!) 구원자가 보내오는 경고는 "이 일은 나와는 상관없지만……." 이 표현들은 삼각형 구도로 초청하는 말들이다. 이러한 미끼 신호들은 아주 다양하다. 이럴 때는 어른자아의 반응으로 차단할 수 있으며, 유머와 우호적인 표현 또한 도움이 된다. 이밖에도 다음과 같은 반응으로 삼각형 구도를 벗어날 수 있다.

자극: 이런 일 잘하시죠?
가능한 대답:

1. "어떤 종류의 일인가요?"(눈을 반짝이며)

2. "맞아요, 당신도 그런 일 잘하시지요?"(눈을 반짝이며)

3. "더 말씀해보세요. 자세히 알고 싶네요."

4. 자세히 들어본다. 미끼가 아니라 말하는 습관일 수도 있으므로.

자극: "솔직하게 드리는 말씀입니다."
가능한 대답:

1. 그 자리에서 피한다

2. "늘 솔직하신 건 아니죠?"

3. "차나 한잔 할까요?"(시간을 번다.)

4. "솔직이라는 말이 흥미롭네요."

이밖에도 예문은 얼마든지 있다. 중요한 것은 선택의 폭을 넓히는 것이다. 우리는 모든 사람과 좋은 관계를 맺고 살 수는 없다. 타인들에게 가능한 상처를 주지 않아야 하지만, 동시에 자신에게도 고통을 주어서는 안 된다. 위와 같은 반응으로 어른자아를 사용함으로써 우리를 곤경에 빠뜨릴 수도 있는 관계로부터 벗어날 수 있지만, 삼각형 구도에서 벗어나는 가장 좋은 방법은 상대방을 따뜻한 시선으로 바라보면서 침묵을 지키는 것이다. 그러나 침묵을 지키는 것에도 위험은 따를 수 있다. 토머스 모어는 헨리 8세에 대항하여 침묵으로 자신을 변호했지만 목이 잘리고 말았다. 우리는 목이 잘려서는 안 된다. 즉 어른자아를 잃으면 안 된다. 자신이 무엇을 하고 있는지 알아차리고 욕망에 휩쓸리는 아이자아를 항시 주의 깊게 살펴라.

멈추고 생각하라

때로 우리를 자극하는 것은 우리 자신일 수도 있다. 우리의 의지로 삼각형 구도 안에 발을 들여놓지 않기 위해 다음과 같은 주의사항이 유용하다.

1. 만일 당신이 다른 사람의 문제로 뛰어들어 구조하고 싶고 도움이 되고 싶은 압박을 강하게 느낀다면, 멈추고 생각하라. 왜 그럴 필요를 강

하게 느끼는가? 누구의 문제인가? 해결 방법을 알고 있는가? 그것이 당신의 일인가? 내일은 또 어떻게 느낄까? 여기에 4장에서 다루었던 것과 같은 단계를 사용해 '미래의 감정추적'을 하는 방법이 있다. "……라면 어떻게 될까?"를 먼저 전제해놓고, 감정에 대해 예측해본다. "나는 상처 받는다"로 시작하나? 만일 그렇다면 당신은 구원자가 되지 마라.

2. 만일 당신이 다른 사람의 잘못을 바로잡고 싶은 마음을 표현해야 한다는 강한 압박을 느낀다면, 멈추고 생각하라. 왜 당신은 그런 생각을 하나? 어떻게 할 작정인가? 관계에 도움이 될 것인가? 모든 걸 쏟아 놓고 나면 나는 어떤 기분이 될까? 만일 당신이 뭔가 더 보탤 필요(구조)를 느끼거나 자신에게 미안함(희생)을 느낀다면 박해자가 되지 마라. 그대로 놔두고 당신은 다른 계획을 실행하라.

3. 만일 당신이 주말의 망친 술자리에 대한 유감을 털어놓거나 "정말 끔찍하지 않았어?" 하고 친구에게 전화를 하고 싶다면, 멈추고 생각하라. 왜 당신은 그래야 하는가? 당신이 상처받아서? 상처받는 것은 달콤한 자기연민에 잠기는 것이다. 비참함을 교환하는 것은 소음인 반면 상처는 어루만짐을 얻게 되기는 한다. 그러면 당신은 희생자가 된다. 그대신에 다른 계획을 실행하라.

새로운 관계에 당신의 삼각형 구도를 가져가지 마라. 이는 말처럼 쉬운 일이 아니다. 박해와 희생, 구원자 역할을 남편이 그만두게 된 아내는 그런 역할을 나눌 다른 사람을 찾게 될지도 모른다. 아내를 떠난 남편은 옛날 규칙대로 역할을 해줄 다른 사람을 찾아나설지도 모른다.

게임이 포기되기 어려운 이유는 게임이 어루만짐을 제공하고, 우리의 위치를 증명하고, 감정 교환권을 생산하고, 지나친 친밀함을 피하고, 시간을 조직하게 해주기 때문이다. 그러므로 새로운 계획은 이러한 이점을 대체할 수 있어야 한다. TA에 대한 지식은 우리의 삶에서 '만일'들의 중요성을 아는 것과 함께 우리가 반드시 증명해야 할 것을 떠나보낼 것을 요구한다. 에릭 번에 따르면, 모든 게임의 목적은 다음과 같은 것들을 따른다. 자기징계, 정당화, 재확인, 완벽주의, 복수, 죄책감의 완화, 그리고 변명이다. 아이자아가 "나는 괜찮아!"라고 자기징계에 가까운 주장을 할 때는 "부모자아, 당신이 원하는 걸 한 거야"라고 말하는 것이며, 이 경우 부모자아의 메시지는 "네가 실패하면 OK가 될 것이다. 그래야 내 말을 듣겠지"이다.

게임은 시간 구조에서 중요한 부분이므로 《심리게임》[34]을 읽어보라고 권한다. '자기부정-타인긍정'인 사람의 자세에서 보면 게임은 의미가 있다. 초기 단계에서 Not-OK의 감정은 타인들을 통제함으로써 순간적인 만족을 얻으려는 아이자아의 시도로 나타난다. 그러나 불행히도 그 대가는 그가 원하고 필요로 하는 의존 대상으로부터 분리되어 과거의 자신 그대로 남게 된다는 것이다.

어루만짐을 조작하는 것은 또 다른 형태의 통제하는 행동이다. 어루만짐은 사람 간의 교환에서 가장 중요한 단위이기 때문에, 통제의 도구로서 자주 사용된다. 어루만짐의 철회는 행동을 통제하는 효과적인 방법이다. 어루만짐의 철회에 특별히 취약한 사람들은 "나를 즐겁게 해"라고 지시하는 부모자아에 의해 추동되는 사람들이다. 당신을 귀찮게 하기 때문에 그 사람을 무시하면 그는 재빨리 당신의 눈치를 살피며 게임 속으로 빠져든다. 즉 당신을 기쁘게 하려고 무슨 짓이든 하면서 어루만짐의 관계를 회복시키려 할 것이다.

"너는 나를 귀찮게 한다"는 메시지를 확장시키는 3방향 방식은 어루만짐을 주는 사람이 어루만짐을 찾는 사람을 무시하는 것이다. 특히 그가 보는 앞에서 다른 사람을 과장되게 어루만지는 것이다. 이때는 형제자매의 경쟁처럼 질투와 분노가 따른다. 경쟁자를 따돌릴 새로운 방법을 궁리해야만 한다(당신과 그가 싸우게 하자). 그리고 호의적인 장소로 복귀한다(엄마의 귀염둥이, 아빠의 사랑스런 딸, 선생님의 귀여운 학생, 사장이 유일하게 친한 사람).

어떤 사람이 회의에 30분 늦게 도착했다. 회장이 그 사람을 모욕하고 어루만짐을 철회하려고 한다. 이런 의도로 회장은 눈맞춤을 피하고, 지각한 사람의 기여도를 평가절하하거나 지각한 사람이 세 번 위반하면 탈락되는 규정에서 2번 어긴 사람에게 하는 행동을 취한다. 이것은 지각한 사람을 무시하면서 또한 교묘히 공격하는 이중 교류이다.

지각한 사람을 다루는 가장 솔직한 방법은 약속 시간과 도착 시간을 정확히 환기시키며 지각한 이유를 물어보는 것이다. 아이자아를 보호하면서 조심스럽게 일깨워주는 주의 환기는 문제에 직면시키는 건강한 방법이다. 타인을 통제하는 일은 그것이 우두머리의 위치든 부하의 위치든 인간을 긍정OK하는 자세라고는 할 수 없다.

관계 유지에는
갈등 해결이 요구된다

사람들과의 관계 유지에는 갈등 해결이 요구된다. TA를 함께 배우는 것은 갈등에 대한 건강한 접근법이다. 빌과 마릴린이 그들의 부모자아 기록(아버지들이 퇴근 후 집에서 하는 행동)의 다름에 대해 이해하게 되었더라면 계속된 오해와 말다툼을 피할 수 있었을 것이다. 부모의 역할이 어때야 한다는 의견에서 합의를 이루었을 수도 있다. 그래서 결혼생활을 좋은 방향으로 이끌기 위해 취할 것과 버릴 것에 대해 새로운 계획을 세울 수도 있었을 것이다. 다음은 세인트 헬레나 건강센터의 루이스 노밍턴 박사가 제시한 갈등 해소법이다.

1. 합의: 합의는 상호 의사존중의 의미를 담고 있다. 이는 전반적인 동의나 합의된 의견을 의미한다. 만일 모든 사람이 문제에 대해 모든 걸 말할 수 있고, 동등한 가능성 속에서 이루어진 합의라면 진실할 것이다. 그러나 실제로는 그렇지 못한 경우가 많다. 왜냐하면 더 힘있는 사람의 "네가 원하는 걸 나도 원해, 그러나 내가 원하는 걸 너도 원했으면 해"라는 메시지가 은연중 작용하기 때문이다.

2. 양보: 좋은 게 좋다는 식으로 늘 양보하는 행동을 하는 사람이 있다. 그래서 가족의 궂은 일을 도맡아 한다. 그러나 양보에는 한계가 있어 어느 날엔가 폭발하게 된다. "더 이상 나한테 미루지 마. 나 좀 내버려 두라고!"

3. 타협. 타협은 쌍방이 추구하는 것을 얻지 못할 때 나타나는 상호

간의 합의이다. 어떤 것은 쌍방에 의해 굴복당한다. 타협은 갈등을 풀 유일한 해결책처럼 보이지만 최선책이라고 볼 수는 없다. 존은 요트를 원하고, 주디는 스키장 옆에 산속 오두막집을 원한다. 주디는 배멀미를 하고, 존은 높은 곳에 올라가면 어지럽다. 그들은 바닷가에 오두막을 사는 걸로 타협한다. 그들은 오랫동안 바닷가를 거닐지만, 주디는 스키장을 그리워하고 존은 높은 파도를 그리워한다. 그와 그녀 둘 다 원하는 것을 얻지 못한다. 타협은, 재미가 없다.

은퇴가 다가온다. 그동안 축적해왔던 노후자금을 쓸 기회다. 아테네의 유적을 보고 싶은 존은 그리스로 여행을 원한다. 주디는 호주에 가서 형제자매들을 만나고 싶어 한다. 그녀는 30년간 친척들을 보지 못했다. 그들은 알래스카로 크루즈 여행을 간다. 그와 그녀 누구도 원하는 것을 얻지 못한다. 타협은 서로 동의하지 않는 쌍방이 가장 원하는 것은 포기하고 '중립' 지대에 정착하는 방식이 되곤 한다. 위의 두 경우, 더 나은 해결책이 있을 수 있다.

4. 협력. 협력이란 모든 사람이 최대한 즐거울 수 있도록 함께 노력하는 것이다. 첫 번째 예에서 협력적인 해결책은 존이 요트 클럽에 가입하고 주디는 스키 클럽에 가입하는 것이다. 그렇게 함으로써 두 사람 다 자신들이 사랑하는 스포츠를 즐기는 게 가능하다. 두 번째 예에서, 협력은 각자 헤어져서 존은 그리스로 여행하고 주디는 호주에 가서 가족들을 만나보는 것이다.

"사랑하는 사람들은 모든 걸 함께해야 한다"는 가정을 검토해보는 것이 협력에서는 꼭 필요한 일이다. 서로에 대해 관심을 가지고 이해하면 잠깐 떨어져 있는 것도 관계 유지에 도움이 된다. 사람들은 동의하지 않는 것에 동의함으로써 협력할 수 있다. 함께할 수 있는 것은 함께 하고, 떨어져야 하는 일에서는 떨어져 있는다. 그러면서도 여전히 가까울 수 있다. 친밀함은 똑같이 원하는 게 아니라 똑같이 관심을 기울임으로 측정된다. 관심에는 신뢰가 포함된다.

사랑하는 사람들이 그들 자신이 되도록 허용하는 것은 사랑을 살아 있게 유지하는 방법이다. '함께할' 수 있는 많은 활동들도 계획할 수 있고, 이를 무시해서는 안 된다. 만일 한 사람의 뜻에 따라 매번 갈등이 해결된다면, 그런 관계는 깨어지기 쉽다. 일반적으로 잠깐씩 떨어져 있으면 건강한 관계에서는 애틋함이 싹튼다. 그러나 건강하지 않은 관계에서는 모두가 떠나게 되고 노밍턴 박사가 제시했듯 "폐허와 친척들"이 남을 것이다.

누가 당신 집에 '정서적 분위기'를 제공하는가? 존과 주디는 밖에 나가서 깊이 체험한 만족스런 경험들을 가지고 돌아와 각자 떨어져서 했던 모험에 대해 들려줄 수도 있다. 마찬가지로 가고 싶지도 않았던 바닷가 오두막에서 바닷물이 짜다느니 하며 투덜거릴 수도 있고, 아크로폴리스에 가지 못한 보상으로 알래스카 쿠르즈 여행에서 잔뜩 과식할 수도 있다.

당신이나 당신 배우자가 뭘 함께하고 싶은지 알 수 있는 실용적인 방법은 뭘 좋아하는지 묻는 것이다. "도미노 게임 어때?" 하고 톰이 묻는다. 도미노를 좋아하면 할 준비가 된 것이다. 다른 일을 하는 중이라면, "1부터 10까지라면, 얼마큼 하고 싶니?" 하고 물어볼 수도 있다. 상대방이 "8"이라고 대답하면 하던 일을 중지하고 놀이에 참가할 수 있고, 만일 "3"이라고 대답하면, 다음에 놀이를 연기하게 될 것이다. 만일 당신이 하고 싶은 정도가 "2"라면, 상대가 나중에 하자고 말할지도 모른다. 이러한 방식은 숫자놀음 같고 좀 우스꽝스럽지만 잘 먹혀들어간다. 우리는 서로 가 얼마나 하고 싶어 하는지도 귀를 기울여야 하지만 나 자신이 그 일을 얼마나 원하는지도 무시해서는 안 된다. 상대방이 억지로 한다는 감정이 없을 때 함께하는 일은 훨씬 더 재미있다.

5. 대립. 대립하는 갈등은 어른자아가 개입되어 있다면 건강하다. "문제가 생겼습니다. 우리가 함께 앉아 그 문제를 의논했으면 합니다. 나는 힘들고 이 방식대로 진행할 수 없습니다." 여기에서 어른자아는 아이 자아의 감정을 보고하고 있고, 다른 사람에게 문제에 대한 해결을 또한 요청하고 있다.

문제에 직면한다는 것은 부모자아가 비난, 회유, 일장연설을 하지 않으면서, 놀란 아이자아가 주의를 어지럽히거나, 주제를 어긋나게 하거나 웃음거리로 만들어 주제로부터 도망치지 않는다면 상호보완적인 의사소통이 된다.

오늘날 사람들이 직면하는 가장 힘든 문제들에는 실업이나 자금 부족 등의 경제 문제가 있다. 가정에서는 맞벌이 부부 사이에 벌어지는 가사 분담 문제가 가장 정리되지 않는 문제이다. 어떻게 하는 것이 공정한가, 누가 뭘 할 것인가? 퇴근 후 저녁 시간은 지옥의 시간이다. 누가 나서고, 누가 쉴 것인가? 둘 다 나서야 하나, 둘 다 쉬어야 하나? 아이들은? 누가 아이들한테 말하지? 이것은 많은 가정에서 고통스런 갈등을 낳는 중요한 주제이다. 14장에서 이에 대해 자세히 다룰 것이다.

6. 화해. 화해는 대립 후의 날카로움을 부드럽게 하는 행동이다. 화해는 적대감과 의심을 극복하고 우정을 회복하는 일이다. 화해에 대한 가장 멋진 표현으로 1984년 전당대회 때 조지 맥거번이 한 말이 있다.

그날은 예비선거가 지나고 핵심 당원들이 지지기반에 회의를 품고 있을 때였다. "화해는 의식적으로 손에 손을 잡고 걸어야 하는 것입니다." '의식적'이라는 말은 대체로 부모자아의 기록으로 들리지만, 그의 말은 개인적으로 문제를 해결하는 하나의 모델을 제시한다. 아이자아가 원하고 어른자아가 방법을 알고 있다면 직면과 협력을 통해 갈등 해결과 화해는 가능해진다. 이 모두가 사람들과 관계를 유지하는 방법이다. 그리고 사람들과 관계를 유지하는 것은 아이자아가 늘 원해왔던 것이다.

낚싯바늘에 걸려들지 않기

많은 사람들이 파괴적인 관계 때문에 상담하러 간다. 그들은 불법적인 관계, 힘든 결혼생활, 이미 끝난 관계 등에서 헤어나오지 못한다. 또는 어린 시절 자라는 걸 바라지 않는 부모로부터 벗어나기 위해 노력하는 젊은이일 수도 있다. 다른 패배적인 관계는 의존이다. 약물이나 알코올 또는 '하멜른의 피리 부는 사나이'처럼 조종에 의존하는 것이다.

이성은 거기서 벗어나야 한다고 말한다. 그러나 실제로는 감상적인 이유들에 묶여 있다. 폭력적인 남자친구를 폭행과 구타 죄로 기소했다가 철회하면서 그를 '사랑'하기 때문이라고 말하는 여성처럼 말이다. 우리는 낚싯바늘에 걸려들지 않는 방법을 다음과 같은 목록으로 작성해보았다. 이 방법들은 계산적으로 보이지만 불가능한 관계를 끝내거나 본성을 바꾸는 다양한 방법을 제공한다. 부모와 얽혀 있지 않은 젊은 사람들이 부모를 그만 사랑할 이유가 없지만 사람은 스스로 독립할 수 있어야 한다.

1. '감정 교환권'을 주고받지 마라. 다른 사람을 깎아내리거나 당신을 깎아내리도록 내버려두지 마라. 화내지 마라. 화는 관계만 망칠 뿐이다.

2. 작은 어루만짐을 주어라. "당신은 멋져 보여요"라는 꾸민 듯한 막연한 칭찬은 핵심이 없는 말이다. 그보다는 "오늘 입은 옷이 날씬한 몸매에 정말 잘 어울리네요"가 낫다.

3. 박해자, 구원자, 희생자가 되지 마라. 삼각형 구도에서 벗어나라. 그곳에 낚싯바늘이 숨어 있다.

4. OK에 머물러라. 하지만 자랑하지는 마라. "저는 그럭저럭 잘 지내는데, 당신은 어때요?"라고 말하는 정도가 이따금 한 번 보는 사람에게 건네기 적당한 인사다. "더 이상 좋을 수 없다니까!"는 오버하는 말이다. (누가 궁금하대?)

5. 어른자아 상태로 교류하라. 아이자아의 유혹이나 칭얼거림 또는 부모자아의 억압은 재미와 게임을 위한 무대를 제한한다.

6. 현재 이 순간에 머물러라. 과거의 사건을 곱씹어봐도 해결책이 나오는 것은 아니다. 다가오지 않은 미래에 대한 걱정도 마찬가지다.

7. 다른 사람의 아이자아를 보호하라. 당신의 낚싯바늘에 걸리지 않는 사람을 비난하지 마라. 새로운 로맨스를 자랑하지 마라. 어떤 이유로 관계가 깨지더라도 잔인하게 굴지 마라. 관계를 끊을 준비를 하고 있더라도 상대에게 친절하고 정중하게 대하라. 성숙하고 사려 깊은 인상을 남길 것이다.

8. 다른 관계들을 많이 가져라. 고독과 어루만짐에 대한 허기는 '사라져 가는 관계를 되돌리기 위해' 구차한 변명을 하게 만든다. 한 관계만이 유일하다면 게임의 삼각구도에서 벗어날 수 없다.

9. 일관되게 행동하라. 우리가 누군가와 절교할 때 좋았던 시간들을 떠올리기란 쉽다. 왜 낚싯바늘에 걸려들지 않았는지 기억하라. 이것은 나쁜 시간을 잘 기억할 수 있는 한 가지 상황이다. 만일 이 관계가 끝난다면 무슨 일이 벌어질까? 걸려들지 않겠다는 결정을 내리기는 힘들다. "전화 한 통화가 상처가 되겠어?"라며 과거의 추억들을 모조리 쓸어버림으로써 더 힘들게 하지 마라.

10. 가능하다면 친구 관계를 유지하라. 가능하지 않다면, 할 수 없는 일이다. 파괴적인 관계에 매달려 있으면 다른 사람을 만날 기회만 사라진다.

낚싯바늘에 걸려드는 것이 본질적으로 감정적인 문제에서 기인한다는 것을 알아차리면, 낚싯바늘에 걸려들지 않기가 쉬워진다. 흔히 관계의 초기에는 어른자아가 떠나 있기 쉽다. 어른자아를 불러와 당신 자신에게 어렵고 현실적인 질문을 던져보라. 이 관계는 어디로 가고 있나? 내가 어느 정도 희생할 각오로 임하고 있나? 내가 추구하는 가치는 무엇인가? 내가 변하지 않는다면 지금으로부터 5년간 나는 무엇을 하고 있을까? 10년 후는? 내가 늙었을 때는?

만일 당신이 타고 있는 말이 가라앉고 있다면, 흐르는 물 한가운데서라도 말을 갈아타라.

12장

타인의 부모자아에서
벗어나기

커뮤니케이션의 주요 원천이 부모자아인 사람과 관계를 유지하기란 힘든 일이다. 이럴 때 우리의 경향은 도망치는 것이다. 하지만 그 사람이 직장 상사나 배우자, 엄마, 아버지, 딸, 아들, 친구라면 도망치는 것이 이득이 되지 않는다. 다른 사람의 부모자아에서 벗어나는 방법은 사람들이 부모자아로부터 벗어나 어른자아나 아이자아가 되도록 하기 위한 것이다. 이것은 아이자아를 계속 학대하지 않고 관계를 유지하기 위해서이다.

항상 부모자아 상태에 있는 사람에게 끼어드는 일은 아주 어렵다. 녹음을 듣고 있는 것과 마찬가지이기 때문이다. 부모자아는 눈도 없고 귀도 없고, 전체 인격이 아니라 부모자아의 관습을 보존하는 데에만 관심이 있다. 이 장의 요점은 사람을 위축시키자는 게 아니라 경청하고 협력하고 참신함이 가능하게 하기 위해 어른자아와 아이자아가 교류에 참여할 수 있도록 타인의 부모자아를 축소시키자는 것이다.

늘 부모자아 상태에 있는 사람들은 방어적인 이유로 행동을 선택한다. "일관된 부모자아, 일관된 어른자아, 일관된 아이자아는 모두 상호보완적인 면들을 배제시켜 방어하는 데서 오는 결과이다.35) 일관된 부모자아는 어른자아를 사용하지만 부모자아에 오염된 어른자아이다. 다시 말하면 컴퓨터가 부모자아에 독점되어 부모자아의 프로그램만 돌린다는 뜻이다.36) 편견prejudice 즉 미리 판단 내리는 것pre-judgement, 또는 어른자아의 검토를 거치지 않은 신념은 일관된 부모자아의 내용으로 특징지을 수 있다.

왜 사람들은 이렇게 될까? 부모자아가 지배적인 사람들은 완전한 순응, 추종, 그리고 의문 없는 복종을 강화받은 사람들이다. 그들에게 있어 성인이 되어서도 지혜의 길은 부모자아에 절대로 순응하고 어린아이 같은 행동 또는 충동들을 끊임없이 차단하는 것이다.

자녀들을 비인간적인 방식으로 훈육하는 부모들은 자신과 같은 사람들을 복제하고 있는 것이다. 하라는 대로 자동으로 행동하고 완전히 복종하고, 권위에 감히 의문을 던지지 못하게 하고, 스스로 생각하지 못하도록 학습시키는 것이다. 신체적 위협은 사고하는 창조적 인간을 만드는 방식이 아니다.

어떻게 타인의 부모자아에
걸려들까?

모든 사람은, 심지어 좋은 사람도 부모자아를 가지고 있고 우리가 걸려들 수 있는 가능성이 있다. 만일 우리가 다른 사람의 부모자아와 끊임없이 대면한다면, 그 상황에서 나는 어떤 역할을 하는지 자문해볼 필요가 있다. 자신이 부모자아의 분노를 불러일으키는 것은 아닌지, 무엇이 부모자아를 건드렸는지. 만일 우리가 항상 불평, 불만을 가지고 고집을 부리고, 칠칠치 못하고, 시간을 안 지키고, 비합리적이라면 상대방의 '내면의 큰 힘'에 발동을 걸리게 할 수도 있는 일이다.

언젠가 치료집단에서 있었던 일이다. 모든 사람이 둥그렇게 앉아 한 젊은 여성을 언짢게 바라보고 있었다. 그 여성은 모든 사람의 부모자아를 효과적으로 건드린 것이다. 그 여성의 행동이 집단의 관심을 불러일으켰다. 이런 일치된 반응을 가능케 한 여성의 행동은 무엇이었을까?

그녀의 머리는 얼굴을 온통 덮고 있어 아무도 얼굴 표정을 볼 수 없었다. 입을 열자 말은 빠르고 분명치 않게 중얼거렸는데, 마약을 하는 사람들이 그렇게 말하는 버릇이 있었다.

모든 사람이 그녀의 말을 듣기 위해 긴장했다. 그녀는 사람들이 말할 때 마룻바닥을 내려다보면서 다른 사람의 말을 무시했다. 구부정하게 앉은 모습이 자신의 인생을 책임지든지 말든지 상관 안 한다는 자세였다. 이렇게 해서 이 여성은 자신의 어른자아를 사용하지 않고 반항하는 아이자아 상태가 되어 다른 사람들의 부모자아를 촉발시킨 것이다. 그녀의 수동공격적인 행동은 집단 내 다른 멤버들의 어른자아와 아이자아를 차단시키고, 그들의 생각과 보호, 힘의 근원인 부모자아로 돌아서게 했다. 이 경우 그 젊은 여성은 스스로 상대방의 부모자아를 불러온 것이다. 우리도 이따금 똑같은 방식으로 행동한다. 우리가 다른 사람의 부모자아에 걸려들 때, 우리는 비판적인 부모자아를 불러오는 것뿐만 아니라 양육적 부모자아도 초청하는 것이다. 그런데 둘 다 장기적으로는 바람직하지 않다.

비판적 부모자아

끊임없이 비판적인 부모자아 상태에 있는 사람은 다른 사람에게 편견과 권력, 위협, 통제, 몰아세우기로 경험된다. 그는 네, 아니오의 대답을 요구한다. 그래서 상대방의 선택은 둘 중 하나로 제한된다. "내가 하라는 전화 했어요, 안 했어요?" 네, 아니오로! 전화를 안 했다면 그 이유가 있을지 모르고, 질문한 사람의 이해관계가 얽힌 일일지도 모른다. 그러나 부모자아가 지배적인 상사는 자신의 이익보다 복종이 더 중요하다고 여길 수도 있다. 즉 부모자아는 전체 인격보다 부모자아의 권력 보존에 더 관심이 있다.

부모자아가 지배적인 사람으로부터 위협이 온다고 느낄 때, 그가 두려워하고 있다는 걸 알면 위협이 경감된다. "나를 겁주는 그 사람도 겁이 난 사람이다." 인물 연구에 정통한 스타인벡Steinbeck은 이렇게 관찰했다.[37] 표면상 당신을 때리는 똑같은 부모자아가 내면에서는 그를 때리고 있는 것이다. 아이자아가 자신을 때리는 것에서 도망치는 한 가지 방법은 이 분노를 밖으로 표출하는 것이다. 그렇게 했을 때 그는 이웃 깡패에게서 자신을 구해주었던 아버지를 불러왔을 때처럼 힘을 느낀다. 두려워하기보다는 힘을 느끼는 것이 더 나은 것이다. 이것은 두려워해서만이 아니라 어렸을 때 생각을 장려받지 못한 환경에서 생긴 사고, 즉 어른자아에 대한 불신 때문이다. 그래서 다른 사람과 어른자아 대 어른자아로서 문제 해결에 협동하는 데 어려움을 가지게 된 것이다. 그는 자신도 타인도 믿지 못한다. 대신에 그는 권위에 의존한다.

양육적 부모자아

부모자아는 비판적인 것만은 아니며 양육적이기도 하다. 엄마가 그랬던 것처럼 감기에 걸렸을 때 치킨수프를 끓여주고 애플파이를 만들어주고 이불을 덮어주고, 어리광을 받아주던 양육적 부모자아를 그리워할 때가 있다. 아프거나 슬플 때 이러한 것들은 기분이 좋아지게 한다. 잠시 동안은. 그러나 비판적인 부모자아는 억압하지만 양육적인 부모자아는 우울하게 한다. 크레이그 존슨Craig Johnson 박사는 그가 일하던 주립병원에서 '우울증 환자들'을 같은 병동에 수용하는 새 프로그램을 시작했을 때 무슨 일이 일어났는지 보고했다. 병원 당국은 훈련받은 스태프들에게 그 병동에 자원 근무하도록 요청했다. 놀랄 일도 아니지만 자원한 사람들은 대부분 양육적 부모자아 타입의 치료사들이었다. 그 병동은 환자들로 곧 채워졌고 그 병동에 늘 상주하게 되었다. 좋아지는 사람도 그 병동을 떠나는 사람도 없었다. 6개월이 안 되어 그 병동은 문을 닫았다. 우울증 환자들은 다른 병동으로 옮겨갔는데, 빠르게 호전되어 퇴원하였다. 평균적으로 머문 기간은 3주였다. 존슨이 내린 결론은 세심한 양육은 의도는 좋았지만, 사람들을 계속 우울하게 만든다는 것이었다. 환자들은 일상생활에 대해 책임지고 생각하고 어른자아를 사용하도록 훈련시키는 부모자아 유형이 아닌 스태프들을 만나면서 호전되었다.

어떤 사람들에게는 엄마와 아빠가 있는 집을 방문하는 것이 행복감뿐만 아니라 무기력감도 일으킬 수 있다. 처음에는 보호와 좋았던 옛날이라는 멋진 감정이 들지만, 곧 우울감이 자리잡을 수 있다. 부모와 자식 간의 지속적이고 좋은 관계는 어른자아와 아이자아를 포함한 전 성격이 유연하게 사용될 때 찾아온다. 그래야 과거뿐만 아니라 현재에도 동등한 관계가 가능해진다.

부모자아에 대한
3가지 관찰

부모자아에 대한 3가지 관찰이 있다. 첫째는 부모자아는 생각하지 않는다는 것이다. 시간 연산기처럼, 그것은 하나의 기록이다. 부모자아 상태에 있는 사람은 어른자아가 작용하지 않는다. 그래서 생각하지도 않고 듣지도 않는다. 우리는 보통 어떤 사람으로부터 압박을 느낄 때 부모자아를 인식할 수 있다. 신체적인 단서들도 있다. 찡그림, 꽉 다문 입술, 손가락질, 무섭게 쳐다봄, 팔짱 낀 모습, 한숨 쉼, 혀를 쯧쯧 참 등이다. 언어적인 것으로는 "이런 것은 당장에 끝을 보아야 해" "내 목숨을 걸고라도……" "내가 너한테 몇 번이나 말했니?" "내가 너라면……". 항상 그리고 절대로는 부모자아가 흔히 사용하는 단어이다. 이런 것들은 새로운 자료가 들어오는 것을 막는다. 클리

세의 빈번한 사용은 부모자아의 단서이다. [38]

두 번째 관찰은 부모자아에 기원을 둔 교류가 어른자아의 반응으로 인해 교차될 때 커뮤니케이션이 지속될 수 없다는 것이다. 이것은 바람직할 수도 있고 바람직하지 않을 수도 있다. 만일 당신이 고통스런 주제를 피하고 다른 주제로 대화를 진행하고 싶을 때 선택해볼 만한 대안이다. 부모자아는 아이자아를 목표로 삼는다. 그래서 아이자아(공포, 혼란, 분노, 순종)가 반응하면, 교류는 상호보완적이 되고 부모자아는 용기를 갖고 계속한다. 두 가지 선택이 열려 있다. 하나는 당신의 부모자아로 돌아와서 상대의 아이자아가 걸려들도록 시도하는 것이다. 이것은 논쟁을 불러오는데, 듣지 않는 사람과 하는 귀머거리의 대화이기 때문이다. 다른 선택은 어른자아를 불러와 상황과 관계된 사실들을 진술하는 것이다. 10살의 아들에게 아버지가 "입 다물고 바나나나 먹어!"라고 말한다. 아들은 "정말 대단한 일을 하라시네요(입을 다물고 어떻게 바나나를 먹으라는 거예요)"라고 대꾸한다. 아이들은 이런 말로 무장해제하는 데 뛰어나다.

세 번째 관찰은 부모자아를 불러와 아이자아를 보호하는 것이다. 많은 사람들이 흔히 이렇게 한다. 부모자아를 축소시키는 것은 '자기긍정-타인긍정'의 위치를 포기하는 게 아니라 교류에서 그것이 가능하도록 하는 방법을 찾기 위한 것이다.

타인의
부모자아를
축소시키는 방법

학대하는 부모자아의 공격으로 부터 도피하는 하나의 방법은 도망가는 것이다. 그런데 그 부모자아가 상사, 배우자, 부모, 자식이라면? 이들은 우리의 인생에서 중요하며 지키고 싶은 것들이다. 도망가는 것 말고 다른 선택은 없을까?

있다. 다음의 부모자아 축소시키는 방법은 우리 그룹에서 개발한 것이다. 해체Decommissioning라는 말이 축소라는 말보다 더 적절할 것이다. 왜냐하면 부모자아의 내용은 영원히 기록되어 늘 재생될 준비가 되어 있기 때문이다. 부모자아 축소하기의 목적은 다른 사람의 부모자아에서 벗어나 그의 어른자아나 아이자아와 만나기 위한 것이다. 그래야 지금-여기에서 서로 의사소통할 수 있다. 여기에서 다루는 부모자아 축소하기는 7장에서 기술한 부모자아 멈추기와는 다르다. 부모자아 멈추기는 부모자아가 내면에서 우리를 건드릴 때 우리 자신의 부모자아를 *끄*기 위해 사용되며, 부모자아 축소하기는 다른 사람의 부모자아가 외부에서 우리를 건드릴 때 그들의 부모자아를 *끄*기 위해 사용된다.

부모자아 축소하기는 조심스럽게 사용되어야 하며, 어른자아에 의해서만 사용되어야 한다. 왜냐하면 아이자아를 보호하는 것과 사람들을 조종하는 것에는 분명한 선이 있기 때문이다. 그러나 사랑과 전쟁처럼, 방어적인 교류 반응들은 학대하는 부모자아 타입의 사람이 자기만 옳다며 아이를 괴롭힐 때 우리 안의 아이자아를 보호하기 위해서 정당하다. 잔인한 부모의 손아귀에서 벗어나기 위해 아이가 발길질하고 침 뱉고 할퀸다고 해서 잘못했다고 할 수 없다. 그렇다고 우리가 발길질하고 침 뱉고 할퀴라는 제안을 하는 것은 아니다. 우리는 물리력을 사용하는 게 아니라 마음을 사용하는 비폭력적인 어른자아의 반응을 제안하는 것이다. 당신을 보호하고 만일 성공할 경우, 대화의 가교를 건설할 수 있도록 말이다.

부모자아를 축소하지 않고 말하는 방법은 상대에게 그의 부모자아가 말하고 있다고 말해버리는 것이다. 이것은 불에 기름을 붓는 격이 될 것이다. 다른 방법으로 부모자아를 침묵하게 하는 것인데, 관계를 계속 유지하고 싶을 때 쓰는 방법이다. 물론 관계가 더 번창하고 재미있어지지는 않겠지만. 처칠은 어느 날 가정부에게 술을 너무 많이 마신다는 말을 듣고 난 후 이렇게 말했다. "부인, 나는 지금 취했고 당신은 못생겼는데 내일 아침이면 나는 술이 깰 겁니다." 처칠은 처칠이고, 당신과 나는 당신과 나이다. 우리에게는 다음과 같은 것들이 더 적절할 것이다.

1. **교류를 교차하기.** 부모자아는 말에는 뛰어나지만 행동은 그렇지 않다. 행동을 하려면 시간이 걸리고 생각을 해야 하기 때문에 어른자아를 불러와야 한다. 그래서 부모자아의 무시나 비난을 만났을 때, "당신이 왜 그런 생각을 하고 결론에 이르게 되었는지 이야기해주시면 고맙겠습니다" 하고 대응하면 생각과 행동을 하는 과정에서 상대가 어른자아 상태로 갈 수 있다.

2. **동의하기.** 동의를 나타내는 말은 "당신이 맞아요" "당신 말에 일리가 있어요" 등 여러 가지가 있다. 상대방이 옳다면 동의하는 게 좋다. 예를 들어 과속 단속에 걸려 경찰이 "과속으로 달렸습니다" 하고 한바탕

퍼부을 태세일 때, "제가 과속했습니다. 죄송합니다"라고 대답하면, 그의 부모자아는 축소될 것이다.

어느 날 슈퍼마켓에서 카트에 지갑을 놔둔 적이 있다. 뒤를 돌아보자 화가 잔뜩 난 여성이 "지갑을 카트에 놔두면 안 돼요" 하고 말했다. "충고 감사합니다. 말씀이 맞네요." 그 여자가 옳았으니까.

3. 딴청 부리기. 좀 위험스럽기는 하지만 상대방의 부모자아로부터 벗어나는 방법이다. 옆집 사람에 대해 비난하려는 말을 하려고 할 때 슬쩍 말을 돌려 그 사람이 당신을 칭찬하더라는 말을 하는 것도 한 방법이다.

4. 찬사 보내기. 부모자아가 어떤 문제에 대해 감동적인 말을 했을 때 그를 추켜세운다. "정말 말씀 잘하셨어요. 모든 사람들이 그런 열정이 있으면 좋겠네요. 언제 저희 모임에 와서 말씀해주시겠어요."

5. 침묵하기. 대부분의 사람은 침묵을 참지 못한다. 그러면 자신이 방금 한 말을 되새겨볼 시간을 가질 수도 있고 수정할 가능성도 많아진다. 왜 아무 말이 없냐고 물으면 "좀 깊이 생각해봐야 할 문제라서요"라고 말한다.

6. 가까이 다가간다. 부모자아형의 사람들은 자신의 공간을 침범당하면 불안해진다. 가까이 다가가면 그들은 물러설 것이다. 그리고 후퇴하여 생각할 것이다. "무슨 일이 일어나고 있는 거지?" 이것이 어른자아의 자세이다.

7. 마음을 바꾼다. 당신이 진지하지 않고 문제에 대한 접근 방법이 좋지 않다는 부모자아의 비난을 당했다면 당신이 말한 것에 대해 심각하게 생각해보라. 그리고 충고에 감사하며 그가 생각하는 좋은 접근법은 무엇인지 묻는다. 부모자아는 다른 사람의 생각에 비판적이다. 나아지려면

어른자아가 등장해야 한다.

8. 다른 말로 해주시겠어요? 어떤 사람이 온 힘을 들여 자신의 생각을 전달했는데, 당신이 당황했을 때는 "제가 제대로 이해했는지 모르겠네요. 다시 한 번 말씀해 주시겠어요?"라고 요청한다. 부모자아의 주장은 녹음된 것이므로 다시 되감으려면 시간이 걸리고 생각을 해야 하므로 어른자아가 개입되어야 한다. 그래서 두 번째 말할 때는 첫 번째보다 효과가 떨어진다.

9. 되튕기기. 제3자가 있다면, 부모자아형이 옆에서 듣도록 부모자아에게 하고 싶은 말을 제3자에게 말할 수 있다. 부모자아형까지 함께 참가해 즐겁게 토론할 수 있는 자리가 된다.

10. 글로 쓴다. 누가 다른 사람 얼굴에 뭐가 묻었다고 말하면, "이름이 뭐라고? 철자를 다시 한 번 말해봐"라고 큰 소리로 말하며 법석을 떤다.

11. 상대방의 아이자아를 찾아 충족시킨다. 이것이 가장 추천할 만한 타인의 부모자아 축소하는 방법이다. 모든 사람이 허기진 아이자아를 가지고 있다. 부모자아의 목소리 밑에 묻혀 있을지라도 말이다. 교회에서, 학부모회에서, 직장에서, 가족 중에 항상 불평을 달고 사는 사람이 있다. 그런 경우 그의 깊은 욕구로 질문을 유도할 수 있다. "만일 당신 마음대로 계획을 세울 수 있다면 어떻게 하고 싶어요?" 당신은 이미 다른 사람의 깊은 욕구에 대해 알고 있다. 예를 들어, 당신의 사장은 조각가가 되고싶어 했으나 생활을 돌보아야 해서 꿈을 포기했을 수 있다. 매일 반복되는 소소한 일에 민감하라. 건강이 안 좋은가? 상처가 깊은 사람인가? 외롭거나 두려워하고 있나? 고아였나? 은퇴를 두려워하나? 미래를 두려워하나? 취미는 무엇인가? 몰래 뜨개질을 하고 있는가? 매일의 관찰에서 알게

된 것에 근거하여 부모자아 밑에 숨죽이고 있는 아이자아를 볼 수 있을 것이다.

12. 자신이 OK가 된다. 자존감이야말로 앞에 언급한 것들이 효과가 있기 위해서 필요하다. OK는 늘 행복감을 나타내거나 항상 웃고 있는 상태를 말하는 게 아니다. 오히려 조용한 자존감이 폭풍 속에서 펄럭대는 깃발을 지켜줄 수 있다. 부모자아형의 사람은 어디든지 소용돌이가 있는 곳에 끼어들기를 좋아한다. 비난이 아니면 양육적 태도를 가지고서라도. 때로는 유쾌한 일이 때로는 유쾌하지 않은 일이 벌어진다. 구급차를 쫓아가는 사람처럼 일만 생기면 끼어들기를 좋아하는 사람들이 있다. 충고를 하고, 진두지휘하고. 재난을 당한 사람과 자신이 문제를 공유한다고 해서 문제가 해결되는 게 아니다. 당신의 문제에 대한 생각을 나누고 다른 사람들을 느껴야 할 것이다.

모든 사람의 부모자아를 축소시키기란 불가능하다. 많은 사람들이 일이 힘들어지면 오래된 안전 즉 부모자아로 후퇴하는 선택을 하는 경향이 있다. 왜 부모자아에 그렇게 매달리는지 그들도 모른다. 교류분석은 이에 대한 지식과 부모자아를 궁극적으로 축소할 수 있는 통찰력을 제공한다. 다른 사람들이 모르는 것을 알 때 당신은 통찰의 짐을 홀로 짊어져야 한다. 언젠가 어느 곳에서 다른 사람과 당신이 얻은 통찰을 사람들과 나누길 바라면서. 그때가 올 때까지 앞에서 언급한 것들이 도움이 될 것이다. 무엇을 하든 부드럽고 정중하게 그리고 열린 마음으로 부모자아에 지배당한 사람이 마침내 감옥을 탈출할 때 아이자아를 맞이할 준비를 하면서 말이다.

13장

인생이라는 시간을 관리하기

당신이 OK라는 말은 인생을 관리한다는 의미이며, 인생을 관리한다는 것은 곧 시간을 관리하는 것이다. 영원할 것만 같은 젊은 시절에는 시간이 가장 가치 있는 선물이라는 사실을 의식하지 못하고, 시간을 마냥 흘려보낸다. 그러다가 살 날이 얼마 남지 않은 '중년의 위기'를 맞이하고서야 시간에 대해서 주의를 기울이게 된다. 돈에 대해 윌리엄 슬로안 코피안은 "부자가 되는 두 가지 방법이 있다. 하나는 더 많이 버는 것이고, 다른 한 방법은 욕구를 줄이는 것이다"라고 말했다. 그러나 시간은 원한다고 해서 더 많이 가질 수 없다. 시간을 늘이는 것은 불가능하지만 시간에 부과되는 요구를 줄일 수는 있다. 또한 우리가 가진 제한된 시간을 보람 있게 쓰도록 생활을 계획할 수는 있다.

인생을 살면서 시간은 신중하게 써야 할 자산이다. 엘튼 트루블러드가 이야기했듯 인생의 장章을 나누고 장별로 할 일을 계획하는 것은 중요하다. 인생의 초기에는 부모, 선생님, 직장 상사, 배우자, 자녀들에 의해 좌우되며, 많은 사람들이 원하는 삶의 목록을 작성하지 않는다. 자신의 꿈을 실현시킬 계획은 미뤄두는 것이다. 우리들 대부분은 멈추어 서서 장미꽃의 향기를 맡을 여유와는 너무 멀리 있다.

태어나서부터 기대 수명을 선으로 그려보자. 우리의 기대는 얼마나 오래 살 것인가와 관계가 있는데, 자신에 대한 관리에 영향을 주기 때문이다. 1980년에 태어난 사람의 기대 수명은 남자는 70세, 여자는 77.7세로, 평균은 74세이다.

수명선을 그었다면 어디에 위치에 있는지 살펴본다. 50세 여자라면 앞으로 30년은 더 살 것이다. 앞날을 위한 계획은 있는가? 지나간 30년 동안 무슨 일이 있었는지 생각해보라. 30년은 긴 세월이다. 인생을 소유하고 귀하게 사용할 계획을 세우는 일은 자신에게 달려 있다.

심장을 보고 배워라

시간을 조직화하는 가장 좋은 모델은 심장이다. 심장 박동은 3단계로 순환하는데, 3분의 1은 일하고 3분의 1은 쉰다. 태어나서 죽을 때까지 한결같다.

심장을 보고 배워라. 하루 24시간을 세 조각으로 나누어, 8시간은 일하고, 8시간은 자고, 8시간은 재충전하는 데 사용하면 맞을 것이다. 심장을 따른다면 우리 개개인에 얼마나 혁명적인 변화가 찾아올 것인가!

8시간 수면이 필요하지 않다고 주장하는 사람들도 있다. 한두 시간 정도는 줄일 수 있고, 부족한 잠은 낮잠으로 보충할 수 있다. 사람마다 형편에 따라 잠을 관리하면 될 것이다. 우리는 보통 8시간 근무한다. 그러므로 일과 잠자는 사이에 중요한 선택을 할 수 있는 시간을 끼워넣을 수 있다.

누가 당신의 시간을 관리하고 있는가? 한 친구는 말하기를, 하루는 잠을 이루지 못하고 뒤척이고 있는데, 어떤 일이 그녀를 괴롭히고 있었기 때문이다. 갑자기 알아차린 사실은 상사의 부인이 '나의 잠을 관리하고 있다'는 것이었다. 그 사실을 알아차리고는 이제 "그만"이라고 결정하고 다시 잠에 빠져들었다.

나는 메이어 프리드먼과 로젠먼의 《A형 행동과 당신의 심장》이라는 책 서평에 포함될 '서두르는 병hurry sickness'에 대한 강연 준비를 하고 있었다. 이때 그레첸이 방에 들어왔다. 나는 그 아이에게 좋은 생각이 없는지 물어보았다. "그레첸, A형 행동에 대해 사람들은 어떻게 해야 하지?" 그레첸은 즉시 대답했다. "그들이 그것을 원하는지 원하지 않는지 결정해야 하는 거예요." 나는 그녀의 날카로운 통찰력에 A학점을 주었다.

시간을 관리하는 것은 결정을 포함한다. 비록 우리가 미처 생각지 못했던 과거의 결정에 토대를 둔 압박감과 더불어 살더라도, 대안은 있다. 고뇌anguish라는 라틴어는 시간적 압력을 포함하는 angustia, 즉 '좁음' 또는 천식asthma처럼 '꽉 끼임'을 의미한다. 옹색함은 우리에게 몰려오는 수많은 요구들을 말하기도 하지만, 생각의 옹색함을 의미하기도 한다. 때로는 생각을 개방하여 숨통을 틔우자는 것이다. 시간을 얻는 한 가지 방법은 시간을 낭비시키는 것, 즉 기쁨이 아니라 근심만 키우는 것들을 없애는 것이다.

시간을
낭비시키는 것들

1. **물건들.** 택배 상자에 걸려 넘어질 정도로 우리는 계속해서 물건을 사들인다. 많은 사람들이 수집광이며, 쇼핑광, 기계광, 쿠폰 중독자들이다. 돈이 없으면 아이쇼핑을 한다. 얼마나 해야 만족할까? 물건의 값에는 돈뿐만 아니라 시간도 포함된다. 우리의 소유물은 우리의 시간을 빼앗는다. 물건들은 먼지를 털고 제자리에 놓아야 하고, 잘 보관하고 때로는 보험도 들어야 한다. 큰돈을 주고 산 물건이 제구실을 못하고 선반에 얹혀 있는 것을 보면 죄책감을 느끼게 된다.

아이들에게 물건을 치우라고 말하며 보내는 시간은 또 얼마인가? 아이들에게 사준 물건이 사용되지도 않고 내팽개쳐 있는 것을 보면서 나쁜 부모라는 죄책감을 느끼지는 않는지? 내 고향의 신문인 〈The Selah Valley Optimist〉에는 이런 기사가 나온 적이 있다. "3살 된 아이는 조그만 푸른 벌레를 발견했을 때 56달러짜리 그네를 탈 때만큼이나 기쁨을 느끼는 존재이다."

때로는 사소한 일이 큰일보다 더 재미를 준다. 내가 좋아하는 책, 파스칼의 《팡세》는 위대한 의미를 함축적으로 서술하고 있다. T. S. 엘리엇은 파스칼에 대해서 이렇게 말했다. "그의 정신은 축적적이라기보다 활동적이었다." 우리의 마음은 활동적인가? 사들이는 물건이 정신에 자극을 주는가, 먼지처럼 쌓이기만 하는가? 벽에 걸린 그림이든, 길가의 앵초든 아름다움을 느끼지 말라는 게 아니다. 단지 우리가 느끼는 것이 참 즐거움인지 의문을 가져보라는 것이다. 돈과 시간을 지불하므로 물건에서 시간의 가치를 따져보아야 한다. 엘리자베스 1세가 임종 시에 한 말에서 답을 찾을 수 있다. "나의 모든 소유물은 잠시뿐인 것."

2. 혼란. 5장에서 에너지 고갈과 혼란이 시간을 소모시키는 것에 대해 설명했다. 미결정은 우리에게서 잠을 빼앗아가고 일에 전력을 다하지 못하게 하며, 여가 시간에도 멍하게 만든다. 중요한 것은 문제의 복잡성이 아니라 그 문제가 일 년 전에도 가졌던 동일한 문제인가 하는 것이다. 지나간 많은 시간을 걱정하며 보냈는가? 결정을 내리고 새로운 일을 시작할 수는 없을까?

우리는 선택을 좁힐 수 있다. 여행의 좋은 점 하나는 호텔 옷장에 세 벌의 옷만 걸려 있는 것이다. 무엇을 입을지 결정하는 데 1분밖에 걸리지 않는다. 짐을 쌀 때는 가방 크기 때문에 선택을 제한할 수밖에 없다. 집에 있는 옷장은 그렇지 않을 것이다. 옷장을 열고 10년 동안 입어보지 않은 옷이 얼마나 많은지 살펴보라. 한 번도 신지 않은 구두는 또 얼마나 많은가? 버리지 않고 두는 것을 합리화하기 위해 가끔 고통스러우면서도 신고 있지는 않나? 아픈 구두를 처분하라. 수요일에 입을 옷은 화요일 밤에 골라 두라. 계획을 세우고 의심스러울 때는 처분하라. 쓰지 않는 물건들을 처분하면 어떤 사람들은 행복할 것이고 당신은 홀가분하게 짐을 벗을 것이다.

언젠가 내 책상 위에는 "깨끗한 책상은 병든 마음의 표시이다"라고 적혀 있었다. 순전히 자기 합리화였다. 지저분한 책상은 끝내지 못한 일을 의미한다. 책상 위에 종이가 흩어져 있다면 시스템이 필요한 것인지도 모른다. 하루 24시간은 누구에게나 동일하기 때문에 과중한 일을 맡고 있다면 때로는 다른 사람에게 도움을 청하는 것도 필요하다.

3. "아니오"라고 말하지 못한다. 우리는 한 달에 몇 번은 처음부터 하지 말아야 할 일에서 빠져나오는 데 허비한다. 애초부터 시간이 없었고, 원하지도 않았고, 다른 할 일이 50가지나 밀려 있는 걸 알고 있었다. 자동적으로 "네"라고 대답하는 버릇을 깨뜨리는 데 도움이 되는 방법은 그 순간 결정을 내리지 않는 것이다. "스케줄을 체크해보고 말씀 드리겠습니다"라고 말하는 것이 "예"라고 대답하고 나서 혼란스러워하는 것보다 시간이 적게 드는 일이다.

4. **중단하는 법을 모른다.** 공손함이 하루를 잡아먹을 수도 있다. 약속 시간에 늦게 되었는데도 소방 호스에서 물줄기가 나오는 것처럼 끊임없이 쏟아지는 상대방의 말을 멈추지 못하고 일방적인 긴 이야기를 들었던 적이 있는가? 우리는 무례를 범하지 않고도 멈추게 하는 법을 배울 수 있다. 속으로 '분노'에 떨면서 참을성 없이 듣는 것보다는 그게 더 낫다.

5. **감각을 둔하게 하는 것.** 사람들은 이유를 가지고 뭔가를 한다. 우리는 때로 순간적인 만족은 주지만 결국 지치고 걱정만 안겨주고 어루만짐을 앗아가는 방법으로 위안을 찾는다. 형식적인 단체 술자리 모임 같은 것이다. 이런 자리에서는 감각을 둔화시키며 서로 엉뚱한 이야기만 주고받으며 시간을 같이 보낸다.

어렸을 때 농장에서 휴일에 손님들이 왔던 때가 기억난다. 술은 없었다. 손님들이 많이 왔으며 자연스럽게 대화가 오갔다. 말을 많이 하지 않아도 같이 있는 것만으로도 기분이 좋았고, 평화로운 기운이 감돌았다. 말을 잘할 필요도 없었다. 다양한 연령층이 모여 이야기하고, 한 사람이 이야기하면 다른 사람들은 경청했다.

우리의 감각이 둔화될 때 시간은 허비된다. 번은 사람들이 술을 마시는 이유는 부모자아의 지배를 희미하게 하고 아이자아가 노는 것을 허락하기 위함이라고 했다. 우리가 관찰한 바로는 부모자아, 아이자아, 어른자아가 다 영향을 받는다. 어른자아는 줄어들어 판단력 상실로 원치 않았던 결과를 만들기도 하고, 아이자아는 감시가 사라져 기분이 좋아지지만, 다음날 곧 말하고 행동한 것, 또 기억이 나지 않는 것 때문에 기분이 나빠진다. 부모자아의 통제를 없애는 더 좋은 방법은 감정추적이다. 약물 중독자도 마찬가지로 몽롱한 상태로 병적인 행복감에 빠지지만, 깊은 내면의 행복은 아니며, 표면만 넘쳐흐르는 것이다. 이런 상태에 있으면 다른 사람의 도움도 귀에 들리지 않고, 어루만짐의 교환도 있을 수 없다.

6. 텔레비전. 현대인의 생활 속에 텔레비전은 가정의 한가운데 자리 잡고 있다. TV는 재미있고, 휴식도 되며, 교육적일 수도 있지만 어루만짐을 제공하지는 않는다. 텔레비전은 우리에게 관심을 기울이는 사람이 아니다. 슬픈 것은 우리가 TV 속의 주인공을 사랑해도 그가 우리에게 사랑을 돌려줄 수 없다는 것이다.

TV의 가장 심각한 문제는 인간 마음의 가장 중요한 기능, 즉 상상력을 앗아간다는 것이다. TV를 보고 있을 때 당신은 이미 경험을 하고 있는 중으로, 상상 속 마음의 작용은 이미 점유되어 있다. 당신을 위한 이미지가 거기에 이미 있는 것이다. 상상력은 아이의 마음에 가장 중요하다. 두 개의 빗자루, 한 그루의 나무, 담요만 있으면 뒷마당에 집을 지을 수 있다. 아이의 마음에 그것은 궁전이 될 수도 있고, 해적의 동굴이나 인형의 집일 수 있다. TV에 빠져 있으면 다른 활동을 하기가 쉽지 않다.

책을 읽을 때는 자신의 풍부한 과거 경험이 덧붙여져 여주인공과 악당이 어떻게 생겼을지 상상하면서 경험한다. 책으로 읽고 나서 영화를 봤을 때 실망한 경험이 누구나 한 번쯤 있을 것이다.

이것은 TV를 반대하는 것이 아니다. TV뿐만 아니라 정신을 잃고 스크린에 빠져서 보는 것에 반대하는 것이다. TV 시청 시간을 제한하고 꼭 보고 싶은 프로그램만 골라서 선택하는 것이 텔레비전을 잘 활용하는 방법일 것이다.

7. 황금시간을 덜 중요한 일에 사용하는 것. 하루 중 가장 창조적인 시간은 언제인가? 대부분의 사람들에게 아침이다. 자신의 뉴스를 만들 수 있는 시간에 신문을 읽으면서 보내는 것은 아닌가? 의자에 발을 올려놓고 깊이 심호흡을 할 필요가 있을 때는 신문 읽는 걸 보류하라. 뉴스는 늘 거기에 있을 것이고, 최근 뉴스를 알기 위해서 1면만 훑어보면 될 것이다. 때로는 이런 선택도 필요하다.

8. 부적절한 타이밍. 상사에게 월급을 올려달라거나 아내에게 부탁할 때는 타이밍이 중요하다. 타이밍이 부적절하면 미리 연습했던 요청은 헛수고가 되고 말 것이다. 상대방이 바쁘다든지 골치 아픈 일이 있을 때라면 당신의 합리적인 요구가 무게 없는 눈송이일지라도 나뭇가지를 꺾는 법이다.

9. 완벽히 깨끗한 집. 집을 깨끗이 하는 일은 어마 봄베크의 말을 빌리면 매듭이 없는 줄에 구슬을 꿰는 것과 마찬가지다. 신성한 것을 꼬집기를 좋아하는 버크민스터 풀러는 미국의 보통 가정을 다음과 같이 묘사했다.

청결한 것은 성스러운 것 다음으로 대중적으로 받아들여진다. 매일 하는 일을 종류별로 나누면 다음과 같다. 설거지 한 시간 반, 옷과 이불을 세탁하는 시간 한 시간 반, 집안 청소 한 시간, 음식 준비 한 시간, 샤워 30분, 쉬는 시간 한 시간, 모두 8시간이 어제의 더러움에 쓰인다. 그렇게 하지 않으면 오늘의 불결이 내일의 질병이 될까 해서이다. 어제의 것을 청소하는 데 쓰이는 이 8시간에 건설적인 행동은 없고, 생활수준이 향상되는 것도 아니다.

일곱 번째 날에는 쉬고, 기도하고, 찬송하며 신성시되어야 한다. 이것은 어머니-주부로 하여금 자신의 잠재력을 다음 세대에게 양도함에 따라 그녀를 기분좋게 하는 것이다.[39]

우리가 풀러의 의견에 동의하는 것과 상관없이—누군가는 마루를 닦아야 하니까—중요한 질문이 있다. 우리에게 선택권이 있는가 하는 것이다. 직장여성의 84퍼센트가 가정에 대해 일차적인 책임을 지고 있다고 한다. 위에 언급한 것처럼 어제의 더러움을 직장 일에 더하면 여성은 아주 지칠 수밖에 없다. 재충전을 위한 시간은 없는 것이다. 그렇게 누적되다 보면 어느 날 병이 날 것이다.

10. 늙음에 대한 걱정. 거울을 볼 때마다 위축된다면 주름살은 당신을 죽게 할 것이다. 또 주먹 한 방. 또 하나의 나쁜 순간. 주름살은 당신의 역사를 말해준다. 주름살은 마치 흔적과 같아서 두 가지 사실을 말해준다. 당신이 부상을 당했다는 것과 치유되었다는 것. 가장 시선을 끄는 성격 연구는 예술 사진에서 볼 수 있는데, 인간 얼굴에서 바위와 골짜기의 깊은 대조를 보여준다. 우리가 누구인지를 아는 것은 잘못된 일

이 아니다. 외모가 문제라는 말은 아니다. 외모에 신경 쓰는 것은 자기존중감의 표현이거나 부족을 말한다. 또한 옛 격언에서 진실을 찾아볼 수 있다. "좋은 첫인상을 남기는 데 두 번째 기회는 없다."

11. 늦게까지 깨어 있기. 신체는 규칙성을 요구한다. "기름기가 없어진 다음에 지방을 씹는 것"이라는 트루블러드 박사의 말처럼 늦게까지 깨어 있으면 시차 적응 같은 문제가 발생할 수 있다. 잘 자고 난 말짱한 얼굴은 좋은 첫 인상을 남긴다.

시간을
잘 관리하는 방법

당신이 자신의 시간에 대해 책임을 지지 않으면 다른 사람이 그렇게 할 것이다. 시간의 낭비와 에너지 유출을 막으려면, 다음의 사항들을 실천해보라.

1. 계획. 계획은 누구나 아는 뻔한 말이다. 그런데 문제는 장기적인 계획을 세우는 경우가 없다는 것이다. 일생을 장으로 구분하여 계획해본 적이 있는가? 원하는 삶의 목록을 작성하고, 의미에 따른 우선순위를 세워야 한다. 아이는 원하는지, 명성을 얻기를 원하는지, 봉사하는 삶을 살 것인지, 25세가 될 때까지 100만 달러를 번다든지, 폭포 옆에 별장을 짓는 꿈을 가지고 일한다든지 하는 것에 대한 결정을 내려야 한다. 우리가 원하는 것 중에는 부모자아가 만들어준 것들이 있다. 아이자아는 거기

서 무엇을 얻을 것이며, 어른자아는 실현 가능성을 어떻게 예측하고 있나? 일생의 계획은 하루아침에 이루어지는 것이 아니다. 일단은 해마다 계획을 세워보는 것으로 시작해볼 수 있다.

2. 캘린더에 일정을 채운다. 새해 결심보다 더 유용한 것은 일 년에 할 일을 구상하는 데 하루를 보내는 것이다. 생일, 휴가, 기념일 들을 기록하고, 만일 일요일이 '혼자 있고 조직하는 데 적당한 날'이라면 그것을 '약속이 가득한 날'로 표시한다. 자신과 약속을 하라. 그리고 자신과 약속을 한 날 전화가 온다면, "미안해요, 그날은 다른 약속이 있어서요"라고 말한다. 이것이 당신의 약속 수첩이고, 당신의 삶이다. 당신에게 오전이 생산적인 시간이라면 가능하면 오후에 약속을 잡아라. 매일매일은 귀중한 소모품이다. 다른 사람이 그것을 훔쳐가게 하지 마라.

3. 비용을 따진다. 아기를 가지기까지, 아이를 기르기까지, 학위를 딸 때까지, 프로젝트를 마칠 때까지 얼마나 걸릴까? 출퇴근하는 데 시간은 얼마나 걸릴까? 소년 축구팀을 지도할 수 있는 시간은? 당신은 시작한 일을 마칠 시간이 있는가? 때로 너무 늦게 출발하지는 않는가? 트루블러드 박사는 다음과 같은 이야기를 들려주고 있다. 한 부부가 결혼기념일에 결혼식을 올렸던 교회를 방문하기 위해 대륙을 횡단했다. 교회에 금요일 5시 15분에 도착했는데, 실망스럽게도 교회는 5시에 문을 닫았다. 그들은 관리인에게 자신들이 뉴잉글랜드에서 6일간 차를 운전해 왔다며 들어가게 해달라고 사정했다. 관리인은 "죄송합니다만, 15분 일찍 출발하셨어야 했습니다"라고 말했다.

당신의 생활 계획이 건강에는 무리가 없는가? 3분의 1 일하고 3분의 2는 쉬는 심장을 고려해서 일해볼 생각은 없는가? 《A형 행동과 당신의 심장》의 저자인 프리드먼과 로젠먼에 따르면, 심장동맥증에 걸린 사람이 미국에서만도 100만 명이나 된다고 한다. 2.25명 중에 한 명 꼴이다. 그들은 A형 행동을 다음과 같이 설명한다. 즉 "지나치게 경쟁적인 욕구, 공격성, 참을성 없음, 시간에 쫓기듯 서두름, 이러한 양상을 보여주는 사람들은 자신과 다른 사람들과의 관계에서 시간과 인생을 다루는 데 있어 성과 없는 투쟁에 휘말려 있는 듯 보인다. 때로는 만성적으로 끊임없이."[40] 그들은 심장동맥증의 주요 원인이 되는 혈청 콜레스테롤은 "사람이 무엇을 먹는가만큼이나 어떻게 느끼는가에 의해 결정된다"고 했다.

A형 행동을 하는 사람의 가장 중요한 특질은 조급증, 즉 서두르는 병이다. 또 하나는 숫자 즉 양에 대한 추구이다. 그들은 자신의 가치에 대한 감각이 모자라다. "A형 인간은 자신이 만족하는 가치를 잴 수 있는 척도를 잃어버렸거나 가져보지 못한 사람이다. 그들은 자신의 가치를 몇 번 성취했나 숫자로 잰다. 그러므로 속도가 가장 중요한 척도이다. A형인 사람들이 불안해하는 주요 원인은 내적인 안정감을 사회적인 신분을 올리는 속도에서 얻으려 하기 때문이다. 이 속도는 최소한의 시간에 최대한 성취한 숫자에 의존한다.[41]

J. 폴 게티는 11살 때 이렇게 적어놓았다. "내게는 275개의 구슬이 있다. 우표는 305개."[42] A형 행동은 일찍 시작된다.

프리드먼과 로젠먼은 다음과 같은 행동을 열거해놓았다. 이런 행동을 지속적으로 보이면 치러야 할 비용이 매우 높을 것이다.

- 언어적 폭발. 주요 단어를 강조한다. 말에 쓰는 시간도 아까워 서둘러 문장을 끝내버린다.

- 항상 급하게 움직이고 걷고, 먹는다.
- 시간의 흐름을 참지 못해 다른 사람의 말을 재촉하고, 머리를 끄덕이고, 네네네 하며, 다른 사람의 말을 대신 마무리한다.
- 한꺼번에 두 가지 또는 그 이상의 일을 한다. 샌드위치를 먹을 때 자동적으로 읽을거리를 든다. 먹는 즐거움 없이 일생을 보낼 수 있다니!
- 항상 문제를 자신에게 흥미 있는 쪽으로 유도하지 않으면 힘들다. "여태 당신에 대해 이야기했으니, 이제 나에 대해 당신이 어떻게 생각하는지 말해주세요."
- 쉬고 있을 때 죄책감을 느낀다.
- 잘 관찰하지 않는다. 뭔가에 이미 몰두되어 있기 때문에, 해가 지는 것도, 정원도, 어린아이의 통통한 고사리 손도 보이지 않는다.
- 소유 가치가 있는 물건에 몰두되어 있기 때문에 함께 있으면 좋은 가치 있는 사람이 될 시간이 없다.
- 짧은 시간에 더욱 많은 스케줄을 짠다.
- 굳게 다문 턱, 경직된 근육, 이를 간다.
- 속도를 내어 빨리 하지 않으면 두렵다.
- 자유로운 선택은 숫자를 얻는 슬픈 노예 생활로 대체되었다.[43]

위에 열거한 행동이 당신에게 있다면 일시적인 제거를 원하나, 아니면 그런 방법으로 살지 않도록 결정할 수 있나? 긴장감을 좋아하고, 숨 가쁜 경쟁을 즐기고, 도덕적으로 그게 옳다고 여기는 사람들이 있다. 그러나 그에 따르는 대가도 생각해보아야 한다. 무엇이 그렇게 몰고 가는가?

부모자아에게 무엇을 증명하기 위해 자신을 몰아대고 있는가? 결코 검토해보지 않았던 그것을 검토해보라. 아이자아를 포함해 전 성격을 점검할 수 있는가?

4. 공간을 관리한다. 30분 동안 스카치테이프를 찾아 헤매는 일은 정말 고통이다. 우리는 물건들을 찾는 데 많은 시간을 소비한다. "모든 것은 제자리에"는 시대를 뛰어넘은 생활의 지혜이다. 우리는 일반적으로 중요한 것들이 어디에 있는지 안다. 예금통장, 자동차 등록증, 신용카드 등. 우리의 시간을 훔쳐가는 것들은 작은 것들이다. 와인따개, 호치키스, 전기 코드, 선글라스 등. 또한 집 안에는 서류들도 넘쳐난다. 청구서, 신문 스크랩, 메모, 처리하지 않은 우편물 등.

많은 집이 사무실 같은 공간을 두고 있다. 그러나 가정의 계획, 인생의 계획을 질서정연하게 관리할 수 있도록 갖추어놓은 집은 드물다. 손만 닿으면 물건을 찾을 수 있게 정리해놓으면 혼란이 많이 제거되고 시간이 절약될 것이다. 집 전세계약서는 어디에 있는가? 몇 개의 상자를 뒤져야만 찾을 수 있는가?

가정은 벽난로뿐만 아니라 효율적인 시스템도 갖추고 있어야 한다. 작은 집에서도 공간은 필요하다. 복사기나 프린터도 효율적인 가정생활에 필요하다. 책들은 책장에 가지런히 정리되어 있는가? 찾고 싶은 책을 쉽게 찾을 수 있는가? 서류들은 어떻게 정리되어 있는가? 가정도 아주 중요한 사업의 공간이다.

5. 미리 준비한다. 인생의 대부분은 기다리는 데 소비된다. 기다림은 시간 낭비가 될 수도 있지만 매일의 평범한 요구로부터 떠나 있는 특별한 시간 즉 선물이 될 수도 있다. 기다리는 시간을 특별한 기회로 만들

어라. 병원 대기실에서 한 시간 기다리면서 가까운 지인에게 우편엽서 한 장을 쓰면서 우정을 회복하는 기회로 삼을 수 있다. 짜증을 내면서 시간을 허비하지 말고 장미꽃 같은 좋은 면을 보라. 그 시간을 유익하게 써라. 책을 가지고 다녀라. 먼 곳에서 출퇴근한다면 긴 시간 동안 오디오 북을 듣거나 어학 공부를 할 수도 있다.

6. 정확하라. 지금 같은 테크놀러지 시대의 좋은 점 한 가지는 어디서든 정확한 시간을 알 수 있다는 것이다. 9시에 시작하는 월요일 저녁 영화를 보기로 했고, 영화가 시작하기까지 10분의 시간이 있다. 시간에 대한 초조감 없이 당신이 그 10분 동안 할 수 있는 일은 아주 많다. 집에서도 10분이면 할 수 있는 일이 많다. 화분에 물을 주거나, 10분 동안 운동을 하고, 피아노를 치고, 선반을 닦고, 그냥 아무것도 안 하고 앉아 있거나 아이들을 껴안아줄 수 있다. 아무 불안감 없이.

7. 허드렛일은 시간을 정해놓고 한다. 집안 청소는 재미있지 않다. 친구인 크레이그와 조안 존슨은 항상 상상력이 넘치는 방법을 찾아 생활에 활력을 준다. 어느 토요일에 아이들과 놀러 가기로 했다. 그러나 집안일이 남아 있었다. 그들은 타이머를 30분에 맞춰놓고 30분 안에 집안일을 끝내기로 하고 전속력으로 각자 맡은 일을 했다. 타이머가 울리면 멈춘다는 것이 약속이었다. 보상이 기다리고 있다는 것을 알기 때문에 30분 안에 집안 청소를 거의 마칠 수 있었다.

8. 시간을 정해놓고 즐긴다. 자주 가지 않으려고 하지만 배스킨라빈스 아이스크림 가게에 가면 나는 20분 정도 아이스크림을 맘껏 즐긴다. 양이 얼마든 나는 20분 동안 먹으려고 한다. 허겁지겁 먹거나 다른 일을 하면서 먹으면 음식 맛을 즐기기 어렵다.

9. 미리 방지하여 시간을 절약한다. 인상 깊은 TV 광고 중에 오일 필터를 교체하라는 광고가 있다. 그러면 엔진을 바꿀 필요가 없다고 한다. 오일 필터를 바꾸는 것은 약간의 돈이 들고 좀 번거롭지만 엔진을 바꾸는 것은 훨씬 더 큰 비용이 든다. 새는 수도꼭지를 바꾸라. 나중에 곰팡이 핀 벽을 뜯는 것보다 시간과 돈이 훨씬 절약된다. 치아를 잘 관리하면 치과에서 보내는 시간을 절약할 수 있다. 매일 45분씩 빠르게 걸으면 체중 관리에도 도움이 되고 생명을 연장시켜줄 것이다.

10. 굳은 근육을 풀어준다. 서둘러서 생기는 병의 신체적 증상을 깨닫게 되면, 속도를 바꿀 수 있다. 더 천천히 말하고, 천천히 걷고, 뛰지 않고, 근육된 근육을 풀 수 있다.

11. 구체적인 활동을 한다. 많은 사람들이 하루 중 많은 부분을 추상적인 것, 즉 언어, 숫자, 아이디어의 세계 속에서 산다. 그것은 어른자아의 세계로서 데이터를 처리하는 것이다. 아이자아는 실체가 있는 것, 즉 감각을 즐겁게 하는 것—만지고, 듣고 냄새 맡고, 눈으로 보고, 맛보면서 성장한다. 크리스토퍼 몰리는 "스파게티를 먹으면서 외로운 사람은 없다"고 말했다. 당신이 하는 일이 대부분 추상적인 일이라면, 일을 마친 후 스파게티를 먹는 것처럼 아이자아를 되살리는 일을 하는 게 좋다. 담장을 칠하고, 누비이불을 꿰매고, 빵을 굽고, 제라늄을 심고, 모형기차길을 만들어보고, 소프트볼을 하고, 그네를 매고 타며, 강아지를 쓰다듬는 시간을 가진다. 우리 안의 아이자아는 아직도 "보세요, 내가 한 일을요" 하고 뽐내고 싶어 한다.

더 세련된 방법으로 감각적 궁핍을 충족시키기도 한다. 예를 들어 가죽으로 책을 공들여 싸는 일 같은 것이다. 광활한 추상의 세계 속에서 구체적인 것에 대한 갈망은 사람들이 왜 담배를 피우고 난 후에도 담배를 손에 들고 있는지, 회의 중에 노트에 사람의 얼굴을 끄적이는지 그 이유를 말해준다.

12. **지금 이 순간을 살 것.** 우리는 인생의 대부분을 내일, 내년, 다음 세대를 위해 준비하는 데 보내고 있기 때문에 지금 이 순간을 우리가 사는 다시 오지 않을 시간이라는 사실을 잊곤 한다. 우리의 삶을 내일에 대한 불안 때문에 던져버리고 있지는 않은가? 우리는 때로 영원이라는 불가해한 시간에 대해 생각에 빠진다. 종교적인 개념을 떠나서 생각해보면, 영원한 삶이란 우리가 현재를 의식하는 데 너무 몰입되어 있어 과거와 미래가 차지할 수 없는 시간이 정지된 그런 순간일 것이다.

키에르케고르는 이렇게 썼다. "보트의 노를 젓는 사람은 가고자 하는 목적지에 등을 돌리고 있다. 내일도 마찬가지다. 사람이 오늘에 영원히 빨려들어갈 때, 그는 더 단호하게 등을 다음날에 돌리고 내일을 보지 않는다."[44] "오늘에 감사합니다"라고 말하는 것으로 충분하며, 영원한 삶에 대해서 생각하지 않을 때, 바로 그때가 영원한 삶을 경험하는 순간인 것 같다.

14장

아이를 어떻게 기를 것인가?

　　　　　　　　　무례하고 버릇없는 사람을 묘사
하는 스웨덴 말로 han, är, obildat가 있는데, '그는 **형태가 없다**' 또는 '모
양이 없다'라는 뜻이다. 즉 아직 형성되지 않았다는 뜻이다. 이 표현은
적절한 성격을 형성하는 데 시간을 들이지 않았다는 뜻을 함축한다. 그
뜻은 그가 잘못 만들어졌다는 게 아니라 전혀 만들어지지 않았다는 것
이다.

　성격 형성에서 가장 중요한 것들은 어린 시절에 일어나기 때문에 아이
들을 어떻게 기르는가에 대한 아이디어를 나누는 것이 가치가 있어 보
인다. 어린 시절에 하는 블록 쌓기 놀이는 아이의 부모자아 안에 부모의
가르침, 귀감, 표준, 훈계, 허용, 칭찬, 그리고 방법에 대한 정보를 기록한
다. 모든 사람이 뇌 속에 부모자아를 기록하고 어린 시절을 떠난다. 아이
에게 가능한 인생을 고양시킬 수 있는 경험을 내면화하기 위해 부모들은
무엇을 할 수 있을까?

좋은 부모가 되는 방법

우리의 관점에서 세 유형의 부모들이 있다.

1. 부모 노릇을 잘하기를 원하고 잘하는 사람들
2. 부모 노릇을 잘하기를 원하지만 잘하지 못하는 사람들(정보, 통찰력, 계획, 시간 등의 부족으로)
3. 부모 노릇을 잘하기를 원하지도 않고 잘하지도 못하는 사람들

우리는 독자들이 부모 노릇을 잘하기를 원한다는 즐거운 희망을 가지고 1번과 2번 부모에 대해서 이야기하려고 한다.

다음은 각자의 특별한 가족 상황에 맞게 고려하기를 바라면서 제시하는 이상들이다. 이 제안들이 부모가 할 수 있는 모든 가능성을 포함하는 것은 아니지만 이상형에 가깝다는 것은 확신할 수 있다.

알아차리기

번은 이렇게 썼다. "깨어 있는 사람은 그가 어떻게 느끼는지, 언제 어디에 있는지 알기 때문에 살아 있다. 그는 그가 죽은 후에도 나무들은 여전히 거기에 있을 것이지만 자신은 다시는 그것들을 볼 수 없을 거라는 걸 안다. 그래서 가능한 날카롭게 지금 나무들을 보기를 원한다."[45]

당신의 자녀들을 가능한 날카롭게 바라보고, 그들의 나이가 몇 살인

지 알고, 무한한 가치를 지닌 개별적 존재라는 것을 아는 것이다. 그것이 자녀들을 의식하는 것이다.

수용

다음으로 무조건적인 수용이 있다. 처음에는 작은 어린아이가 부모의 인정을 받기 위한 조건을 당연한 것으로 받아들였다 할지라도, 부모는 아이가 성장해감에 따라 무조건적인 사랑을 반복적으로 표현하고 행동으로 보여주면 초기의 불확실성을 극복할 수 있다.

나는 처음 받았던 1학년 때의 성적표를 잊을 수가 없다. 선생님은 세 군데나 크고 붉은 글씨로 "형편없음"이라고 쓰고 밑줄을 그어놓았다. 그 한 곳에는 "너무 게으름"이라는 말을 첨가해놓았다. 부끄럽고 화가 나서 나는 그 판결을 바라보았다. "형편없음, 형편없음, 형편없음." 나는 성적표를 다시 제출해야 하는 전날 밤까지 감춰두고 부모님께 보여드리지 않았다. 마지막 날 드디어 나는 완전히 지쳐 울면서 부모님에게 성적표를 보여주었다. 다행히 부모님은 내게가 아니라 선생님에게 분통을 터뜨렸다. 나는 나에 대한 조건 없는 수용을 느꼈다. 부모님은 선생님을 만나 6살 딸에게 무례하고 가혹한 판결을 내린 점에 대해 화를 내셨다. 중요한 것은 무슨 일이 있어도 부모님은 내 편이라는 사실이었다. 그걸 알고 나서 나는 1학년에서 살아남았을 뿐만 아니라 어떤 일에서도 살아남을 수 있다는 걸 느끼기 시작했다. 나는 아직도 그것을 믿고 있다.

아이들은 자신의 가치를 부모를 통해서 배운다. 나의 친구는 3살 된 이웃집 소년에 대한 이야기를 들려주었다. 그 아이는 뜰에서 놀고 있었는데 수영장으로 가는 문이 열려 있었다. 꼬마아이의 안전이 걱정되어 그 친구는 길을 가로질러 가 문을 닫으며 소년에게 말했다. "항상 조심해야 해, 존, 어른들이 곁에 없을 때는 수영장 가까이 가면 안 된다." 그러자 어린 소년은 똑바로 바라보며 말했다. "제가 제 소중한 몸을 해칠 짓을 할 거라고는 생각하지 않으시죠?" 이 어린 소년은 이미 자신의 몸이 소중하다는 말을 들은 것이다. 그리고 자신의 가치를 알고 있었다. 소중한 것! 수용은 몸과 마음, 그리고 우리의 자녀라는 존재의 장엄함을 경축하는 축하 케이크에 설탕을 뿌리는 것이다.

정직

좋은 부모는 아이들에게 거짓말을 하지 않는다. 어린아이를 지나치게 해로운 정보로부터 보호해야 할 수도 있지만, 이 분명한 경계를 아는 것은 자각에서 온다. 여섯 살 난 아이가 "폭탄이 터지면 불에 바삭하게 구워질까요?"라고 물을 때는 어떻게 말해야 할까? "아니야" "아니야, 너는 그냥 사라질 뿐이야" "바보야, 폭탄이 터지는 일은 없어"라고 말할까? 당신이라면 어떻게 말할까?

심리학자인 밀턴 슈베벨Milton Schwebel은 "아주 어린 아이들에게는 걱정하지 말라는 확신을 주는 것이 중요하다. 왜냐하면 그것이 그들이 다룰 수 있는 전부이기 때문이다. 그러나 초등학교 3, 4학년 정도 아이들에게는 잘못된 정보를 주지 않는 것이 중요하다. 청소년은 무력하지는 않지만 두렵다는 부모의 말에서 안심을 한다." 어떤 선생님이 학생들에게 핵전쟁이 일어날 거라고 생각하냐고 물었을 때 뜻밖에 긍정적이고 공포를 완화시키는 답이 나왔다. 한 소년은 핵전쟁이 왜 없을 거라고 생각하느냐는 물음에 이렇게 대답했다. "왜냐하면 우리 아빠가 그것을 막기 위해 매일 밤 밖에서 애쓰거든요."[46)

직선적인 말

누구에게나 말할 때는 그래야 하지만 아이들에게 말하기 전에는 생각을 해야 한다. 좋은 부모가 되려면 아이가 혼란스럽지 않게 단순하게 말할 줄 알아야 한다. "이리 와, 빌리"는 직선적인 말이다. "장난감 치우자, 빌리 지금"도 직선적인 말이다. 직선적이지 않은 말은 이렇다. "엄마는 네가 장난감을 치우고 나서 엄마의 무릎에 앉는 걸 좋아할 거라고 생각해." 수전이 말한다. "엄마, 아이들이랑 수영하러 가도 돼요?" 이때 직선적인 대답은 "그래" 또는 "안 된다" 또는 "안전할지 모르겠다. 알아봐야겠는데 시간이 없으니 이번에는 안 되겠다." '된다', '안 된다'는 말은 아이도 이해한다. 그러나 애매한 말은 혼란만 일으킨다. "글쎄, 나로서는 네가 해도 좋겠다고 본다. 조심만 한다면 말이다. 그래, 괜찮을지도 모르지. 하지만 안 되겠어. 아빠에게 먼저 물어보자." 안 된다는 말도 그것이 "너한테 몇 번이나 말해야 하니?"라는 말이 덧붙으면 효력이 없어진다.

가장 중요한 직선적인 메시지들은 이미 언급한 것들이다. (1) 너는 문제를 해결할 수 있다. (2) 너는 생각할 수 있다. (3) 너는 할 수 있다.

일관성

한 여성은 존경하는 어머니에 대해 이렇게 말했다. "어머니는 어떤 점에서는 정말 잘못했지만, 적어도 내 생각에 어머니는 일관성이 있었다. 우리는 어머니가 어디에 있는지 늘 알고 있었다." 일관성은 예측을 가능하게 할 뿐만 아니라, 효과적인 계획을 짜게 한다. "부모님이 보내주지 않을 거야. 그러니 나 빼고 가." 이런 말은 많은 시간과 소동을 면하게 해준다. 라헬은 안식일에는 파티를 안 한다. 페기는 고기를 안 먹는다. 조지는 가족의 생일에는 꼭 참가한다는 사실을 근거로 계획을 세울 수 있다.

그러나 일관성이 절대불변이라는 의미는 아니다. 부모들은 자신이 틀렸고 마음을 바꾸기로 했다면 정직해야 하고 자녀들에게 설명해야 한다. 자녀들은 부모의 잘못을 받아들일 수 있다. 그들이 참을 수 없는 것은 숨기는 것이지 마음을 바꾸는 것이 아니다. 이는 또한 아이에게도 변화가 괜찮다고 허용해주는 것이다. 그러나 합당한 이유 없이 바꾸는 것은 일관성이 없는 것이다. 그것은 자녀를 혼란스럽게 하고 부모의 권위를 떨어뜨린다.

희망

잉그마르 베리만Ingmar Bergman은 《결혼의 장면Scene from a Marriage》이라는 책에서 "지옥은 해결책이 아무것도 없다고 믿는 사람이 있는 장소이다"라고 말한다. 좋은 부모는 문제를 해결한다. 해결이 불가능할 때는 열심히 찾으면 해결책이 있을 거라고 믿는다. 우리는 방법을 찾을 거야!

《엄마를 기억한다! Remember Mama》는 책에서 '저금통'이 비었을 때 엄마는 "우리는 언제든 은행에 갈 수 있어"라고 말하곤 한다. 은행에 잔고는 거의 없었지만 아이들은 은행에 가면 언제나 '큰돈'이 있다고 믿는다. 자원이 물질이든 부모의 결심이든 신념이든, 그것이 희망을 살아 있게 한다. 부모를 지탱하는 것이 종교적인 신앙이라면 그들은 계명뿐만 아니라 축복까지도 자녀들과 같이 나누어야 한다. 성 베드로는 말했다. "당신 안에 있는 희망에 대해 설명을 요청하는 누구에게나 늘 대답할 수 있도록 하시오. 온유함과 존경심을 가지고." 가장 중요한 '누구'에 우리의 자녀들이 있다.

반복

아이들은 반복을 좋아한다. 좋아하는 책을 읽고 또 읽고, 같은 규칙이 일관성을 가지고 적용되는 것, 같은 의식이 같은 방법으로 행해지는 것을 사랑한다. 배움은 반복에 의해 강화된다. "엄마, 그렇게 되는 게 아니에요. 양배추 밑에 숨은 것은 흰 토끼지 얼룩 토끼가 아니에요." 반복은 아이의 뇌 속에 확실한 신경 통로를 만들고, 그는 '거기서' 일어나는 것에 대해서 속으로 사실이라고 생각하는 것을 짝지을 수 있을 때 승리감을 느낀다.

전통

전통이란 일생을 통해 가장 강력한 동기가 된다. 전통은 부모를 통해서 세대에서 세대로 전달된다. 아이가 친구들에게 다음과 같이 말할 때 얼굴은 자부심으로 빛이 난다. "우리 집에서는 말이야……(해변에 가고, 크리스마스에는 할머니 댁에서 보내고, 일요일에는 교회에 가고, 피아노 주위에 모여 노래 부르고, 주말농장에 가고, 미술관에 가고). 전통을 지키는 방법은 부모자아 안에 기록되어 있으나 그 즐거움과 기쁨은 아이자아에게 선물이다.

삶이 좋은 것은 우리가 무엇을 가지고 있느냐가 아니라 우리가 무엇을 즐거워하느냐 하는 것이다. 그리고 축하란 그 즐거움을 나누는 것이다. 생일 파티, 봉급 인상, 새로운 나무 심기 등을 축하하는 것은 인생의 평범한 일을 고귀하게 하고 풍요로움을 느끼게 한다.

내가 어렸을 때는 크리스마스가 가장 큰 명절이었다. 25명 정도 되는 친척들이 모두 모이는 크리스마스이브 정오쯤에 축제가 시작된다. 의자가 충분치 않아 몇 명은 사과상자 위에 앉기도 했지만 테이블에는 최고의 식탁보와 은수저가 놓여 있었다. 이렇게 설날까지 친척집을 돌아가며 저녁식사를 했다. 어린 우리들은 "올해에는 다른 집 크리스마스트리는 어떨까?" 기대했다. 나의 어린 시절은 대공황 시기였지만 풍요로웠다. 전통이 이유였다.

당신의 가정에서도 새로운 전통을 만드는 일을 시작할 수 있다. 예를 들어 일요일에는 아빠가 아이들을 위해 별식을 만들어주는 것도 하나의 전통이 될 수 있다.

기대감

재미있는 시간이 시작될 거라는 예상을 하면 벌써 절반은 즐거워진다. 여름휴가를 바다로 갈 계획을 세우고 있는가? 그러면 봄부터 계획을 시작하라. 미리 씨앗을 뿌리는 것이다. 아이들로 하여금 기다리게 하라. 그것은 어떤 것일지, 무엇을 타고 갈지 실컷 환상을 탐닉할 수 있게 하라. 직장인은 금요일을 기다린다. 아이들은 무엇을 기다릴 수 있을까?

아이자아에게 휴식을 주는 규칙들

나의 부모자아 안에 강하게 심어진 규칙들 중 하나는 "일요일에는 일하지 않는다"이다. 일요일은 휴식의 날이었고 지금도 그렇다. 8시간 일하고, 8시간 놀고, 8시간 쉬고, 이런 모델은 부모자아 안에 심어져 있다. 쉬어도 좋다는 허락을 해보라 "자, 이것으로 끝! 이제 쉴 시간이야!" 이런 부모자아의 확고한 음성을 듣는 것은 얼마나 근사한 일인가. 우리 아이들에게 얼마나 좋은 선물인가!

가치를 표현하는 행동들

자녀들이 어렸을 때는 말로 이야기하는 것보다 실제 행동이 훨씬 더 깊은 인상을 남긴다. 폭력을 믿지 않는다면, 신념을 표현하는 행동으로 폭력이 시작될 때 TV를 끄거나 채널을 돌린다! 우리 가정은 폭력을 받아들이지 않는다. TV 평론가나 기자들은 끔찍한 폭력 장면이나 선정적인 내용이 아이들에게 미칠 영향을 과소평가하는 경향이 있다. 폭력적인 장면은 오락이 될 수 없으며 무서운 이야기들은 분명 아이들의 마음을 어지럽힐 수 있다.

독서를 유도하려면 주변에 책을 놓아둔다. 부모가 먼저 읽고 아이들이 읽게 한다. 철자를 모른다면 사전을 두고 가르치면서 연습시킨다.

명랑함

명랑함과 유머 또한 가치를 표현한다. 한 아버지는 매일 아침 어린 딸을 안고 집 안을 돌아다니며 말했다. "안녕, 시계, 안녕 냉장고, 안녕 난로, 안녕 꽃들아, 안녕 식탁아." 아이는 아버지의 든든한 품만 느끼는 게 아니라 사물들의 이름을 배웠으며 아침에 처음 만나는 것들에게 "안녕"이라는 말을 건넨다는 것도 배웠다. 당신의 가정에서는 "안녕?"이라고 인사하는지? 당신의 부모자아에 "안녕"이 있다는 것은 얼마나 좋은 일인가. 한 주일을 '재미있는' 일로 가득 채워라. "안녕" "당신을 사랑해"와 함께 있다면 인생은 얼마나 풍부해질까.

변화에 대한 바람 또한 중요하다. 일관성은 미덕이지만 그것을 검토해보는 것도 미덕이다. 동생이 태어났을 때, 엄마가 새 직장에 출근할 때, 아빠의 직업을 바꿀 때, 새로운 곳으로 이사갈 때 등 변화가 찾아올 때, 그렇지만 너무 많은 변화는 원치 않을 때 변화를 "안녕" 하고 맞이해보자.

가장이 실직했을 때 아이들에게 사실만 말할 것이 아니라 실망하고 있다는 느낌도 말해보라. 그러고 나서 아이들에게 대안을 계획하도록 도우라. 한 주일을 '재미있는' 일로 가득 채우도록, 변화를 "안녕", "사랑해요"라고 맞이할 때 인생은 풍요로워진다.

유머

'배를 잡고 웃는' 가족은 죽어라고 심각한 가족만큼 배가 자주 아프지 않다. 어느 날 나는 아이들을 차에 태우고 집으로 오고 있었다. 아이들이 뒷좌석에서 상스러운 단어들을 속삭이는 것을 듣고 부모로서 행동을 바로잡아야겠다고 생각했다. 나는 느닷없이 오페라 카르멘의 〈투우사의 노래〉를 목청껏 불렀다.

"엄-마" 하고 아이들이 당황해서 소리쳤다. 아이들이 항의할수록 나는 더 크게 노래했다. 나는 가족이 창피하도록 만들었고 아이들은 옆 차에서 들을까봐 무서워했다. 마침내 아이들은 자동차 바닥에 엎드려 숨었다. 나는 드디어 노래를 멈추고 모두 한바탕 웃었다. 그 후로 '경적'을 울려야 할 단어가 나오면 나의 오페라적 공격이 시작되곤 했다.

기대들

아장아장 걷는 아이에게 도움을 요청하는 것은 그가 할 수 있는 일을 말하기 위해서이다. 부모들은 보통 자녀들을 평가하는 데 있어 2년 정도 어리게 보는 것 같다. 일생 동안 말쑥함을 유지할 수 있었던 비결은 말을 막 이해하기 시작한 어린 시절에 부모가 "너는 네 물건을 잘 간수할 수 있단다" 하고 말함으로써 자식에 대한 기대를 표현해주어서이다. 도움이 필요하겠지만 아이는 스스로 할 수 있게 배우자마자 혼자 힘으로 하기를 원하게 된다. "너는 할 수 있다"는 기대감을 전달하면 아이의 능력에 대한 부모의 신뢰뿐만 아니라 부모자아 안에 강화적인 칭찬을 확고히 심어놓게 된다.

함께 있기

자녀들의 문제를 전부 해결해주는 것은 필요하지도 바람직하지도 않다. 옆에 있는 것은 들어주기 위해서이다. 때로는 부모들이 결정을 내려야 한다. 아이가 그래야 할 때도 있다. 다시 말하지만 알아차리는 것이 열쇠이다. 부모는 함께 있지 않으면 알아차릴 수 없다. 아이들을 위한 '적당한 때'에 대해서 많이들 말한다. 이 말은 아이의 관점에서 검토되어야 한다. 지금이야말로 어린 자식을 위한 적당한 때이다. 번뜩이는 생각을 말하는 때, 상처 입었을 때, 반창고가 필요한 때, 좋은 성적표나 나쁜 성적표를 받아온 때.

가족계획

예비부부들이 부모가 되기 전 자신이 이룰 가족의 모습에 대해 명확히 그려본다면 좋은 출발을 하는 것이라고 볼 수 있다. 결혼에는 어린 시절에 경험한 전통이 중요하지만, 전통이 없더라도 자신들의 전통을 만들어 갈 수 있다.

이상적인 가족계획은 결혼 전에 시작된다. 결혼식 전에 주변 사람들과 충분히 상담하고 미래의 모습을 그려보는 것이 좋다. 우리가 아는 한 목사님은 부부가 될 사람들을 만나 다음과 같은 질문을 한다. "지금부터 5년 후 어떤 일을 할 것인가? 배우자는 또 어떠하리라고 예상하나?" "집은 또 어떤 모양을 하고 있을까?" "도시에서 살 것인가?" "가사분담은 어떻게 할 것인가?" "일요일은 어떻게 보낼 것인가?" "예산을 짜놓았는가?" "자녀는 몇 명을 원하며, 언제 가지기를 원하는가?" "10년 후에는 무엇을 하고 있을까?" "20년 후에는?" "정년퇴임 후에는 어떻게 보낼 것인가?" 그런 다음 두 사람을 함께 만나 그들이 가지고 있는 환상을 검토하고 일관성이 없음을 알게 한다.

결혼을 앞두고 있는 사람들은 이런 점들을 별로 생각하지 않는다. 결혼만 하면 모든 문제가 해결되고 행복하리라 기대하며, 온갖 해결되지 않은 문제들을 안고 관계를 시작한다. 그러나 그렇게 되기란 쉽지 않다.

부부 사이에 일어나는 가장 심각한 이견은 자녀 문제로, 몇 명을 언제 가지고, 누가 돌볼 것인지 하는 것이다. 이견이 심각하다면 결혼을 다시 고려해보는 게 좋다. 준비가 되었는지, 사랑이 그 차이를 극복할 수 있는지 검토해보고 좀 더 명확하게 계획을 세웠으면 한다. 자녀 양육은 시간이 걸리는 일로서 시간에 대한 고려가 근본적인 요소라 할 수 있다.

시간

경영진인 젊은 회사원이 새로 아빠가 된다는 것을 자랑스럽게 발표했다. 아내와 아기는 다음날 병원에서 퇴원하여 집으로 올 것이라고 했다. 아내도 다른 회사의 경영진이라고 말하며 그는 자신 있게 "산후 휴가를 받았는데 6주 동안 출근하지 않아도 된다"고 말했다.

회사 임원의 아내가 물었다. "내가 직장에 나간다면 우리의 한 살 된 딸에게 어떤 영향을 미치리라고 생각하십니까?"

그 남자가 질문했다. "왜 당신이 직장에 나가야 합니까?"

그녀가 대답했다. "최근에 폰테에 집을 샀는데, 집값을 감당하려면 둘 다 일을 해야 하거든요."

"그것이 당신이 직장에 나가야 하는 이유입니까?" 그 남자가 다시 질문했다.

"네 나는 엘리자베스와 집에 있는 게 더 좋기는 해요. 사실 우리는 3명의 아이를 원해요."

"당신은 왜 새로운 집을 원하십니까?"

"잘나가는 사람들은 모두 폰테에 살아요."

"그렇다면 엘리자베스는요?"

"그게 바로 제가 묻는 거예요. 그 애는 괜찮을까요?"

아마 그 대답은 그렇지 않다일 것이다.

어린아이를 둔 직장여성의 하루는 좌절과 열광의 혼합이다. 많은 실패를 겪기도 한다. 이상적으로는 아이를 돌봐줄 보모가 있다면 건강한 가정생활이 가능할 것이다. 그러나 충분한 경제력을 가진 부부가 몇이나 될까? 가사분담을 말하지만 실제로 공정한 책임 분담은 흔하지 않고 육아는 거의 엄마의 몫이 된다. 초능력을 발휘하는 엄마는 두 가지 일을 해내려고 건강과 에너지가 고갈되고 심신은 지쳐버린다. 많은 가족에게 있어 선택의 여지는 별로 없다. 경제적인 이유로 맞벌이를 피할 수 없는 경우가 많고, 부부 모두에게 직업에서의 성취감이 중요할 때도 있다. 아이를 가지기 위해서 이 모든 것을 포기해야 할까? 적당히 타협하는 가정도 있다. 그렇다면 이상적인 것은 무엇일까?

우리는 최소한 아이가 잘 읽을 수 있고 스스로 결정을 내릴 수 있을 때까지 부모가 아이 옆에 있어주어야 한다고 믿는다. 그런 시기는 아이마다 차이는 있겠지만 대체로 초등하고 1학년이나 2학년 무렵이 된다. 글을 읽을 줄 아는 것은 독립성에서 최초의 도구가 된다. 아이가 글을 읽을 줄 알게 되면 부모의 지시사항을 읽을 줄 알게 되고, 혼자 쇼핑도 가능하며, 숙제도 혼자 할 수 있다. 만일 아이가 글을 읽지 못하면 학교생활에서 고통을 당하게 될 것이며 국어 외에 지리, 역사, 사회 등 다른 과목에서도 뒤떨어질 것이다.

말을 배우기 전에 조기교육을 시키는 부모들이 있어 2살짜리 아이를 유치원에 보내기도 한다. 이런 이른 교육은 읽기에는 도움이 될지 모르지만 정서적 발달에서는 권장할 만한 일이 못 된다. 탐구심을 기르고 창조적인 놀이를 하면서 자신을 발견하는 데는 시간이 필요하다. 아이를 위한 결정이 부모를 위한 것인지, 아이를 위한 것인지 생각해보아야 할 일이다. 소아과 의사인 T. 베리 베이즐튼은 말하기를 "배움에는 마술적 시기가 있다. 만일 그 시기를 놓치면 배움도 잃게 된다"고 말했다. 그는 우리가 지적인 발달과 같은 측정할 수 있는 일에 너무 얽매여 정서적 발달을 등한히 할 수 있다는 점을 지적하고 있다.

아이를 기르는 데에는 최소한 6년 정도의 시간을 내어야 한다. 어린 시절 지식의 절반이 생후 4년 안에 얻어진다고 고려할 때, 그 4년 동안 아이들을 최대한으로 돌보고, 지도하고, 사랑해주어야 한다. 어린 유아의 부모자아에는 무엇이 기록될까? 인내심 없고 조급한 것, 피곤, 불안, 이 사람 손으로 저 사람 손으로 옮겨다닌 기억? 그 반대의 기억도 있다. 강력한 소속감과 함께, 옆에 있어주는 사람, 어루만짐, 안전, 신뢰, 양육, 지도, 인내, 솔선수범, 도움, 협동, 좋은 아빠와 엄마, 입맞춤, 포옹, 즐거움 등.

유아의 부모자아에는 누가 기록될까? 엄마와 아빠일까? 아니면 이 시기 돌봄을 제공한 다른 사람일까? 부모는 자신의 유전자를 자손에게 남기기를 원하지만 이는 시간이 필요한 일이다. 같이 있는 시간이 필요하다. 새 생명을 데려오기 전 물어야 할 질문들이다.

가능하다면 부모의 지도는 6년이 아니라 10년이나 12년으로 연장되어야 한다. 아이를 기르는 데 적절한 정보를 주지 않고 젊은 여성들에게 무작정 직업을 가지라고 권하는 것은 어떤 면에서는 잔인한 일이다. 재택근무도 가능하며 다른 대안들도 모색해볼 수 있다. 많은 남녀가 자식을 키우며 집밖에서 직장생활을 한다. 그러나 우리는 아이가 잘 읽을 줄 아는 시기, 즉 학교에 입학하기까지는 부모가 곁에 있어주어야 한다고 믿는다. 어머니나 아버지 또는 할머니든 책임감 있게 돌보아줄 사람 말이다.

15장

아는 것과 시도하는 것

"활주로 끝에 와 있는데 나는 법을 모른다면, 문제가 발생한 거야." 어느 날 아침식사 자리에서 하이디가 한 말이다. 하이디는 이제 16살이고 고등학교 졸업을 앞두고 사력을 다하고 있었다.

아이들이 어렸을 때 우리 집에는 작은 비행기가 하나 있었다. 하이디의 말을 듣는 순간 비행기가 이륙하기 전 느꼈던 짜릿한 공포감이 나의 관자놀이를 때렸다. 아스팔트 활주로를 부딪히는 바퀴, 점점 빨라지는 속도, 이륙판을 향해 전력질주할 때의 목이 타들어가는 느낌. 하나의 엔진, 하나의 기회. 올라가느냐 빗나가느냐 하는 순간.

나는 처음 몇 년간 비행할 때면 의자덮개를 꽉 붙들고 있었다. 톰은 파일럿이었고 나는 내비게이터였다. 톰에게 비행은 쉽고 즐거운 일이었다. 그는 비행에 대한 공포를 극복하려고 파일럿이 되었다. 그리고 그는 해냈다. 하지만 나는 위장이 꽉 조여오는 느낌을 절대 극복하지 못했다.

아무리 매뉴얼을 익히고 내비게이터 자격증을 따도, 아무리 컴퓨터처럼 한 치의 오차 없는 전문가가 되었어도, 수없이 이착륙을 반복하고 뛰어난 지도자가 옆에 있어도 소용없었다. 나는 법적 고도, 모스 부호, 항로 법칙, 비행기에 대한 모든 정보를 알고 있었다. 그래도 활주로 끝이 다가오면 공포에 사로잡혀 정신을 잃고 만다. 나를 구해준 것으로 지금도 생생하게 기억나는 것은 우리 비행 지도자가 나한테 큰 소리로 했던 명령이었다. "당신이 비행기를 조종하는 거예요. 비행기가 당신을 조종하는 게 아닙니다!" 나에게 부족했던 것은 용기였다. 하지만 나는 어쨌든 해냈고 그런 다음에 용기를 느꼈다.

비행에서와 같이 삶에서도 우리는 용기가 먼저 있어야 한다고 생각하면 절대 땅을 박차고 나아갈 수 없다. 우리는 부지런히 공부하고 시험해보고 그런 다음 신념을 가지고 뛰어드는 것이다. 이런 힘든 일은 가끔은 죽을 만큼 겁이 날 때도 있지만 재미와 짜릿함을 준다.《갈매기의 꿈》속의 갈매기 조나단 리빙스턴처럼 우리는 날아오르고 싶은 것이다!

즐겁게 산다는 의미는 지식을 따르는 것뿐만 아니라 신념을 따르는 것이기도 하다. 일단 시작하면 용기가 생긴다. 여기에 용기를 발견하는 몇 가지 방법이 있다. 어떻게 하면 초연한 상태가 되는지 서로 말해주는 것이 필요하다.

고독

당신의 삶은 따분함의 연속인가? 한 남성이 기술한 것처럼 당신의 한 주도 진행되고 있는 것은 아닌지? 매일 아침 기분 좋은 상태로 일어나며 하루 동안 익숙한 어루만짐을 몇 번 얻고, 몇 가지 새로운 일이 생기고 은행 잔고는 아직 넉넉하고 두통도 없다. 첫날은 대단해! 둘째 날은 음, 대단하군! 셋째 날은 괜찮네, 불평할게 없군. 넷째 날은 음…… 다섯째 날은 하품. 고마운 금요일이군. 다섯째 날 밤에는 진탕 퍼마시자. 여섯 째 날, 섬뜩하군. 내 머리야. 일곱째 날, 하루 푹 쉬고 몸이나 회복하자.

따분한 한 주일 후에는 살짝 비참한 한 주가 온다. 조간신문이 아무렇게나 팽개쳐져 있네, 누가 내 커피잔을 사용한 거야, 자동차 펜더는 누가 긁고 갔어? '오늘 밤 비가 오면 죽어버릴 거야!' 하여튼간에. 우리 인생 여정이 짧다는 사실을 볼 때 우리가 느끼는 어떤 두려움들은 아주 바보 같다. 왜 우리는 만족스런 시간을 보낼 때조차 끊임없이 걱정해야만 하는가? 에머슨이 질문한 것처럼, 왜 우리는 "우리를 위해 존재하는 세상에서 구호 대상 소년처럼, 사생아처럼, 침입자처럼 머리만 살짝 내밀었다 숙였다 하면서 엿보거나 훔쳐보아야만" 하는가?

하찮은 일에서 벗어나는 한 가지 방법은 하루를 다르게 시작하는 것이다. 우리의 하루를 어떻게 시작하는가 하는 것은 우리의 하루를 결정한다. 충분한 시간을 아무것도 하지 않고 조용히 보내는 게 가치 있다고 생각하나? 한 30분 정도?

어느 날 아침 나는 아무 의도 없이, 생각조차 하지 않으면서 조용히 앉아 있었다. 그러자 두 가지가 의식되었다. 하나는 시계의 재깍거리는 소리였고 다른 하나는 보일러가 돌아가는 소리였다. 나는 마음이 자유롭게 방황하도록 내버려두었고 주변 모든 것이 의식되었다. 그 모든 것이 선물이었다. 나는 시간이라는 선물을 가졌고, 몸을 따뜻하게 해주도록 지구로부터 온 연료인 천연자원이라는 선물을 가졌다. 나는 이런 선물들을 받을 만한 일을 한 게 없다. 이름이 있고, 독특한 역사가 있고, 일어나는 사건의 작은 한 조각을 맡고 있는 사람인 나, 우주의 존재가 수백만 년에 걸쳐 눈앞에 펼쳐졌을 때 경이감이 차올랐다. 그것은 경배의 의미에 대해 심오하게 느꼈던 순간이었다. 내가 이 세상에 온 이유에 대해 할 말이 없었다. 또한 내가 이 세상을 떠나는 일에도 책임이 없었다. 삶은 선물이다. 당신은 이 선물로 무엇을 할 것인가? 당신은 "고맙습니다" 하고 말할 테고, 나 또한 그렇다. 그날은 그래서 다른 날과는 달랐다.

감사

감사는 부러움에 대한 확실한 치료제로서, 우리를 날아오르게 하고, 보게 하고, 사랑하게 하고, 살게 하는 정서적 보증서이다. 알렉산더 솔제니친은 깊은 고독과 상처로부터 다음과 같은 사실을 발견하였다.

> 당신이 추위에 얼어붙지 않는다면, 갈증과 목마름으로 내부가 할퀴지 않는다면 그것으로 충분하다. 등이 부러지지 않았고, 두 발로 걸을 수 있고, 두 팔을 구부릴 수 있고, 두 눈으로 볼 수 있고, 두 귀로 들을 수 있는데, 누굴 부러워하겠는가? 왜 부러워하겠는가? 타인에 대한 부러움이 우리를 좀먹는다. 눈을 비비고 가슴을 정화하고 당신을 사랑하고 당신이 잘되기를 바라는 사람들에게 상을 주어라.[47]

상상

한 작은 소년이 최근에 아버지가 구입한 비싼 소형 녹음기로 '아나운서' 놀이를 하고 있었다. 그 장면을 보고 아버지가 놀라 소리쳤다. "그거 이리 줘. 그건 장난감이 아니야!" 녹음기가 잘못 다루어질까 두려워하는 아버지는 이해할 수 있다. 어린 소년의 매혹도 또한 이해할 수 있다.

값비싼 장난감을 어린아이가 가지고 놀게 하지 못하는 것처럼 어른자아는 아이자아에게 제한을 가할 때가 자주 있다. 어른자아는 아이자아의 무한한 능력을 제한하고 부모자아의 프로그램을 돌리는 데에만 사용하려는가? 어린 시절부터 컴퓨터를 가지고 놀았던 아이들은 새로운 세상을 창조했다. 아이자아에게 모든 가능성을 열어둘 때 어떤 신기한 일들이 가능할까? 가끔은 천진난만해볼 수 있지 않을까? 아이자아가 되어볼 수 있을까?

자신이 너무 늙었다고 생각할지도 모른다. 사람들은 인생의 반환점을 돌면 가능성은 남아 있지 않다고 생각한다. 단거리 달리기 선수가 되는 것은 불가능할지 모르지만 감정으로는 할 수 있다! 어떤 사람들은 나이가 들어서도 뛰어난 마라톤 선수가 되고 여러 가지 경주에 새롭게 도전한다.

모지스 할머니는 100세 때 화가가 되었다. 조지 버나드 쇼는 92세에 희곡을 썼고, 이몽 드 발레라는 91세에 아일랜드 대통령이 되었다. 콘래드 아드너는 87세에 독일 수상이 되었다. 알버트 슈바이처는 89세에 아프리카 병원으로 떠났다. 83세에 괴테는 《파우스트》를 끝냈다. 80세에 카토는 그리스어를 배웠고, 플라톤은 《법The Law》을 썼으며, 조지 번스는 처음으로 아카데미상을 수상했다. 30여 권의 방대한 책을 저술한 엘튼 트루블러드는 85세에 여러 정기간행물에 글을 쓰고 강연을 했다. 버나드 바루크에게 늙은 나이란 늘 그보다 15세 많은 사람이었다! 당신이 늙었다고 생각할 때에만 당신은 늙은 것이다.

과거 경험의 보존

우리가 상상과 상상이 만들어내는 새로움을 가치 있다고 여기는 만큼이나 우리의 지식 대부분은 과거로부터 온 선물이다. 상상은 현재에만 속하는 유일한 것이 아니다. 여러 세기를 거쳐 창조적인 사람들은 과거를 끊임없이 변화하는 현재에 응용하는 중요한 일을 해왔다. 이것은 우리가 계속해야 할 작업이다. 이 과업을 효과적으로 성취하기 위해서 과거의 생각에 합당한 존경심을 가져야 하며, 최고의 방법은 그 생각이 무엇인지 아는 것이다. 탁월함을 추구하는 방법은 가지고 있지 않은 것뿐만 아니라 가지고 있는 것에도 친숙해지는 것이다. 진실은 철저히 검토해도 망가지지 않는다. 철저한 검토를 위한 가장 좋은 도구는 비판적으로 읽는 것이고 진리의 가장 뛰어난 저장소가 책이다. 숙제를 마친 후에는 질문할 준비가 되어야 한다. 아이들이 궁금한 것을 묻는 것처럼 말이다. 이러한 과정에서 우리는 생각하는 인간이 되었고, 변덕과 독단에 빠지지 않고 살아가게 되었다. 그러나 그 전에 그때까지 이루어진 것들을 평가하고 그것을 보존하고, 바로잡고, 발전시키는 데 우리가 기여할 바를 생각해야 한다.

과거의 경험을 보존하는 것은 또한 개인의 삶에 영향을 주는 결정에 있어 중요한 가치가 된다. 예컨대, 결혼이 파경을 맞고 가정이 해체되었을 때 얼마나 많은 걸 잃게 될까? 가정이란 공동체의 재산이나 소유물 이상이다. 그것은 몇날, 몇주, 몇해가 쌓여 만들어낸 에너지, 사랑, 사고, 존재의 개인 저축이다. 가족이라는 특별한 관계가 깨졌을 때 사람들은 삶에서 얼마나 많은 것을 잃게 될까? 윤리적인 질문이든 실용적인 질문이든, 헤어지기 전에 심각하게 고려해야 할 질문이다. 때로는 용서가 가장 좋은 방법이다. 용서는 문 앞의 발판이 아니라 문이다. 이 문을 통해 다른 사람의 고통으로 들어갈 수 있다. 그들이 느끼는 실패, 늙음, 누군가를 상처 주는 것, 좌절된 꿈, 두려움, 방어를 위한 선제공격, 사랑하는 사람을 상처 주는 것이 어떻게 느껴지는지 이해해보는 것이다. 용서의 문으로 들어감으로써 말없는 분노, 쌓인 화, 기억하고 있는 모욕감 등에 의해 닫혀버린 관계를 여는 것이다. 용서는 얻기 위한 것으로, 잃었던 것을 다시 얻고, 죄책감을 없애고, 새로운 기회를 찾고, 행동을 바꾸고, 과거의 경험을 보존하는 것이다.

용서는 잘못을 바로잡는 것이 아니라 관계를 바로잡는 것이다. 직면, 교정, 갈등의 다른 방법을 통해서 잘못을 바로잡아야 할 때도 있다. 생명을 위협하는 행동, 잔인성, 사회적 억압, 사람을 사물 취급하는 것 등 참지 말아야 할 일도 있다. 우리에게는 참아야 하는 것과 참지 말아야 하는 것, 기도해야 할 것들을 구분할 지혜와 은총이 필요하다. 라인홀드 니버가 지적했듯이 말이다. "바꿀 수 없는 것을 받아들일 고요함과, 바꿀 수 있는 것을 바꿀 용기와, 그 차이를 알 수 있는 지혜를 주소서."

신념

오늘날 많은 종교적 집단들은 분열적이고 배타적이 되었다. 칼 샌드버그는 영어에서 가장 나쁜 단어가 무엇인지 질문받은 적이 있다. 그는 잠시 생각하더니 "배타적인Exclusive"이라고 말했다. 염소 떼에서 양을 골라내고 죄인들 가운데서 성인을 구별하여 그들로부터 우리를 구별하는 것은 우리가 복음이라고 이해하는 구원적 관계에 대한 사랑스런 초청 같지는 않다. "신은 ……하면 너를 사랑할 것이다"라는 말은 "나는 ……하면 너를 사랑할 것이다"라는 말 만큼이나 은총이 없는 말이다. 최근에 들은 최상의 기도는 "모든 나쁜 사람이 좋은 사람이 되게 하고 모든 좋은 사람이 즐거워지게 하소서"라는 어린 소년의 기도이다. 내가 아는 가장 위안을 주고 신뢰할 만한 진술은 제임스 와튼James Wharton 박사가 쓴 것이다. "우리는 이 모든 일에 함께합니다. 그리고 신은 이 모든 일에 우리와 함께합니다." 우리는 이와 함께 솟아오를 수 있다.

준비

파일럿이 이동 트랩을 떠나 활주로로 향하기 전, 5가지를 점검해야만 한다. 이는 CIGAR라는 기억하기 쉬운 약칭으로 주어진다.[48] 이 가운데 하나라도 실패하면 이륙은 연기되어야 한다.

　C는 Controls. 브레이크, 보조날개, 날개판, 바퀴, 엘리베이터, 모든 움직이는 장비에 대한 검사이다.

I는 Instruments. 게이지, 고도계, 라디오, 항법 장비 도구들을 점검한다.

G는 Gasoline. 목적지까지 연료가 충분한가?

A는 Attitude. 화물의 양에 맞춰 비행하도록 비행기의 기수, 말단과 경사를 조정함을 의미한다.

R은 Runup. 최대의 힘을 갖는가 보기 위하여 전속력으로 엔진을 작동시켜본다.

CIGAR가 전부 점검되었으면, 굴러갈 준비가 된 것이다. 만일 제대로 준비가 되지 않았다면 안전하게 이륙할 수 없다.

삶에 있어서도 CIGAR가 있다. 인생의 새로운 탐험이라는 여행을 떠나기 전에는 다음과 같은 점을 점검하라.

통제하기 위한 C. 누가 당신의 삶을 통제하나, 당신의 부모자아인가, 어른자아인가, 아이자아인가? 누가 책임지고 있는가? 전혀 통제하고 있지 않은가?

I는 신체적 도구Instrumental이다. 건강은 어떤가. 시력, 청력, 심장 상태, 혈압은? 건강이 좋지 않을 때 경고음을 들을 수 있는가?

G는 연료Gasoline. 감정적 연료. 어루만짐은 어떻게 공급받고 있는가?

A는 당신의 태도Attitude. 당신의 머리는 들려 있는가, 처져 있는가? 너무 과중한 짐을 지거나 혼자만 짊어지고 질질 끌려다니는가? 보완 조절하고 있는가? 수준은 적당한지? 원하는 방향으로 가고 있는지?

R은 Runup. 당신의 최대 능력을 테스트하고, 예행연습하고, 실습해보았나? 일어설 준비가 되었나?

솟아오름

이따금 예상치 못했던 상승기류가 우리를 놀라게 하고 우리의 통제나 의도를 벗어나 예외적인 높이로 감정을 고조시킨다. 우리 세대가 아닌 듯한 힘에 의해 실려갈 때 드물지만 우리에게는 묘사할 말을 찾기 어려울 정도로 경이롭고 흥분된 황금 같은 순간이 찾아온다. 이때 우리가 할 수 있는 일은 마음을 열어놓고 기대감을 가지고 자신을 띄워 솟아오르고, 웃고, 소리치고 모든 것을 맘껏 느끼는 것이다. 때로는 우리의 가장 강력한 감정들이 우울로 물들기도 하는데, 이 밀도가 계속되지 않을 거라는 걸 알기 때문이다. 그러나 지속성은 고도나 깊이의 측정이 아니다. 그리고 또 다른 순간이 없는 것처럼 그 순간을 부끄럼 없이 살 때 가장 심오한 느낌이 찾아온다. 그것으로 충분하다. 그러한 순간을 만들 수는 없어도 용기와 기대감을 가지고 살겠다고 마음먹고 스스로를 던지는 모험을 감행할 수 있다.

우리 대부분은 그러한 순간을 알고 있다. 삼나무숲 나무둥치에 앉아 있는 순간일 수도 있고, 하늘 높이 쭉 뻗어 있는 곧은 나무를 바라볼 때일 수도 있고, 햇빛이 눈부시게 비치며 우리를 축복하는 때일 수도 있다. 그곳이 해변이거나, 가을날 시골 산책길이거나, 촛불을 켠 안식처일 수도 있다. 드보르작의 〈고잉 홈Going Home〉에서 느껴지는 외로움일 수도 있고, 헨델의 〈라르고〉의 단조롭고 달콤한 장송곡이나 승리에 찬 〈메시아〉를 들을 때일 수도 있다. 아무것도 할 수 없기에 영생의 약속을 믿으며 무덤가에 서 있을 때일 수도 있다.

"나에게는 꿈이 있습니다……"라고 말했던 마틴 루터 킹의 목소리일 수도 있고, 〈실버 벨〉을 부르는 어린아이의 목소리일 수도 있다. 첫 아이가 태어난 순간일 수도 있고 누군가 당신을 사랑할 때일 수도 있다.

올림픽이나 월드컵 경기에서처럼 전 세계가 하나 되는 경험을 하는 순간일 수도 있다. 누구나 좀 더 나은 세상을 갈망한다. 그러나 희망은 현실적이어야 한다. 그렇지만 사랑이 현실이듯 희망도 현실이다.

주석

1) 다른 두 자세, '자기부정-타인부정', '자기긍정-타인부정'은 이 책에서 다루지 않지만,《자기긍정 타인긍정》에서 자세히 설명하고 있다.(pp. 37~53). 두 자세는 모두 첫 번째 자세인 '자기부정 타인긍정'이 변형된 것이다.
2) See *I'm OK-You're OK*, pp. 37~43.
3) Wilder Penfield, "Memory Mechanism," *AMA Achives of Neurology and Psychiatry*, 1952, Vol. 67, pp. 178~198, with discussion by L. S. Kubie et al.
4) *I'm OK-You're OK*, pp. 4~12.
5) Richard Restak, M.D., *The Brain*, Bantam, New York, 1984, pp. 189~190.
6) Penfield, op., cit.
7) Elisabeth Kübler-Ross, "To Live Until You Die," NOVA, WGBH Educational Foundation, 1983, pp. 19, 20.
8) Thomas A. Harris, "The Developing Child and His Assumptive Reality" paper presented at the American Ortho-Psychiartric Association, February 24, 1951.
9) Robert and Mary Goulding, *Changing Lives Through Redecision Therapy*, Brunner Mazel, New York, 1979, pp. 39~40.
10) Ibid, pp. 34~35.
11) *Time*, April, 1974, p.26.
12) See "Does Man Have a Free Will?" *I'm OK-You're OK*, pp. 61~64.
13) Paul Tournier, *The Person Reborn*, Harper&Row, New York, 1966, p. 121.
14) Jacqui Schiff, *Cathesis Reader*, Harper & Row, New York, 1975. pp. 33, 34.
15) Blaise Pascal, *Pensées*, #535. p. 144.
16) Amy Harris, "Good Guys and Sweethearts," *Transactional Analysis Journal, January*, 1972.
17) Wilder Penfield, "Engrams in the Human Brain," Proceedings of the Royal Society of Medicine, August 1968, Vol. 61, No. 8, pp. 831~840.
18) 잠언 27: 14, Tyndale, *The Living Bible Paraphrased*.
19) Rollo May, Address to the United States International University, San Diego, December 5, 1975.
20) Victor Serebriakoff, *Brain*, Davis-Poynter, London, 1975.
21) Alene Moris, Seminar, co-sponsored by the Sacramento Medical Auxiliary and the Junior League of Sacramento, March 22, 1979.
22) Restak, op. cit., p. 277.
23) Harvey Cox, "Eastern Cults and Western Culture: Why Young Americans Are Buying Oriental Religions," Phychology Today, July 1977.

24) "P-A-C and Moral Values," *I'm OK-You're OK*, pp. 213~244.

25) *Reader's Digest*, August 1974.

26) Edward Ketcham, *Faith at Work*, August 1971.

27) M. Friedman and R. Rosenman, *Type A Behavior and Your Heart*, Alfred A. Knopf, New York, 1974, p. 203.

28) "웃고 난 바로 전과 몇 시간 후에 침전량을 재어보았더니 매번 적어도 5점 정도가 떨어졌다. 대단한 정도로 떨어진 것은 아니나 이것이 축적되었을 때는 다르다는 것이 중요하다. 나는 웃음이 명약이라는 옛날 이론이 생리적 근거가 있음을 발견하고 대단히 흥분했다." 노먼 커즌스, 《질병의 해부The Anatomy of an Illness》, Norton, New York, 1979, p. 40.

29) See "P-A-C and Moral Values," *I'm OK-You're OK*, pp. 213~244.

30) Gabor Von Varga, *Appropriate Care*, London, 1982.

31) Thomas Holmes, lecture at "The Nature and Management of Stress" conference, Monterey, California, sponsored by the University of California, Santa Cruz Campus, April 15, 1978.

32) Ralph Waldo Emerson, "Self-Reliance," *Essays and Poems*, Collins London and Glasgow, 1954.

33) Freida Fromm-Reichmann, *Principles of Intensive Psychotherapy*, University of Chicago Press, 1950, p. 17.

34) Eric Berne, *Games People Play*, Grove Press, New York, 1964, p. 180.

35) Eric, Berne, *Transactional Alalysis in Pshchotherpy*, Grove Press, New York, 1961.

36) See Robert R. Bell, *Who Can't I Tell You Why I Really Am?* Word Inc., Waco, 1977.

37) John Stenbeck, *In Dubious Battle*, Viking Press, New York, 1936.

38) See *I'm OK-You're OK*, pp. 65~66.

39) Buckminster Fuller, Ideas and Integrities, Collier Books, New York, 1963, p. 114.

40) Friedman and Rosenman, *op, cit.*

41) Ibid.

42) K. Lamott, *The Money Makers*, Brown, Boston, 1969.

43) Adopted from Friedman and Rosenman, pp 82~85.

44) Sören Kierkegaard, *Christian Discourses Etc*, Princeton University Press, Princeton, N. J., 1971.

45) Eric Berne, *Games People Play*, Grove Press, New York, 1964, p. 180.

46) Marcia Yudkin, "When Kids Think the Unthinkable," Psychology Today, April, 1984, pp. 18~25.

47) *The Gulag Archipelago*, Haper&Row, New York, 1974.

48) 이런 기억법은 오래되었다. 새로운 기술은 많은 다른 제도와 도구들을 점검하도록 요구한다. 그러나 저 푸른 창공에서 우리가 나는 동안 CIGAR는 잘 작동되었다.

색인